NÉFERTITI

PHILIPP VANDENBERG

NÉFERTITI

PIERRE BELFOND

Ce livre a été publié sous le titre original
NOFRETETE, eine archäologische Biographie

Traduit de l'allemand par
Jeanne-Marie Gaillard-Paquet

© Scherz Verlag.
© Belfond, 1976.
ISBN : 2-266-00 546-4

NEFERTITI ET LES MYSTERES
DE LA XVIIIe DYNASTIE

Tout le monde connaît l'admirable buste polychrome de la reine Néfertiti, miraculeusement conservé depuis plus de trois millénaires et découvert en
1912, à Tell-el-Amarna, par l'archéologue allemand
Ludwig Borchardt. Pourtant, si ce visage est devenu
pour nous l'un des plus familiers, l'un des plus
célèbres et l'un des plus séduisants de l'histoire
antique, il ne nous a pas encore totalement révélé son
mystère. Sur les origines, l'influence et la fin —
vraisemblablement tragique — de Néfertiti, on distingue encore malaisément l'histoire de la légende.

On sait aujourd'hui qu'elle prit une part active et
sans doute décisive à la grande réforme politique et
religieuse qui marqua le règne de son époux, le
pharaon Akhenaton, au XIVe siècle avant J.-C. Sous
son impulsion, l'Egypte fit l'expérience d'une nouvelle religion d'Etat, universaliste, de tendance monothéiste, professant l'égalité des hommes devant Dieu.
Cette révolution politique et spirituelle, qui préfigure
à certains égards le christianisme, est considérée par
l'historien Jacques Pirenne comme «l'un des

moments les plus pathétiques du développement de la conscience humaine ».

Lorsque la reine Néfertiti naquit, vers 1390 avant J.-C., l'Egypte avait atteint sous la XVIIIᵉ dynastie l'apogée de sa puissance.

Il n'en avait pas toujours été ainsi et l'empire des pharaons avait connu, au cours des siècles précédents, une longue période de décadence et d'occupation, lorsque les grandes invasions des peuples aryens (guerriers nomades venus des steppes russes et asiatiques) avaient déferlé sur la Grèce et l'Asie antérieure. En 1710 avant J.-C., l'Egypte fut conquise par l'un des derniers groupes d'envahisseurs aryens, les Hyksos, et pendant plus d'un siècle ravalée au rang de province tributaire. Mais les Hyksos, amollis par leur victoire, abandonnèrent rapidement leurs mœurs guerrières au profit des coutumes de leurs vassaux. Vers 1580 les Egyptiens parvinrent à rejeter leur domination. L'empire Hyksos, qui s'étendait de la vallée du Nil à la mer Caspienne, fut réduit au seul royaume du Mitanni — entre la Syrie et l'empire des Hattis (Hittites).

La reconstitution d'un nouvel empire égyptien fut essentiellement l'œuvre du pharaon Thoutmès III (1484-1450 avant J.-C.), l'un des chefs de guerre les plus prestigieux et l'un des hommes d'Etat les plus avisés de l'Antiquité. Son règne inaugure une ère de prospérité pacifique marquée par l'essor du commerce international, l'intensification des échanges de toute nature entre les peuples du bassin méditerranéen et de l'Asie antérieure. Composé de la Nubie (Soudan), de l'Egypte et de la Syrie, l'Empire lui-même regroupait environ dix millions d'habitants — ensemble gigantesque pour l'époque. Il contrôlait les grandes voies de communication et disposait de ressources financières considérables avec les mines d'or de Nubie mais aussi avec les droits de douane et les impôts perçus dans toutes les régions. Une industrie florissante (tissages, papyrus, épices, ivoire, ébène, produits médicinaux, fards, parfums et blé) s'était développée surtout dans le delta du Nil, procurant à l'Egypte les moyens économiques nécessaires à la protection de ses vassaux.

Thoutmès III eut la sagesse de respecter l'individualité propre des divers Etats de son empire.

Sa préoccupation primordiale, partagée par ses successeurs, fut de préserver le *statu quo* international et l'ordre sur lequel était fondé l'enrichissement collectif des grands Etats de l'époque: la Crète minoenne, puissance maîtresse de la mer Egée, Chypre, Babylone et le royaume des Hittites. Fait significatif qui montre bien l'esprit de tolérance des souverains égyptiens, la langue officielle utilisée par les diplomates, les marchands et toute l'élite cultivée était l'assyro-babylonien (akkadien), non l'égyptien.

Vivant en bonne intelligence avec leurs voisins, les pharaons pratiquaient une politique d'alliance consacrée par de nombreux mariages avec les filles des princes étrangers. Afin de préserver l'équilibre des forces sur leurs frontières orientales, ils entretenaient des relations privilégiées d'assistance et d'amitié avec le royaume du Mitanni pour être en mesure de contenir la puissance grandissante des Hittites. Il semble que les princesses mitanniennes, descendantes des Hyksos et de pur type aryen, aient été plus particulièrement recherchées pour leur beauté par les successeurs de Thoutmès III, Aménophis II, Thoutmès IV et Aménophis III. La plupart des égyptologues admettent aujourd'hui l'origine mitannienne de la reine Néfertiti.

Les principes de la politique étrangère égyptienne d'alliances matrimoniales rendent probable cette hypothèse. Le nom même de la reine (« Néfertiti » signifie « La Belle est venue », appellation qui ne conviendrait guère à une princesse d'origine égyptienne), la pureté raciale — typiquement aryenne — de ses traits, son zèle pour une religion manifestement asiatique constituent autant d'indices concordants — même si la preuve décisive fait encore défaut. C'est donc en s'appuyant sur les découvertes les plus récentes et les plus sûres de l'archéologie que Philipp Vanderberg résume ainsi sa fabuleuse biographie :

« Néfertiti est une princesse asiatique, vendue au pharaon par son père, le roi mitannien Tousratta, en échange d'or pur. Toute sa vie ne fut qu'une longue aventure, avec toutes les péripéties positives et négatives d'une destinée humaine. Elle vécut dans une opulence indicible et dans la solitude la plus amère. Gentille et fière, heureuse et désespérée, pleine de dévouement et froide, elle fut idolâtrée par les uns et haïe par les autres... Bref, c'était une femme fascinante. Elle devint veuve pour la première fois à dix-sept ans ; quand elle eut trente ans, son deuxième époux, tombé entre-temps dans la débilité mentale, accorda ses faveurs à son propre frère qui, lui, était marié à une fille de Néfertiti. Néfertiti mit au monde six filles, aussi différentes les unes des autres que l'étaient leurs pères respectifs : l'aînée lui vola sa gloire ; la seconde mourut en bas âge ; la troisième eut un destin analogue à celui de sa mère, à cette

10

différence près qu'elle mourut à l'âge de quinze ans ; nous avons très peu de renseignements sur les trois dernières.

Cette femme si belle et tant adulée mourut à l'âge de trente-sept ans environ, dans une solitude absolue. Il ne se trouva presque personne pour relever sa disparition, si bien que, aujourd'hui, les historiens ont du mal à évaluer l'année exacte de son décès. Elle fut pourtant à une certaine époque honorée comme une véritable divinité, et pas seulement à cause de son étonnante beauté. »

Cette destinée pathétique suffirait à entretenir la curiosité des archéologues s'ils n'avaient également découvert son importance historique.

Car Néfertiti fut également l'âme d'une révolution spirituelle sans précédent, l'abandon du polythéisme traditionnel des souverains égyptiens au profit d'un Dieu unique, Aton, le disque solaire, créateur de l'univers et dispensateur de la vie.

La nouvelle doctrine devait consacrer l'aboutissement d'une évolution déjà perceptible au siècle précédent.

La civilisation du Nouvel Empire, fondée sur l'échange et l'internationalisation du monde méditerranéen, avait favorisé le rapprochement des esprits, l'interpénétration des croyances et des cultes. Il fallait trouver pour assurer la cohésion pacifique d'un ensemble multinational et multiracial aussi vaste une religion universellement acceptée, dépouillée de pratiques et de conceptions particularistes. Car dans un état social à bien des égards primitif, c'est la religion qui est le fondement de la légitimité politique. Déjà l'idée de tolérance mutuelle et d'égalité était admise. Mais le pas décisif restait à franchir vers l'adoption du monothéisme comme religion officielle et principe unificateur de l'Empire.

Pour imposer ces nouvelles conceptions, Néfertiti et son époux Aménophis IV (1373-1350) vont faire bâtir une nouvelle cité impériale dont les vestiges ont été exhumés à Tell-el-Amarna, en Moyenne-Egypte. Cette initiative marque le début de ce que les historiens d'aujourd'hui appellent communément la réforme amarnienne. Aménophis IV, incarnation terrestre du dieu Aton, prend le nom d'Akhenaton (qui est agréable à Aton). Il prohibe l'idolâtrie primaire de ses prédécesseurs, les rites magiques du clergé de Thèbes, les sacrifices humains, les représentations anthropomorphiques de la divinité. Il prêche en revanche l'amour de la nature, le respect de la vie, la libération de l'individu, l'égalité des hommes devant le créateur — dont il est le représentant.

Mieux que tout exposé théorique les créations de l'art amarnien nous révèlent l'esprit du souverain-philosophe et de son épouse. Proches de l'art crétois du palais de Cnossos, elles expriment un même souci de vérité et de précision dans la représentation du corps humain, rompant ainsi avec le hiératisme figé de la statuaire égyptienne traditionnelle.

Les nouveaux apôtres du culte solaire passent également pour d'audacieux réformateurs sociaux, soucieux d'améliorer le sort des plus défavorisés. Il est en effet probable qu'une monarchie centralisatrice fondée sur le monothéisme ait spontanément fait preuve d'égalitarisme contre les féodalités militaires, économiques ou religieuses susceptibles de limiter son pouvoir.

On suppose donc que le nouveau régime dut

s'imposer, ici et là, par la contrainte. Mais tandis qu'il s'attirait durablement l'inimitié des féodaux par sa politique intérieure, Akhenaton, par conviction pacifiste, devait négliger totalement la défense de ses frontières orientales. Il laissa sans réagir l'armée des Hittites écraser le royaume allié du Mitanni. Dès lors, ses adversaires eurent beau jeu de discréditer une utopie universaliste qui mettait en péril les intérêts fondamentaux du pays. L'Egypte ne dut son salut qu'à une vive réaction nationale et militaire, animée par le général Horemheb qui, face aux Hittites, sauvegarda une partie de l'empire d'Orient.

Les instigateurs de la réforme amarnienne furent jugés responsables de cette aventure. Après avoir été probablement chassée du trône, Néfertiti, qui avait survécu à Akhenaton, disparut avec lui des chronologies officielles. Le règne d'Horemheb consacra le retour complet de l'Egypte au polythéisme traditionnel. Sur les stèles et les colonnes votives, le nom de la reine fut systématiquement martelé. Tell-el-Amarna, la cité du Dieu Solaire, la métropole de la religion universelle, fut définitivement abandonnée et disparut sous les sables.

Les nouveaux souverains de l'Egypte, le pharaon Horemheb et ses successeurs, tentèrent non sans succès d'effacer jusqu'au souvenir de l'époque amarnienne. Tout ce qui pouvait rappeler le culte « hérétique » du dieu Aton et le règne de ses premiers desservants, Akhenaton et Néfertiti, fut systématiquement proscrit. Pendant plus de trois millénaires leurs noms mêmes disparurent de l'histoire. Aussi l'archéologie moderne ne disposant que d'éléments rares et fragmentaires eut-elle le plus grand mal à reconstituer avec vraisemblance cette période éclatante et pourtant méconnue qui marqua la fin de la XVIIIe dynastie.

Il n'est pas sans intérêt, pour la compréhension de l'ouvrage qu'on va lire, de retracer les étapes de la recherche archéologique sur cette question.

L'égyptologie scientifique commence au début du siècle dernier, lorsque le Français Jean-François Champollion (1790-1832) parvient, en 1823, à déchiffrer l'écriture hiéroglyphique des anciens Egyptiens. Mettant à profit cette découverte, l'archéologue allemand Richard Lepsius, alors âgé de trente-deux ans, dirigea de 1842 à 1845, dans la vallée du Nil, la première véritable expédition de recherche. C'est lui qui eut le privilège d'approcher pour la première fois le mystère de la reine Néfertiti, et qui éveilla durablement, à son endroit, la curiosité du monde scientifique.

Il découvrit en effet dans la vallée des Rois une vingtaine d'inscriptions célébrant l'exceptionnelle beauté d'une mystérieuse inconnue, la « dame de grâce », l'« enfant chérie du bonheur », « celle qui réjouit le cœur du Maître des deux pays », « La Belle est venue », — Néfertiti.

Bien qu'un tel concert de louanges ne pût se rapporter qu'à un personnage royal, Lepsius fut dans l'impossibilité de l'identifier, puisque aucune des chronologies officielles n'en faisait mention.

Pendant près d'un demi-siècle, l'énigme subsista dans son intégralité. Elle fut même obscurcie par les déprédations volontaires qui avaient fait disparaître toute trace de Néfertiti et de son époux sur de nombreux chapiteaux et bas-reliefs où le couple royal aurait dû se trouver représenté. On accumulait ainsi les vestiges de l'époque amarnienne qui avaient sur-

vécu à la réaction traditionaliste, sans pouvoir toutefois préciser leur origine car le fil directeur faisait
encore défaut.

C'est entre 1885 et 1910 qu'une série de découvertes providentielles permit de le retrouver.

Tandis que l'archéologue français Gaston Maspéro
poursuivait, entre 1883 et 1893, l'étude des inscriptions votives de Tell-el-Amarna, des paysans égyptiens trouvèrent à l'automne 1887, à proximité de la
ville engloutie, des tablettes d'argile remontant au
XIVe siècle avant J.-C. et rédigées en akkadien — ou
dialecte assyro-babylonien, qui était alors la langue
internationale des échanges politiques et commer-
ciaux entre l'Egypte et le Levant. L'intérêt de cette
découverte ne fut pas immédiatement perçu car les
tablettes d'El-Amarna furent partiellement dispersées
chez les antiquaires et les collectionneurs privés.
Lorsqu'elles furent finalement rassemblées, au bout
de quelques années, puis déchiffrées, on s'aperçut
qu'il s'agissait des archives diplomatiques du prince
qui tint sa cour à Tell-el-Amarna trois mille ans
auparavant. C'est toute la vie internationale du bassin méditerranéen à cette époque qui revivait à
travers elles. Ce fut aussi l'une des preuves décisives
qui permit d'authentifier l'existence de la grande
réforme amarnienne.

Il restait à découvrir la contrepartie de cette
correspondance échangée par le souverain égyptien
avec les rois de l'Asie antérieure. Ce fut l'œuvre de
l'archéologue allemand Hugo Winckler, qui entreprit,
en 1905 et 1907, dans des conditions souvent difficiles
et avec des ressources financières limitées, des travaux de fouilles à Bogazkale, en Anatolie.

Sa ténacité et sa prescience furent récompensées

car il mit au jour plusieurs milliers de tablettes d'argile, semblables à celles de Tell-el-Amarna, dont elles constituaient l'exacte réplique et le complément.

Cet ensemble désormais cohérent permit de reconstituer l'histoire du Nouvel Empire et d'éclaircir les mystères de la XVIIIᵉ dynastie.

Depuis 1891, à la suite des relevés effectués par l'anglais Petrie, on connaissait l'existence du palais royal de Tell-el-Amarna, dédié au dieu Aton, mais on demeurait réduit à des conjectures sur la personnalité de ses hôtes.

Grâce aux découvertes de Bogazkale il fut possible d'en identifier la souveraine avec assez de vraisemblance. Car la correspondance royale mentionnait largement l'échange de l'or égyptien contre des femmes mitanniennes. En rapprochant les tablettes anatoliennes des archives d'El-Amarna on sut dans quelles conditions — et à quel prix — le pharaon Aménophis III, vers 1380 avant J.-C., obtint du roi mitannien Tousratta la main de sa fille, Tadouchépa, qui allait bientôt devenir Néfertiti.

Enfin le 6 décembre 1912, l'archéologue allemand Ludwig Borchardt découvrit, dans un état de conservation parfaite, l'admirable buste polychrome de la Souveraine des Deux Pays.

Depuis lors les fouilles conduites dans la Vallée des Rois n'ont fait que confirmer l'importance historique de son règne. En 1926, le Français Henri Chevrier découvrait à Karnak, sous le temple du dieu Amon, un immense édifice consacré à la divinité solaire, Aton, mise en honneur par Néfertiti, et son époux. D'après le rapport entre le nombre des pierres brutes (250 000) et celui des pierres taillées (40 000), on estime que cet ensemble monumental aurait dépassé

16

1 500 mètres de long et aurait été le centre véritable de la religion du Soleil.

Certains vestiges architecturaux suggèrent qu'à l'époque de la construction du temple, Néfertiti disposait d'un pouvoir politique personnel égal à celui de son mari. Elle apparaît aussi souvent que lui sur les bas-reliefs qui nous sont parvenus et possède en outre sa propre salle hypostyle (soutenue par des colonnes), privilège exclusif des pharaons.

Faut-il y voir l'expression d'une lutte d'influence au sein du couple royal ? Il n'est pas interdit de le penser, ni d'imaginer que la reine parvint à détenir sans partage le pouvoir suprême. En réajustant les fragments dispersés d'une fresque sculptée, l'archéologue américain William Stevenson Smith a trouvé une représentation de Néfertiti, seule, debout, sur son char de combat, symbole traditionnel du pouvoir depuis l'époque des Hyksos.

C'est à la découverte de ce personnage fascinant, dont l'histoire véridique rehausse encore la légende, que nous convie Philipp Vandenberg, dans cet ouvrage qui fait magistralement le point de nos connaissances scientifiques sur la vie publique et privée de Néfertiti.

(Note de l'éditeur)

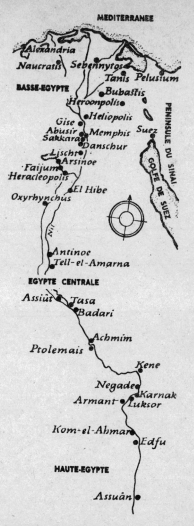

L'Égypte ancienne des pharaons : tous les sites historiques se trouvent au bord du Nil ou à quelques kilomètres seulement de cette voie vitale.

LE PHARAON

Un des résultats les plus intéressants de la recherche en matière d'égyptologie est l'extrême différenciation des pharaons les uns par rapport aux autres. En effet, si on ne savait pas que toutes ces momies étaient des rois égyptiens et si elles avaient été découvertes dans différentes parties du monde, personne ne leur aurait trouvé le moindre signe de parenté.

James E. Harris, généticien,
qui examina aux rayons X les momies des
pharaons

A l'époque de la XVIIIe dynastie, le royaume du Mitanni était une puissance asiatique comme le Hatti, royaume des Hittites, comme la grande Babylone et la légendaire Arzawa, parfaitement comparable, sur le plan du pouvoir et de l'influence, au royaume égyptien sous Thoutmès III.

Lorsque Néfertiti vint au monde, vers l'an 1381 av. J.-C., son père, Tousratta, roi du Mitanni, régnait depuis quatre ans. Dans la lointaine Egypte, Aménophis III occupait le trône royal depuis plus de vingt ans déjà, et il était sur le déclin. L'aspect physique du souverain dans les dernières années de son règne a pu être reconstitué avec une extrême précision par l'examen radiographique de sa momie, réalisé en 1966, au Musée du Caire, par deux savants américains James E. Harris et Kent R. Weleks.

Aménophis III mourut entre quarante et cinquante ans obèse, chauve, édenté, la bouche couverte d'abcès en alvéoles.

Néfertiti fut non seulement confrontée avec ce spectacle peu réjouissant mais c'est très vraisemblablement cet homme-là qu'elle dut épouser à l'âge de quinze ans.

Néfertiti reçut à sa naissance, le nom de Tadouchépa, et c'est seulement plus tard en Egypte, que la princesse mitannienne adopta le nom de Néfertiti. Ce nom signifie : « La Belle est venue », et rien que ce nom suffit à indiquer l'origine étrangère de Néfertiti. Dans la XVIIIe dynastie, où les mariages diplomatiques n'étaient pas rares, il était malgré tout exceptionnel qu'une princesse venant de Babylone, du Hatti ou d'Arzawa changeât de nom en même temps que de patrie, mais cela arriva quelquefois quand même. Soit que le nom exotique fût trop difficile à prononcer pour les Egyptiens, soit qu'ils aient voué à « la nouvelle » une sympathie toute particulière. Pour Néfertiti, ce nom fut dicté avant tout par l'admiration.

Cette admiration pour la beauté exceptionnelle de

la jeune fille, le pharaon ne fut pas le seul à l'éprouver ; le peuple aussi la ressentit. La princesse venue du Nord avait un visage délicat aux traits fins, et de grands yeux en amande ; elle était mince et fragile et ne mesurait pas plus de 1,40 m. Mais ce qui impressionna le plus les Egyptiens, ce fut son teint clair. Cette couleur claire du visage prouve également que Néfertiti n'était pas une fille de basse extraction, mais une princesse. Seul un roi avait la possibilité de soustraire ses filles au moindre rayon de soleil durant toute leur enfance, et la pâleur du teint était considérée à l'époque comme une marque de distinction et un critère décisif de beauté.

Néfertiti aimait cacher ses longs cheveux sous une toque bleue, telle que seules les reines asiatiques en portaient, et cette habitude soulignait davantage encore son physique non égyptien. Comme le bleu était la couleur des dieux, et par conséquent des souverains, on peut y voir une preuve supplémentaire de ses origines royales. Cette coiffe caractéristique était doublée à l'intérieur de jaune d'or. Elle mesurait environ 16 centimètres de haut et était entourée à mi-hauteur d'un ruban décoratif de 3 centimètres de large sur lequel étaient fixées de grosses pierres précieuses, cornalines et malachites, entre d'étroites bandes d'or et d'incrustations de lapis-lazuli. Sur l'arrière de la coiffe, le ruban se divisait en trois parties : le morceau central portait à son extrémité une grosse cornaline taillée en forme de sphère, et les deux autres une ombelle de papyrus.

Néfertiti portait sans cesse un vêtement blanc, ample et très léger, qui mettait davantage en valeur ses formes délicatement arrondies plus qu'il ne les cachait. Le décolleté profond était encadré d'une large collerette en or et en pierres semi-précieuses, imitant une couronne de fleurs de lotus bleues *(Nymphea caerulea)* et de fruits de l'arbre de Persée *(Mimosops schimperi)*. Ainsi parée, Néfertiti ne passait pas inaperçue, même dans le harem d'Aménophis III, qui comptait quelque cent femmes.

Sur les quatorze premières années de la vie de Néfertiti, passées sous la tutelle de son père Tousratta, nous ne savons pratiquement rien. En effet, à l'opposé des Egyptiens, la civilisation mitannienne n'a laissé pour ainsi dire aucune trace. Ce royaume devait se situer quelque part au nord de la Syrie, flanqué à l'ouest par les Hittites et à l'est par les Assyriens. Les rois du Mitanni ont commencé à entrer en contact avec les Egyptiens sous le règne d'Aménophis II. Dans le feu de leurs campagnes d'expansion au nord, Thoutmès Ier et Thoumès II avaient assujetti les Syriens, et par le fait même leur zone d'influence s'était étendue jusqu'aux frontières du Mitanni ; à partir de cette époque-là, chacun des deux pays essaya d'empêcher l'avance de l'autre, si possible sans faire usage des armes.

Il fallut attendre la mort d'Aménophis II, au début du XVe siècle av. J.-C., pour que les relations entre les puissances du Mitanni et de l'Egypte changent. Thoutmès IV, comme ses trois prédécesseurs du même nom, était le fils d'une concubine du roi ; il occupa le trône du pharaon pendant huit ans seulement, et les historiens n'attribuèrent à son règne qu'une importance minime, car le mariage est rarement considéré comme un mérite historique. Malgré tout, il est certain que, par son mariage avec la sœur du roi du Mitanni, Soutarna, Thoutmès IV préserva l'Egypte d'une guerre.

Avec Moutémviya, la fille du roi asiatique, un peu de la pompe orientale pénétra pour la première fois en Egypte, et il est vraisemblable que Moutémviya apporta également de nouvelles conceptions religieuses, car pendant la brève régence de Thoutmès IV, les premiers doutes commencèrent à ébranler la foi des Egyptiens dans leurs dieux.

Le fils de Thoutmès et de Moutémviya n'avait que douze ans, quinze ans tout au plus, lorsqu'il succéda à son père, mort prématurément, sur le trône pharaonique. Entre-temps, le royaume du Mitanni s'était consolidé. Les Hittites, ennemis ancestraux, n'avaient à leur tête que de faibles souverains, avec Hattousil II et Toudhaliyas III. Après la visite de Thoutmès IV à Sidon, l'actuelle Saïda libanaise, plus un seul pharaon ne mit le pied sur un sol étranger pendant quelques décennies. Aménophis III, plus soucieux de son propre bien-être que de l'Etat, avait des difficultés intérieures avec le puissant clergé d'Amon, tandis que son royaume commençait à s'émietter sur ses frontières.

Azirou, fils d'Abdachirta, roi d'Amor au nord de la Syrie, déclara son indépendance ; les Chabiri [1] envahirent la Palestine, et les Hittites la Syrie ; on cessa presque entièrement de payer les tributs. La faiblesse de la politique étrangère du pharaon s'était propagée trop vite. Quand ses vassaux vinrent lui demander de leur prêter assistance, Aménophis ne réagit même pas ; et quand il envoyait des messagers dans les

---

1. Un groupement de population « sous-privilégiée » de nomades ou de semi-nomades, aux zones limites de la civilisation citadine de l'âge du bronze, entre le delta du Nil et la Mésopotamie.

provinces, c'était toujours pour le même motif : les femmes. Pourtant, Neb-maât-Rê (tel était son nom de couronnement) avait reçu pour épouse, en montant sur le trône, une jeune fille très séduisante, Tiyi, la fille du prêtre Youya et de Thouya, une dame du harem royal, que plusieurs égyptologues considèrent aussi comme une princesse.

Jamais encore dans l'histoire égyptienne, les parents d'une épouse royale n'ont eu droit à autant d'honneurs et de considération que Youya et Thouya. Youya reçut le titre de « Divin Père », ce qui signifie « Père du Pharaon ». Thouya devint « Dame du Harem d'Amon », autrement dit grande prêtresse, et un oncle fut nommé grand prêtre à Héliopolis. Ay, qui devait être le frère de Tiyi, fit même une double carrière : de garçon d'écurie, il devint « Grand Intendant des Chevaux de Sa Majesté », et de protecteur du petit Tout Ankh Amon, il devint le dernier pharaon de la XVIIIe dynastie.

Les momies de Youya et de Thouya, les mieux conservées de toute l'histoire de l'Egypte, vieilles de cinq mille ans, ont été radiographiées. Bien que Youya et Thouya aient été embaumés selon des techniques différentes, ils donnent encore tous deux l'impression de dormir. Les cheveux blond-roux n'ont rien perdu de leur éclat, et les traits de leur visage paraissent toujours vivants.

A l'époque du Nouvel Empire, on avait l'habitude, avant l'embaumement, de vider la boîte crânienne de son contenu ; on enfonçait un crochet à l'intérieur du nez dont on avait au préalable brisé la cloison médiane ; mais cette pratique ne fut pas utilisée pour Youya et Thouya, ainsi qu'en font foi les clichés radiographiques. Au moment de leur mort, ils étaient

Vue partielle d'une scène gravée dans le portail nord de la tombe de Chériouf, à Thèbes. Aménophis III et Tiyi trônent sous un baldaquin.

27

tous deux complètement édentés, et les genoux de Thouya gardent encore des traces très nettes d'arthrite.

On ôta les intestins et les organes internes du « Divin Père », Youya, en pratiquant une incision dans le ventre. Les embaumeurs rapprochèrent ensuite les lèvres de la plaie qu'ils cachèrent avec une plaquette d'or collée sur la cicatrice avec de la résine. Cette technique de momification, rare et coûteuse, nous donne une idée de l'importance exceptionnelle de Youya au moment de sa mort. En revanche, ses origines restent complètement ignorées. Ni son nom, ni son aspect physique ne sont égyptiens. Il est possible, nous y avons déjà fait allusion plus haut, que Youya soit un des cent vingt-sept princes asiatiques qu'Aménophis ramena au pays en guise de butin de guerre.

Tiyi, l'éminence grise

Tiyi, la fille de Youya, fut choisie par Aménophis III pour être « Souveraine sur les Deux Pays », reine d'Egypte. Car Thoutmès n'avait pas laissé de fille. D'après les anciennes coutumes égyptiennes, s'il avait eu une fille, elle aurait dû épouser le fils du pharaon (qui lui-même pouvait être de naissance illégitime) parce que la fille aînée du roi était l'héritière légale du trône. C'est ce qui permit à Aménophis de choisir librement son épouse, sans avoir besoin d'épouser sa sœur. Tiyi avait onze ans, douze tout au plus, lorsqu'elle épousa le pharaon. Elle mit au monde trois filles ; son fils unique, Aménophis IV, le futur Akhenaton, naquit longtemps après. Le portrait en bois d'ébène, conservé au Musée égyptien de Berlin, montre les traits d'une femme donnant l'impression d'avoir parfaitement conscience de son importance. Elle ne vit aucun inconvénient à ce que son époux lui impose au moins une douzaine de co-épouses et que le harem comprenne quelque cent jolies femmes. Ces jeunes filles allaient et venaient, sans porter le moins du monde préjudice à la position influente de Tiyi à la cour du pharaon. Elle tenait même une correspondance personnelle : lorsque Aménophis III mourut, dans la trente-huitième année de son règne, peu de temps après son mariage avec Néfertiti, ce fut Tiyi qui pria le roi du Mitanni d'accorder à son fils Aménophis IV la même bienveillance qu'il avait manifestée à l'égard d'Aménophis III. Comme Néfertiti plus tard, Tiyi porte les titres d'« Héritière principale », « Princesse de toutes les femmes », « Princesse des Deux Pays », et « Princesse du Sud et du Nord ».

Tiyi fut sans aucun doute une sorte d'éminence grise à la cour de Thèbes. Historiquement parlant, cette femme intéressante apparaît pour la première fois par le truchement d'un scarabée commémoratif, ne portant pas de mention de date ; mais, par comparaison avec quatre autres scarabées, on a pu le classer comme étant le plus ancien. Du reste, les premiers scarabées commémoratifs datent du règne d'Aménophis III.

De nos jours, pour célébrer certaines circonstances solennelles, on imprime des timbres spéciaux ou on frappe des pièces de monnaie. Aménophis, lui, faisait fabriquer des bousiers martelés en pierre ou en albâtre, l'animal sacré du dieu du Soleil, Rê, et il faisait graver sur le fond de l'amulette un texte expliquant le motif de sa fabrication. Cependant, ils n'étaient pas seulement destinés à perpétuer le souvenir d'un événement, ils servaient aussi comme «moyens de communication» qui permettaient de rendre publiques des opérations ou des décisions importantes.

Le plus ancien scarabée mentionnant le nom de Tiyi remonte, d'après les historiens, à la première année du règne d'Aménophis III :

Horus, Taureau Puissant, étincelant de Vérité, qu'il vive ! Maître des Deux Pays qui donne les lois et sème la paix dans les Deux Pays, Horus d'or, Grand par la Force, qui bat les étrangers d'Asie, roi de Haute et Basse-Egypte, Neb-maât-Rê, Fils de Rê, Aménophis, Prince de Thèbes, doué de vie éternellement, et sa Grande Epouse Royale Tiyi, qu'elle vive éternellement ! Le nom du père de Tiyi est Youya, le nom de la mère de Tiyi est Thouya. Elle est l'épouse d'un roi puissant, dont le royaume s'étend jusqu'à Karoy[1] dans le Sud et Naharain[2] dans le Nord.

Ce qui frappe dans cette épigramme, c'est la sobriété avec laquelle sont précisés les noms des beaux-parents du pharaon. En revanche, Aménophis se pare de quatorze surnoms et attributs ! D'après certains égyptologues, Aménophis aurait intentionnellement mis l'accent sur les origines modestes de Tiyi, pour faire ressortir avec d'autant plus d'éclat sa propre grandeur. Le petit pharaon, qui ne mesurait pas plus de 1,56 m à l'âge adulte, n'était encore qu'un demi-

1. Au Soudan.
2. Au nord de la Syrie.

sous-surveillant des scribes royaux. J'ai été initié au Livre de Dieu [...] Mon maître, le Roi Aménophis III, m'a accordé une deuxième faveur : il a réuni des gens autour de moi et les a placés sous mon commandement lorsque j'étais le chef des scribes royaux pour les recrues. [...] J'ai taxé les maisons et les champs annexes ; j'ai réparti les équipes de travail et leurs maisons, et j'ai rempli les absences dans les rangs des esclaves avec les meilleurs captifs de guerre, que Sa Majesté avait vaincus sur le champ de bataille. J'ai fait le compte de toutes leurs troupes et j'ai recruté des troupes de remplacement. J'ai envoyé des sections sur la route des caravanes pour détourner les habitants du désert de la place où ils ne cessaient d'attaquer. [...] J'étais commandant en chef de l'armée dans la lutte contre la Nubie et l'Asie. Les desseins de mon Maître étaient un abri derrière moi ; j'étais au combat lorsque sa décision me cerna ; ses plans embrassaient tous les pays et ce pays de barbares qui l'entoure des deux côtés. C'est moi qui calculai le transport du butin de guerre obtenu par les victoires de Sa Majesté ; j'en avais reçu la mission. J'ai fait ce que le Roi m'avait dit ; j'ai pris en considération tous les ordres qu'on m'avait donnés et je les ai trouvés excellents pour l'avenir.

Pour la troisième fois, mon Maître, le Roi Aménophis III, m'accorda une faveur : Il [...] me nomma chef de toutes les constructions [...]. J'ai agi selon les inspirations de mon cœur et j'ai exposé son image dans son grand temple, en toute espèce de pierre rocheuse, éternelle comme le ciel [...]. J'ai dirigé les travaux concernant sa statue, colossale dans sa largeur, plus haute qu'une colonne, si bien que sa beauté portait atteinte à l'impression du pylône. Sa longueur était de quarante coudées dans l'auguste montagne de grès, des deux côtés de Rê-Atum. Je construisis un bateau et fis remonter le Nil à la statue ; elle fut installée dans ce grand temple de Karnak, éternel comme le ciel […].

L'ancêtre puissant

Sports et jeux semblent avoir joué un rôle important dans l'éducation du jeune Aménophis III. Car quand il allait en visite dans un des Etats vassaux soumis par ses ancêtres, ce n'était pas en tant qu'empereur, mais en tant que chasseur. Aménophis avait une prédilection marquée pour les lions, les léopards et les taureaux sauvages.

Un scarabée commémoratif révèle la véritable passion que le roi éprouvait pour la chasse [1].

Ce texte devait étaler aux yeux du peuple les talents équestres exceptionnels du pharaon, talents auxquels il est fait allusion trois fois dans l'inscription. Il ne faudrait pourtant pas croire que le jeune souverain

1. On m'a annoncé que, dans la région du ouadi Keneh, dans le désert, il y avait des animaux sauvages, et le pharaon partit le soir avec la nef royale, Apparu en Vérité, en direction du nord. Il parcourut une belle distance et arriva à l'ouadi le matin. Sa Majesté se présenta à cheval, derrière lui toute l'armée. […] Le roi ordonna alors d'enclore les animaux sauvages avec des murs et des fossés, et il s'attaqua à tous ces animaux sauvages. Il y avait en tout cent soixante-dix taureaux. Le butin de Sa Majesté, au cours de la chasse, se monta ce jour-là à cinquante-six taureaux. Le roi passa quatre journées à chasser, sans accorder le moindre repos à ses chevaux, et il se présenta à cheval et captura encore une fois quatre taureaux. Cela fait un total de quatre-vingt-seize animaux sauvages.

tua de sa propre main quatre-vingt-seize taureaux en quatre jours, car si l'on examine avec attention les termes de ce texte, on s'aperçoit immédiatement qu'il n'en est pas fait mention. Ce scarabée est plutôt destiné à démontrer la puissance du roi, puissance qui, dans le cas d'Aménophis III, s'appuie avant tout sur les mérites de ses grands ancêtres.

Le Soudan lui était soumis, son territoire s'étendait jusqu'à la Terre des Somali ; il percevait des tributs de Chypre et de la Crète, et de nombreuses autres îles grecques ; il recevait des présents des rois et des princes de Syrie et de Palestine, et des grandes cités du négoce sises sur la rive de la Méditerranée. La vie de son grand-père Aménophis II n'avait-elle pas été mue par un dessein unique : étendre les frontières de son pays « jusqu'aux portes du ciel », comme en fait foi le texte gravé sur la stèle du grand Sphynx de Guizèh, qui transmet à la postérité les hauts faits de son puissant ancêtre :

... Il a conquis le monde alors qu'il était encore dans l'œuf. L'Egypte lui appartient. Rien ne résiste parmi ce que l'œil d'Aton embrasse. La force de Month [1] est dans ses membres, et sa puissance est comme celle du Soleil de Nout [2]. Il a réuni le jonc et le papyrus [3], et les habitants du Nord comme les habitants du Sud tremblent de peur devant lui. Sa part est tout ce que Rê illumine ; à lui appartient tout ce que l'Océan entoure. Il n'y a jamais

1. Le dieu à tête de faucon était une sorte de dieu de la Guerre.
2. Personnification de la voûte céleste ; mère du dieu solaire Rê.
3. Haute et Basse-Egypte.

le vin, les femmes et les chants, et organisait des réceptions de chasse et des fêtes nautiques. Son temple funéraire, sur la rive occidentale du Nil, est l'un des plus grands monuments commémoratifs de l'Egypte ancienne. L'allée d'accès est bordée de statues de pierre représentant des chacals et veillée par deux personnages assis, de taille gigantesque ; ils atteignent la hauteur d'un immeuble de six étages, pèsent chacun 720 tonnes et sont taillés dans *un seul bloc*. Cet immense temple fut détruit ; de nos jours, il pousse du trèfle sur ses fondations, mais ni les iconoclastes ni les vandales ne réussirent à faire perdre l'équilibre à ces deux colosses.

Ces deux statues géantes sont inscrites dans l'histoire de l'art sous le nom de « Colosses de Memnon », car dès l'ère ptolémaïque, le nom de leur constructeur était oublié. Les Egyptiens de la période tardive, davantage orientés vers les choses de la Grèce, virent dans ces personnages le héros éthiopien Memnon qui, durant la guerre de Troie, fut tué par Achille. Ici, il rend hommage à Eos, la déesse de l'Aurore.

Le « Colosse du Nord » passait dans l'Antiquité pour une merveille du monde. Tous les matins, au lever du soleil, il faisait entendre des sons étranges, une sorte de musique cosmique, et le soir, il exhalait des plaintes et des gémissements. Grecs et Romains supportèrent les fatigues d'interminables voyages pour entendre chanter Memnon. Au mois de novembre de l'an 130 ap. J.-C., l'empereur Adrien vint en personne, accompagné de son épouse Sabine, et, plein de vénération, il fit graver dans la pierre des vers rédigés par Julia Balbilla, la poétesse de sa cour. Lorsque l'empereur Sévère vint à Thèbes vers l'an 200 ap. J.-C., il fit restaurer la « statue du

Nord » qui avait été endommagée par une secousse tellurique trois cents ans auparavant. Et ce fut la fin de la merveille. Memnon cessa de chanter.

De nos jours, l'énigme posée par ce monolithe chantant est scientifiquement résolue : le tremblement de terre y avait créé des fissures et la statue colossale commença à se désagréger. De par son orientation est-ouest, la pierre était soumise, particulièrement le matin, au lever du soleil, à de grands écarts de température, ce qui faisait vibrer le grès ; elle éclatait en minuscules particules en produisant des sons. Le soir, quand le chamsin, le vent chaud du désert, soufflait à travers la vallée du Nil, il s'engouffrait dans les fissures du personnage et produisait ce gémissement merveilleux.

On ne cessa de se poser des questions sur l'origine des Colosses. Les Égyptiens avaient-ils trouvé ces énormes monolithes sur les lieux mêmes ? Ou bien les avait-on traînés depuis la vallée du Nil, proche de cet endroit ? Ou bien encore furent-ils apportés de plus loin, ce qui serait un véritable miracle ?

Le miracle fut scientifiquement expliqué en 1974. A l'aide du processus d'activisation des neutrons, des physiciens analysèrent les monolithes pour le compte du Service des antiquités du Caire, et y trouvèrent des traces de fer, de cobalt et de lithium, combinaison qu'on ne trouve que dans les carrières d'Assouan. Ainsi Aménophis III avait fait transporter ces blocs de pierre monumentaux, destinés à perpétuer sa propre personne, sur un trajet de 200 kilomètres ! Par quel moyen ? Cela, nous ne le saurons certainement jamais.

Le bilan d'un roi

Sur le dos du colosse de Memnon, Aménophis III
avait fait graver dans la pierre une dédicace officielle
pour rappeler aux dieux tous ses hauts faits et
réclamer les louanges qu'il estimait lui revenir. La
statue représentait Aménophis III recevant les hom-
mages d'Amon-Rê le souverain de Thèbes, et de
Sokar-Osiris, le Grand Dieu.

Amon dit :

— Tous les jours, je distribue sur toi vie et prospérité et joie.

Et Sokar répète :

— Et moi, comme Rê, tous les jours, je t'ai donné
vie et prospérité et joie.

Et derrière le pharaon, nous voyons, comme toujours, Tiyi, la « Grande Epouse royale », la « Souveraine des Deux Pays ».

Les femmes sont évaluées à prix d'or

A l'époque de la XVIIIe dynastie, une activité diplomatique intense marquait les relations entre les pharaons égyptiens et les rois de l'Asie Mineure. Thoutmès IV allait encore en visite dans ses colonies
asiatiques ; Aménophis III préféra tenir les Asiatiques sous son joug à prix d'or. Mais il y a toujours eu
des gens qui attachaient plus d'importance à la
liberté qu'à l'or ; et c'est ainsi que les Palestiniens
furent les premiers à tenter de conquérir leur indépendance par la force. Le petit peuple palestinien
s'adressa au roi de Babylone, Kourigalzou, pour lui

demander son soutien, mais celui-ci refusa. Qu'est-ce que pouvait peser dans la balance la soumission de quelques princes palestiniens en regard de l'hostilité du pharaon d'Egypte! L'hostilité, cela signifiait aussi la guerre. L'hostilité avec l'Egypte, cela signifiait la cessation des livraisons d'or abondantes, l'or dont ce pays regorgeait à l'égal de la poussière, d'après ce que nous entendons dire de tous côtés.

L'or égyptien s'en allait par tonnes vers le nord, chez les rois du Mitanni ; mais ce fleuve d'or n'était pas mû par un courant d'amitié, ou de générosité : les rois du Mitanni donnaient en échange leurs filles, leurs sœurs, leurs tantes, à condition qu'elles soient suffisamment belles.

Pendant trois générations, les pharaons de la XVIIIe dynastie firent venir des princesses mitanniennes et leur suite, en échange d'un bon prix s'entend. Et les grands princes mitanniens s'arrangèrent toujours pour faire grimper ces prix par des tractations qui duraient souvent des années.

Thoutmès IV, le père d'Aménophis III, avait reçu comme épouse la tante de Tousratta, Moutémviya ; Aménophis reçut de Tousratta Gilouchépa. Mais cela ne lui suffit pas, il voulait aussi la fille de Tousratta : Tadouchépa-Néfertiti.

Deux mille ans avant notre ère déjà, dans les royaumes hittito-mitanniens, l'épouse du roi participait aux affaires du gouvernement. Et c'est là qu'il faut voir l'origine de l'emprise politique extraordinaire de Tiyi et de Néfertiti. N'étaient-elles pas toutes deux d'origine mitannienne ?

Mais il existait encore une autre cause aux activités diplomatiques déployées par les rois égyptiens. Certes le pays n'avait jamais été aussi grand, aussi riche, aussi heureux qu'à l'époque de la XVIIIe dynastie ; néanmoins, les pharaons étaient loin d'avoir oublié les années d'occupation et de domination des Hyksos, cet assemblage de peuplades demeurées mystérieuses jusqu'à nos jours, qui, vers 1700 av. J.-C., descendit de la Syrie et conquit le nord de l'Egypte, et finalement le pays tout entier.

Pour autant que nous le sachions, autrefois, ces peuplades ne s'appelaient pas les Hyksos ; ce terme date de l'époque grecque. Il fut souvent traduit par « rois-pasteurs ». Pourtant, le terme « Hyksos » devait plutôt provenir d'une contrefaçon onomatopéïque du concept, en égyptien ancien, *Heqa-Chasout,* qui signifie approximativement « Souverain des pays étrangers ». Des tribus parlant la langue sémite, dont un des rois portait le nom biblique de Jacob, s'installèrent pour plus d'un siècle dans le pays du Nil, sous les yeux horrifiés des Egyptiens qui n'étaient pas en mesure de leur opposer une résistance efficace.

Les « Asiatiques détestés », comme les Egyptiens baptisèrent la puissance d'occupation, étaient des guerriers grossiers ; mais leur influence se fit sentir longtemps encore après leur départ. Ils apportèrent dans le pays des armes et des outils inconnus jusque-là, tels que par exemple le métier à tisser mécanique et les attelages. Ce fut du moins à cette époque-là que ces appareils apparurent sur les peintures murales de Thèbes pour la première fois. En revanche, dans le domaine intellectuel, les peuplades venues du Nord manifestèrent peu d'originalité.

Leurs rois, qui résidèrent à Avaris, dans le Delta du Nil, adoptèrent l'art et la civilisation des Egyptiens, et se baptisèrent fièrement « Fils de Rê ». Pour un Egyptien fidèle à sa foi, cela a dû représenter un outrage abominable. Pour la première fois dans son histoire séculaire, le peuple égyptien fut obligé de reconnaître qu'il s'était bercé d'une sécurité illusoire et qu'il avait gaspillé ses énergies combatives en guérillas inutiles à l'intérieur même du pays. Mais finalement, le secours vint d'une des parties détachées du territoire. Kamès, de Thèbes, en Moyenne-Egypte, appela à la rébellion contre le roi asiatique Apépi, et repoussa celui-ci vers le nord, jusqu'à Memphis. Le frère de Kamès, Ahmès, le premier pharaon de la XVIIIe dynastie, finit par chasser complètement la peuplade de pâtres hors d'Egypte.

De cette aventure avec les Hyksos, les Egyptiens avaient tiré deux leçons : d'une part la discorde intérieure affaiblit la force de résistance du pays contre les ennemis venus du dehors et, d'autre part, en période de détresse, les compatriotes valent de l'or.

Thèbes, dont les rois de la XIIe dynastie avaient déjà fait une grande ville séduisante, devint alors définitivement la capitale de toutes les provinces réunies. Cette centralisation fut la condition essentielle de cette prospérité vers laquelle se dirigeait maintenant l'Egypte. Car depuis l'époque de la Ve dynastie, où les gouverneurs des différentes provinces faisaient passer leurs propres avantages avant ceux du peuple et leur propre influence avant celle du pharaon, l'union avait toujours été ébranlée par des tentatives de sécession de la part de l'une ou l'autre province.

Les pharaons de la XVIIIe dynastie avaient une tactique spéciale pour conclure des accords. En droit, certes, on pouvait parler de pactes d'assistance mutuelle, mais, en réalité, ces contrats n'étaient rien de plus que des pactes de non-agression. Autrement dit, il suffisait aux souverains de Thèbes d'avoir la certitude de n'être attaqués par aucun de leurs voisins, tandis que les grands et les petits princes asiatiques attendaient le secours de leur grand allié dans les guerres qu'ils se livraient les uns aux autres. Mais sur ce plan, les pharaons faisaient la sourde oreille.

« Depuis vingt ans, se plaignirent les habitants de Tounip (Alep), nous te supplions en vain de venir à notre secours. » Mais Aménophis III, à qui cette supplique s'adressait, ne songea pas un instant à accorder une aide militaire. En revanche, si les habitants de Tounip avaient réclamé de l'or, ils en auraient reçu.

La correspondance babylonienne

Kadashmancharbe, roi de la dynastie des Kassites, qui, d'après les indications des listes royales babyloniennes, régna entre 1395 et 1385 av. J.-C., devait donner sa fille en mariage à Aménophis III. Nous avons peu de renseignements sur Kadashmancharbe ; la chronique babylonienne nous révèle ce qui suit :

Kadashmancharbe, fils de Karaindash, fils de Mouballitatshéroua, fille du roi des Assyriens Assur-Uballit, acheva la défaite de la tribu des

42

pilleurs Soutou, depuis le lever du soleil jusqu'à son coucher, jusqu'à l'anéantissement total de leur puissance... Plus tard, les Kassites se fâchèrent contre lui, le tuèrent et élevèrent Shouzigash, un Kassite d'origine inconnue, sur le trône pour régner sur eux. Le roi Assur-Uballit d'Assyrie alla à Kardouniash pour venger Kadashmancharbe, le fils de sa fille. Il tua le Kassite Shouzigash et plaça Kourigalzou, le fils de Kadashmancharbe, sur le trône de son père.

Le royaume de Kardouniash correspond à celui de Babylonie, bien que la désignation géographique et politique ne soit pas identique, Kardouniash fut à l'origine le «Pays-de-la-Mer» situé sur le golfe Persique, mais qui, progressivement, engloba aussi toute la Babylonie au fur et à mesure que les Kassites étendirent leur territoire. En tout cas, une correspondance s'était établie entre ce Kadashmancharbe et le premier époux de Néfertiti, Aménophis III, correspondance assez révélatrice que les tablettes d'Amarna nous transmettent.

J.A. Knudtzon reconstitua le message envoyé par Kadashmancharbe à Aménophis, à partir d'une tablette-réponse authentique d'Aménophis. Dès lors, voilà ce que donnent à peu près lettres et réponses placées en vis-à-vis :

Kadashmancharbe à Aménophis III (reconstitution)	**Aménophis III à Kadashmancharbe** (texte original)
Je sais, tu as désiré ma fille pour épouse, bien	Qu'y puis-je, si tu ne m'envoies pas les messa-

Kadashmancharbe à Aménophis III (reconstitution)	Aménophis III à Kadashmancharbe (texte original)
que mon père t'ait déjà envoyé ma sœur. Et personne ne sait même si ma sœur est encore en vie. En tout cas, personne ne l'a jamais vue.	gers que ta sœur connaît. Tu aurais dû envoyer un Kamirou , vois-tu, et non pas ces gens de conditions inférieure.
Je sais, mes messagers ont été présentés à la princesse, mais aucun d'entre eux, il est vrai, n'a reconnu la princesse.	Pourquoi donc n'as-tu pas envoyé un Kamirou ? Il aurait reconnu ta sœur et aurait été informé de ses rapports avec moi.
Mais toi, tu as présenté à mes messagers la fille d'un Hilote, peut-être d'un Gagéen ou d'un autre... sans doute parce que la princesse est déjà morte.	Si vraiment ta sœur était morte, pour quelle raison l'aurais-je caché ?
Mes autres filles, qui ont épousé des rois, parlent avec les messagers que je leur envoie, et elles donnent même à mes messagers des présents pour moi.	Eh bien, ces gendres royaux sont grands, ils peuvent se le permettre. Mais ta sœur, elle n'a rien. Mais si elle a quelque chose, je te l'enverrai. J'ai l'impression que toi aussi, tu ne veux

Kadashmancharbe à Aménophis III (reconstitution)	Aménophis III à Kadashmancharbe (texte original)
	tirer que des avantages du mariage de ta fille avec moi.
Tu n'as pas respecté les paroles de ton père. Car tout comme lui, tu devrais entretenir une bonne fraternité.	Moi aussi, je veux entretenir une bonne fraternité avec toi, mais je suis furieux contre tes messagers qui prennent bien les riches présents que je leur remets, mais, une fois rentrés à Babylone, disent qu'ils n'ont rien reçu. Ils le faisaient déjà du temps de ton père, et maintenant, ils le font encore. Aussi je préfère ne rien leur donner du tout, puisque, de toute façon, ils me trompent.
J'ai entendu dire que tu avais demandé à mes messagers si je n'avais pas de gens, et que tu leur avais dit que la jeune fille vierge que je t'ai donnée n'était pas belle.	Ce n'est pas vrai. N'écoute pas ce que te disent tes messagers, ils ne font que mentir.

Kadashmancharbe à Aménophis III (reconstitution)	Aménophis III à Kadashmancharbe (texte original)
Tu as placé les nombreux chars que je t'ai envoyés avec les chars envoyés par les autres princes régnants, sans même trouver nécessaire de leur jeter un simple coup d'œil. Les chars ont été envoyés quelque part en Égypte sans que tu les aies vus.	C'est ainsi : on m'a justement beaucoup sollicité pour des chars et des chevaux.
Qu'on n'épargne pas non plus l'huile [1] pour la jeune fille vierge.	Tu n'as envoyé que de l'huile [2].

Les lettres se suivent à brefs intervalles, et finalement, Kadashmancharbe exprime un vœu très curieux ; il *veut* une fille du pharaon égyptien comme épouse, donc pratiquement une de ses propres nièces. Mais Aménophis refuse catégoriquement... pour des raisons d'Etat, comme il dit. Sur ce, le roi des Kassites réduit légèrement ses exigences et fait savoir qu'on devrait «lui envoyer une quelconque jolie femme ; ensuite personne n'irait voir les choses d'aussi près et prétendre que ce n'est pas une fille de roi».

Dans l'attente d'une belle Egyptienne, les messa-

1. L'huile parfumée était le cadeau typique qu'on offrait aux épouses du pharaon.
2. A l'époque, Aménophis III ne donna aucun cadeau au messager, ce qui, d'après les coutumes diplomatiques anciennes, représentait une insulte très grave.

gers de Kadashmancharbe annoncent qu'on pouvait venir chercher la fille qu'Aménophis désirait prendre pour épouse, car elle avait maintenant atteint un âge raisonnable. Toutefois, le roi babylonien n'oublie pas d'ajouter que l'or envoyé par l'Egyptien la fois précédente était d'une qualité assez médiocre. Aménophis, entre-temps, a manifestement perdu tout intérêt pour la fille du roi Kassite, et il fait la sourde oreille. Kadashmancharbe de son côté, acculé par de grands projets de construction qui l'ont conduit au bord de la banqueroute, maintient néanmoins sa proposition, il veut envoyer sa fille en Egypte : « Je pourrais aussi te priver de la femme que je te destinais, mais je ne le ferai pas... Envoie l'or pendant la récolte, au plus tard au mois de Tamouz (juin-juillet) ou d'Ab (juillet-août). Plus tard, je ne l'accepterai même plus, et d'ailleurs, dans ce cas, je ne te donnerai pas ma fille non plus. »

Le marché ne se réalisa pas. Aujourd'hui, nous savons pourquoi. Il y avait longtemps qu'Aménophis pensait à une autre femme.

Tousratta, le père de Tadouchépa

Dans la correspondance d'Amarna, on trouve entre autres treize documents ayant pour expéditeur nommément cité le roi du Mitanni. Huit tablettes sont adressées à Aménophis III, quatre à Aménophis IV, et une est destinée à Tiyi. Il existait entre Tousratta, le roi du Mitanni, et Aménophis III des liens étroits de parenté, puisque, de par ses mariages successifs, Aménophis III était devenu à la fois le beau-frère et le beau-fils du roi du Mitanni.

Pour certains égyptologues, tel par exemple Cyril Aldred, les mariages asiatiques des pharaons furent exclusivement des démarches diplomatiques ; mais le cas d'Aménophis III vient s'inscrire en faux contre cette opinion : il était impossible en effet au pharaon d'ajouter encore un lien de parenté à ceux existant déjà avec Tousratta. Son second mariage avec une princesse du Mitanni, considéré du simple point de vue diplomatique, aurait donc été superflu.

Tousratta avait une sœur sensiblement plus âgée que lui, Gilouchépa, qui fut envoyée en Egypte auprès d'Aménophis, par son père Choutarna, dans la dixième année du règne du pharaon. Ce ne sont d'ailleurs pas les lettres d'Amarna qui nous ont appris la date de cet événement, car elles ne donnent aucune précision de datation, mais le fameux « Scarabée des Noces »[1], publié par Aménophis à cette occasion ; ce document officiel dévoile quelques détails sur le mariage du pharaon avec Gilouchépa, laquelle, manifestement, disparut dans le harem sous la bonne garde de Tiyi, dès les cérémonies de mariage terminées.

A cette époque, donc vers l'an 1392 av. J.-C., Tousratta n'était sans doute même pas encore né. Les

1. En l'an 10, sous la Majesté de Horus, Taureau Puissant, Apparu en Vérité, des deux souveraines, lui qui affermit les lois et apaise les Deux Pays, Horus d'Or, Grand par la Force, qui bat les étrangers d'Asie, Roi de Haute et Basse-Egypte, Maître des offrandes de Neb-maât-Rê, qui a été choisi par Rê, Fils de Rê, Aménophis, Prince de Thèbes, doué de vie éternellement. La Grande Epouse Royale, Tiyi, qu'elle vive éternellement. Le nom de son père est Youya, le nom de sa mère est Thouya. Une merveille offerte à Sa Majesté : la fille du Prince de Nahrina, Choutarna, Gilouchépa, et les meilleures de son harem, trois cent dix-sept femmes.

tablettes d'Amarna et de Bogazkale se complètent si bien que nous pouvons nous faire une image approximative de la suite de l'évolution de l'histoire. A ce sujet, on peut considérer comme positif le fait que la correspondance des deux archives soit rédigée en akkadien, autrement dit en vieux babylonien, qui était jadis la langue internationale utilisée dans la diplomatie. En revanche, point négatif celui-là, cette langue, parlée et écrite par une minorité seulement (catégorie dont les rois eux-mêmes ne faisaient pas partie), offre malheureusement un champ très vaste d'interprétation, voire d'altérations possibles. C'est pourquoi nous nous en tenons volontairement, pour les événements de cette époque, aux faits offrant une garantie absolue sur le plan historique.

Bien qu'étant le fils de Choutarna, ce ne fut pas Tousratta qui assura la succession, mais son frère aîné Artassoumara. Artassoumara ne régna que quelques années, puis il fut victime d'une conspiration ; il fut tué par un certain Touchi qui fit semblant de placer sur le trône le petit Tousratta, tandis que lui-même se chargeait d'administrer le royaume. L'assassin avait cru évidemment avoir en Tousratta un roi faible, qu'il n'aurait aucun mal à mener à sa guise, mais avant même d'avoir atteint sa vingtième année, Tousratta prit une amère revanche sur Touchi, et le tua ainsi que ses courtisans. Un peu plus tard, les Hittites envahirent le royaume du Mitanni, mais ils furent battus et anéantis par Tousratta. Et cette victoire rapporta au vainqueur un tel butin que le roi du Mitanni envoya à Thèbes ses deux courriers, Gilia et Tunipivri, pour en offrir une partie à son beau-frère Aménophis III. Tousratta ne manqua pas d'y joindre un message à l'adresse du pharaon pour le prier de renvoyer au plus vite les messagers mitanniens, «tant il avait hâte de recevoir les amicales salutations du pharaon».

Cette précision s'imposait, car l'existence des courriers était particulièrement dangereuse. Les missions diplomatiques exigeaient non seulement de la rapidité, mais aussi de l'intelligence de la part des cavaliers. Un courrier royal devait parler couramment les langues étrangères, car au cours de ses voyages, il avait souvent à traverser des pays étrangers, et faire preuve d'habileté quand il interprétait, devant le destinataire, les messages qu'il avait à transmettre. Que les nouvelles fussent mauvaises, et le messager était promis lui aussi à un sort néfaste ; qu'elles fussent bonnes, et le messager en tirait également profit. Le courrier qui transmettait tous les messages à la cour du Mitanni pour le compte d'Aménophis III s'appelait Mané.

Les tractations autour de Néfertiti

Plusieurs fois déjà, Tousratta avait attiré discrètement l'attention d'Aménophis III sur sa fille ; celle-ci ne manquait pas de charme, bien qu'étant évidemment encore une enfant à l'époque. Finalement, le pharaon vieillissant se décida à accepter l'offre de Tousratta et envoya Mané au royaume du Mitanni, pour prier le roi de faire venir la princesse Tadouchépa en Egypte, car Aménophis III voulait l'épouser.

Dans son message de réponse, Tousratta donne «à son cher gendre» l'espoir d'avoir un jour la princesse, mais, n'oublie-t-il pas de préciser en même temps, il a besoin d'or, de grandes quantités d'or. Aménophis envoie une nouvelle fois son courrier Mané au Mitanni, en le chargeant d'assurer le souverain qu'il pouvait compter sur l'or tant convoité, mais en le priant aussi de commencer par expédier sa fille en Egypte. Et voilà que, à la place de Mané, c'est un certain Haramassi qui revient. Mané a été jeté en prison par Tousratta parce que les cadeaux envoyés par Aménophis pour accompagner son message étaient médiocres. Tellement médiocres que Tousratta, comme il le reconnaît lui-même sincèrement, en eut les larmes aux yeux. Cela n'empêche, ajoute-t-il, qu'Aménophis peut espérer serrer Tadouchépa dans ses bras dans six mois au plus tard.

Pour libérer son messager, le pharaon envoie de nouveaux présents au Mitanni, ce qui suffit en effet à rendre la liberté à Mané. Et pourtant, à peine rentré chez lui à Thèbes, le courrier doit se remettre en route, accompagné cette fois d'un scribe-interprète chargé de rédiger le contrat de mariage.

Voici les conditions qu'avait à remplir Aménophis III : effectuer le réajustement de la frontière du nord par l'échange des deux villes, Harouhe en Egypte, et Masrianne au Mitanni (chacune de ces deux villes recevant une copie du contrat original) ; envoyer de l'or et de l'argent à Tousratta, selon ses besoins, ainsi que quelques statues d'ivoire ; et enfin Aménophis doit rendre le portrait en or de Tadouchépa que Tousratta avait envoyé au pharaon en communication.

De son côté, outre les présents offerts habituellement par le père de la mariée, tels que chevaux, chars, armes, lits, coffres, vêtements et vaisselle, Tousratta donne à sa fille, en guise de dot, des joyaux et des bijoux de choix. « Lis sept fois attentivement la liste des présents apportés en dot par Gilouchépa et la sœur de Choutarna, écrit Tousratta plein de fierté, et tu verras que la dot que je donne à ma fille Tadouchépa pour son mariage est beaucoup plus importante et beaucoup plus digne d'un pharaon, et qu'elle est livrée beaucoup plus rapidement aussi. »

Tadouchépa ignorait tout de ces tractations. On était en l'an 1366 av. J.-C., et Aménophis III n'avait même plus deux ans à vivre. Tadouchépa était âgée de quinze ans ; malgré son jeune âge, elle doit avoir appris, avant même d'être conduite solennellement en Egypte, et bien entendu sans sa dot, que son futur mari était très malade. En effet, une statue miraculeuse représentant une divinité asiatique, Ichtar de Ninive, faisait partie du voyage à Thèbes. Ichtar était la divinité sumérienne et assyro-babylonienne de l'Amour et de la Guerre, mais manifestement, elle disposait aussi d'un pouvoir de guérison exceptionnel, car à l'époque du père de Tousratta, elle avait déjà été envoyée une fois à Thèbes et avait rendu la santé au pharaon.

Du point de vue de l'histoire religieuse du pays, cet appel à une divinité étrangère est un véritable paradoxe, et peut être considéré comme le premier symptôme de décadence du culte égyptien. Car il ne faut pas oublier que le pharaon d'Egypte n'était pas seulement le chef de l'Etat, mais aussi le chef religieux, et qu'il était même élevé au rang de divinité, adorée par ses sujets.

Aménophis espérait que la statue miraculeuse d'Ichtar apaiserait les horribles souffrances que lui causaient ses gencives. Des hémorragies dentaires et des abcès purulents ont certainement transformé les dernières années de ce souverain, jadis si bon vivant, en une véritable torture. C'est pourquoi nul ne sait si les noces officielles avec Tadouchépa, alias Néfertiti, ont pu être célébrées. Quoi qu'il en soit, l'union n'aura pas duré plus de quelques mois, assurément moins de deux ans.

LA METROPOLE

*Thèbes d'Egypte, où les maisons renferment
le plus de trésors, qui a cent portes par
chacune desquelles sortent deux cents guerriers avec chevaux et chars...*

Homère, *l'Iliade,* chant IX.

Le spectacle était fantastique : sur la vaste pierre du
sacrifice, un taureau était étendu, les membres
enchaînés. Le grand prêtre, au front ceint d'un
diadème, entouré d'une légion de prêtres extatiques,
avança vers lui à pas lents ; il tenait à la main un
couteau qu'il lui enfonça dans la gorge. Le taureau
palpita à la lueur blafarde de la lampe à huile.
Aussitôt, quelques serviteurs du temple requis pour
cet office commencèrent à vider le taureau saignant
et à moitié mort, et à le dépecer.

Des bruits martiaux, coups de timbales et de
sistres, accompagnaient ce rituel, et les parfums
épicés du feu sacrificiel se mêlaient à la puanteur

pénétrante des entrailles. D'un coup précis qui dénotait une grande pratique, les prêtres sacrés séparèrent les intestins gonflés et vitreux, les extirpèrent du corps béant du taureau et les firent glisser dans d'immenses urnes placées à proximité à cet effet.

De son palanquin couleur d'ébène, Aménophis III suivait des yeux le macabre sacrifice avec une certaine indifférence. Il se leva seulement quand les cuisses furent détachées du corps et de gros morceaux de viande découpés ; aussitôt, deux serviteurs bondirent pour soutenir le pharaon défaillant, affaibli par l'âge. Puis on lui tendit quelques morceaux de viande qu'Aménophis jeta l'un après l'autre dans le feu du sacrifice.

Par ce sacrifice, Aménophis exprimait sa reconnaissance au Maître du Trône des Deux Pays, le dieu Amon, qui, après plus de six ans d'attente, lui avait enfin accordé ce qu'il désirait le plus : recevoir pour épouse une jeune princesse mitannienne à la peau claire, d'une beauté égale à celle de Tiyi, sa « Grande Epouse royale », au temps de sa jeunesse. Le moment était enfin arrivé. Des guetteurs avaient annoncé que trois nefs remontaient le Nil, dont l'une abritait à son bord Tadouchépa, la jolie princesse mitannienne, la fille du roi du Mitanni. Les bateaux devaient accoster à Thèbes vers le crépuscule.

Puis le peuple massé derrière les colonnes du temple se présenta à son tour ; hommes et femmes trempèrent le doigt dans la mare de sang et s'en marquèrent le front. Ce rite se renouvela plusieurs fois, car les esclaves ne cessaient d'apporter de nouveaux taureaux, suivis d'antilopes, et finalement ils apportèrent des oies. De jeunes danseurs et danseuses du temple, à peine sortis de l'enfance, exécutèrent des danses et des rondes, accompagnés par des hymnes aux intonations monotones.

Ces danseurs étaient formés dans des écoles spéciales, annexées aux temples. La plupart d'entre eux n'avaient pas plus de six ans en entrant à l'école. On se contentait de chuchoter sur la manière dont étaient traités ces enfants derrière les murs du temple, car ce que faisaient les prêtres, ils le faisaient pour Amon, et ce qui arrivait pour Amon ne pouvait pas et ne devait pas être mal.

Arrivée à Thèbes, la Ville aux Cent Portes

Le soleil était déjà très bas sur la Vallée sacrée des Rois ; huit serviteurs portèrent le palanquin noir du pharaon jusqu'à la rive du Nil où accostait la nef royale blanche martelée d'or « Aton Resplendit », juste en haut de l'escalier de marbre aux reflets pourpres qui descendait vers le fleuve. Sur une estrade, au centre du bateau, se dressait une sorte de grande cage tendue de fins voiles blancs. Et derrière ces voiles, on pouvait distinguer la silhouette de la princesse du Mitanni en contemplation émue devant ce monde nouveau.

L'étranger qui, après avoir remonté le Nil, découvrait pour la première fois, comme Néfertiti, cette métropole bizarre et multicolore, devait être ébloui devant tant d'or et tant d'éclat. Les résidences des gens riches, précédées de leurs jardinets emplis de fleurs, se dressaient, serrées les unes contre les autres, jusqu'à la rive du Nil ; elles avaient été construites côte à côte, n'importe comment, et étaient dominées par les édifices monumentaux dédiés aux dieux, obélisques et pylônes, que Homère désigna à tort comme des « portes ». Thèbes, la « Ville aux Cent Portes », ne possédait au contraire aucune porte, car elle n'avait jamais été entourée de murs.

Et sur tout cet ensemble régnait le bruit des marchands qui se retrouvaient là venant de tous les coins du pays et du monde entier, car nulle part l'argent ne coulait avec autant de facilité que dans cette ville. Dans le port, les bateaux étaient serrés les uns contre les autres, et les ordres lancés par les hommes qui déchargeaient des pierres d'Assouan, des fruits de Syrie, des tonneaux de vin des îles grecques et du bétail de Basse-Egypte résonnaient par-dessus l'eau. Dans le labyrinthe des rues étroites traînaient sans cesse des senteurs de poisson et de viande grillée et la pestilence des cloaques.

Il n'y avait pas de réseau d'égouts ; seules les résidences élégantes au bord du Nil vidaient leurs eaux sales dans le fleuve. Des myriades de mouches faisaient la chasse à tout ce qui sentait le sang chaud, sans épargner pour autant ni les pharaons, ni les « Grandes Epouses royales », comme le montrent certaines peintures funéraires dans la Vallée des Reines.

Lorsque la nef fut amarrée à la rive, deux servantes rejetèrent le voile et découvrirent la cage. Une petite fille mince et fragile, semblant à peine âgée de quinze ans, se leva de son siège. A l'arrière-plan, deux hommes apparurent portant d'immenses éventails de plumes destinés à protéger le joli visage clair de la princesse des rayons du soleil couchant.

Les yeux baissés, mais avec une assurance étonnante chez une fillette de cet âge, Tadouchépa monta les escaliers de marbre vers la terrasse sur laquelle attendait Aménophis III. Le pharaon avait abandonné son palanquin ; il lui tendit les deux mains. Tadouchépa le rejoignit, et tandis qu'Aménophis se penchait vers elle, elle releva légèrement la tête. Ce faisant, leurs nez se frôlèrent, autrement dit ils s'embrassèrent, à la manière égyptienne. Chacun d'eux prononça, dans sa langue maternelle, quelques paroles incompréhensibles pour l'autre. Les interprètes n'avaient pas encore besoin d'entrer en action, car les hochements de tête amicaux des deux personnages permettaient de déduire qu'ils n'en étaient encore qu'aux compliments de bienvenue usuels. Ce fut seulement lorsque le pharaon se retourna pour présenter la petite princesse à Tiyi, sa « Grande Epouse royale », que la scène devint presque cordiale.

Après de brèves salutations, Aménophis, Tadouchépa et Tiyi montèrent dans le vaisseau royal et passèrent sur la rive opposée du Nil, suivis de deux bateaux sur lesquels avaient pris place la suite et les servantes de Tadouchépa.

Néfertiti fut certainement impressionnée par l'opulence et l'éclat de cette ville, la plus grande et la plus belle du monde. Mais qu'a-t-elle bien pu penser en voyant pour la première fois ce roi qui, malgré l'âge et la maladie, était entouré de tant de pompe ?

Son torse adipeux était nu ; il avait noué autour de ses hanches épaisses un long pagne maintenu à la taille par une ceinture. Cette ceinture se terminait dans le dos par une queue de léopard se balançant presque jusqu'au sol, qui représentait un symbole de puissance, comme le serpent Uraeus scintillant sur le front du pharaon. La grande couronne bleue en cuir qu'Aménophis III portait sur la tête n'était en fait qu'une coiffe, mais Aménophis la préférait à la couronne blanche de la Haute-Egypte, qui avait la forme d'un globe, ainsi qu'à la couronne rouge de la Basse-Egypte, et même à la couronne jumelée des Pays réunis. Crosses, fléaux, massues, sceptre et épée étaient choisis par des fonctionnaires de la garde-robe, préposés à cette tâche, selon les occasions.

L'or scintille sur les murs

Sur la rive opposée, on distinguait déjà l'imposant palais royal. En traversant pour la première fois le palais de Malgattah, Néfertiti foula un sol miroitant sur lequel était peint un étang avec des fleurs de lotus ; des poissons et des canards nageaient çà et là ; entre les roseaux et les plantes en plein épanouissement bruissaient des libellules transparentes et des oiseaux au plumage bigarré. Sur le plafond de la grande salle du palais se déployait un ciel bleu azur dans lequel voltigeaient des pigeons et de grands papillons rouges. L'or scintillait sur les murs, des plantes d'ornement en verre soufflé s'épanouissaient sur une hauteur égale à celle d'une maison, et sur toute cette splendeur, le parfum douceâtre de l'encens et de la myrrhe planait sans cesse.

Le palais abritait des meubles et des vases d'ornement comme Néfertiti n'en avait jamais vu encore. Les pieds des chaises et des tabourets étaient si hauts et si fragiles que la princesse du Mitanni osait à peine s'y asseoir, car chez elle on ne connaissait que les meubles massifs taillés dans la pierre. Ici on pouvait contempler aussi les ouvrages en bois incrustés les plus magnifiques ; les récipients pour onguents et parfums dont les pièces regorgeaient n'étaient pas creusés dans le marbre lourd, mais taillés dans l'albâtre brillant dont la transparence laissait deviner le contenu. Des coffres, sur lesquels étaient incrustées des scènes de la vie d'Aménophis III et de sa « Grande Epouse royale » Tiyi, débordaient de bijoux et d'objets familiers en or.

Voilà donc la ville dans laquelle régnait « le Fastueux ». On se demande ce qui impressionna le plus Néfertiti, la laideur de son époux ou la magnificence de cette métropole.

De nos jours, l'immense palais de Malgattah, la « Maison de la Fête de la Joie », semble englouti littéralement par le sol ; on n'en a même pas retrouvé les fondations. Quand on pense qu'Aménophis III voulait se construire un gîte « pour toujours et pour l'éternité », qui lui parût convenir à sa dignité et à sa puissance, lui le Souverain du Monde ! Dans l'Egypte ancienne, on avait l'habitude de construire des temples et des palais en blocs de pierre ou en briques fabriquées avec le limon du Nil ; aussi l'orgueilleux pharaon choisit-il un tout autre matériau, beaucoup plus précieux, le bois. Le bois était presque aussi coûteux en Egypte, il y a trois mille ans, qu'aujourd'hui. Aménophis importa des cèdres du Liban... Seuls étaient en pierre les murs extérieurs du palais, le sol et les piliers de soutènement du toit ; murs intérieurs, toits et balustrades étaient en bois.

Cette architecture aérienne et gaie correspondait au style de vie d'Aménophis, troisième du nom ; il construisait pour lui, mais pas pour la postérité. Car l'architecture en bois souffrait beaucoup plus des intempéries que les constructions en pierre ; et les solides fondations furent démolies et utilisées par ses propres successeurs comme carrières de pierre.

Le temple funéraire du pharaon eut à subir sensiblement le même sort. Le pharaon le fit ériger à un kilomètre au nord de sa «Maison de la Fête de la Joie». L'édifice fut construit en grès blanc recouvert de plaques d'or; une rue somptueuse le reliait au palais royal; les sols du temple portaient des ornements en argent, les toits des ornements en électrum [1]. Un nombre incalculable de statues représentant le roi, «plus haut que le ciel», et «comparable en beauté au disque solaire», proclamaient la puissance du pharaon.

De nos jours, il ne reste absolument aucune trace non plus de cette merveille du monde. Nous ignorerions même son existence passée si Flinders Petrie n'avait pas fait une découverte étonnante en 1896 dans le temple funéraire du pharaon Méneptah, situé à un bon kilomètre au nord du palais d'Aménophis III. Sur une stèle de granit haute de 3 mètres, Petrie remarqua des traces de restauration datant de l'époque antique; et surtout, les textes inscrits sur la stèle décrivaient des monuments qui n'existaient même pas, ou qui devaient être à coup sûr attribués à Aménophis III. Petrie trouva la solution de l'énigme: le roi Méneptah avait extrait la stèle des ruines du temple d'Aménophis, lui avait fait subir quelques modifications et l'avait ensuite placée dans son propre temple. Ainsi, un siècle et demi à peine après la mort d'Aménophis III, les plus majestueuses de ses constructions étaient déjà tombées dans l'oubli.

_____

1. Alliage d'or (75%), d'argent (22%) et de cuivre (3%).

On peut faire beaucoup de reproches à Aménophis « le Fastueux », mais on ne peut certainement pas l'accuser de mesquinerie envers ses nombreuses épouses. Dans les premiers jours du mois d'août de l'année 1391 av. J.-C., Tiyi, sa « Grande Epouse royale », profondément vexée de n'avoir pas été invitée par les prêtres à jouer le rôle de la déesse Mout au cours d'une fête solennelle sur le lac Sacré, demanda à son époux de lui offrir un lac artificiel pour qu'elle puisse au moins s'amuser toute seule ; Aménophis sur le champ réunit les deux cent cinquante mille ouvriers qui travaillaient aux divers projets de la ville géante et leur fit creuser, en l'espace de deux semaines, un lac artificiel de 2 590 mètres sur 420, à l'est du palais de Malgattah. Nous connaissons tous les détails de cette histoire à peine croyable, car nous avons retrouvé un scarabée votif qui nous les donne, avec toute la précision requise [1].

Le détail le plus intéressant de l'inscription citée ci-dessous est le nom que porte la nef royale, *Aton Resplendit*. Le pharaon utilisa également cette embarcation pour la réception de Néfertiti. Au début, le mot « Aton » était dépourvu de toute signification religieuse ; il servait à désigner le globe solaire, ou plutôt le disque solaire. Ici, il apparaît pour la

1. En l'an 11, au troisième mois de la saison Achet [c'est-à-dire entre le 15 août et le 15 septembre] le premier jour [...] Aménophis, Prince de Thèbes [...] donna l'ordre de creuser un lac pour la Grande Epouse Royale Tiyi, de trois mille sept cents coudées de longueur et de six cents coudées de largeur, dans la ville de Dyaroucha. Sa Majesté célébra la Fête de l'Inauguration du lac le seizième jour du troisième Achet. Pour cela, Sa Majesté traversa le lac dans la nef royale *Aton Resplendit*, poussée par les rames.

première fois comme le synonyme du premier des dieux Rê-Harakhty-Chéper-Aton, d'Héliopolis. Progressivement, nous allons également rencontrer Aton sur les monuments, et même un régiment du pharaon porte son nom. Un hymne, immortalisé par deux architectes d'Aménophis III, les jumeaux Souti et Hor, sur un mur du temple de Louxor, ne dit-il pas : « Salut à toi, O Aton ! astre du jour, toi qui éveilles les morts à la vie, toi qui leur donnes la vie. »

Ici se font jour, sans aucun doute, les débuts du nouveau culte d'Aton, dont les « Asiates » Youya, Tiyi et Néfertiti ont bien été les initiateurs. Le pouvoir exercé par les « Grandes Epouses », à l'époque de la XVIIIe dynastie, ne se limitait pas à la table et à la couche ; leur influence sur la politique et surtout sur la religion d'Etat était au moins aussi grande. Aussi n'est-ce certainement pas par hasard ou simplement par caprice que le pharaon se fit construire un nouveau palais : avec le palais de Dyaroucha qui était séparé de l'ancien palais de Thèbes, des temples d'Amon et surtout de la caste des prêtres d'Amon, par le Nil, Aménophis III donnait certainement un témoignage visible, susceptible de provoquer l'admiration du peuple.

Son refuge personnel, dans ce palais, s'appelait la « Maison de Neb-maât-Rê, l'éclat splendide d'Aton », un nom que reçut aussi plus tard la résidence d'Amarna. Lorsque, en l'an 1372 av. J.-C., Aménophis III fêta le jubilé de ses trente ans de règne, le palais fut débaptisé et appelé « Maison de l'Allégresse ». Au premier coup d'œil, cela pourrait passer pour un recul dans l'évolution de l'orientation religieuse, parce que, dans la « Maison de l'Allégresse », il n'est plus question d'Aton... Mais peu de temps après, le temple d'Aton à Amarna fut nommé également « Maison de l'Allégresse » ! Le culte d'Aton était une religion de la joie.

Le conflit qui éclata entre Aménophis III et le clergé d'Amon ne fit que s'envenimer progressivement. D'après le style de vie du pharaon, on peut même présumer que son adhésion au nouveau culte lui servait uniquement de prétexte pour ériger de nouveaux sanctuaires et parer sa capitale, Thèbes, avec encore plus de majesté et de splendeur. Car il n'était pas question, pour Aménophis, de renier le dieu Amon. Le pharaon fit agrandir le temple d'Amon à Karnak et ajouter au temple construit par ses ancêtres Thoutmès Ier et Thoutmès III le troisième pylône, malheureusement très endommagé de nos jours, « incrusté de lapis-lazuli authentique et orné d'or et de diverses sortes de pierres précieuses, ouvrage sans exemple ». Le pylône devait être si haut que, dit-on, « il atteignait la voûte céleste, comme les quatre colonnes du ciel ».

On ne peut donc pas vraiment parler d'un reniement du culte d'Amon. Néanmoins, si le réformateur ne fut pas Aménophis III, mais son fils Aménophis IV, il est possible que ce fut uniquement à cause de son manque d'assurance et d'esprit de décision. Aménophis III devait-il tellement lutter pour prendre une décision ? Ou bien était-il à ce point poussé par son épouse Tiyi ? Un fait est là, au cours de la campagne du Soudan, à la cinquième année de son règne, donc en l'an 1397 av. J.-C., il battit les tribus rebelles « sur l'ordre d'Amon-Aton ».

C'est la première fois qu'apparaît un parallèle, et même un lien entre Amon et Aton. Peu de temps après, Aménophis III établit une démarcation très nette entre les deux : après la mort de son vizir Ptahmose, il ne choisit pas comme successeur à la fonction de vizir le nouveau grand prêtre d'Amon qui l'occupait traditionnellement, mais un homme étranger au clergé d'Amon, le noble Ramose. Le poste de vizir correspondait approximativement à celui d'un Premier ministre, le vizir était le deuxième homme de l'Etat, après le pharaon. Cette séparation entre le pouvoir politique et le pouvoir religieux marquait un profond changement. Malgré cela, Aménophis III continua à construire pour le dieu Amon « des monuments comme on n'en avait encore jamais vus », et les grandes fêtes célébrées en l'honneur d'Amon continuèrent à l'être comme par le passé.

Même si la pompe déployée ici repoussait dans l'ombre tout ce que la princesse avait connu jusqu'alors, il est possible que la première fête à laquelle Néfertiti prit part dans la cité dorée de Thèbes lui ait rappelé le faste oriental de sa patrie, le Mitanni.

La fête d'Opet

Tous les ans, on célébrait la grande fête en l'honneur du dieu Amon le premier jour de l'année : le pharaon défilait avec sa suite depuis le temple de Karnak jusqu'au « Harem du Sud », le temple de Louxor.

Des nappes de fumée d'encens s'étiraient à travers le sanctuaire du grand temple de Karnak où le pharaon offrait en sacrifice au dieu Amon, à son épouse, la déesse Mout, et à son fils Khonsou, de la nourriture et des libations ; les sacrifices étaient accompagnés par les sons cosmiques des musiciennes du temple à moitié nues, qui se balançaient en cadence. Le parfum suave de l'encens se mêlait à la puanteur de la graisse fumante des cuisses de taureaux et de béliers soigneusement choisies pour la circonstance, qui coulait dans le feu sacrificiel.

Le pharaon voulait présenter sa nouvelle épouse au peuple ; aussi Tadouchépa fut-elle obligée de prendre place dans la grande procession solennelle qui se forma devant le temple ; elle marcha aux côtés de Tiyi, l'épouse vieillissante, derrière la deuxième barque du Soleil. Postés le long des larges allées des Béliers, les Thébains, sensibles à toute forme de beauté, admirèrent la princesse mitannienne et la baptisèrent immédiatement *Néfertiti* («La belle est venue»).

La procession était conduite par un joueur de trompette qui, dans le ciel du matin uniformément bleu et vibrant de chaleur, lançait ses accords, puissants, durement scandés par des coups de tambour. Derrière lui marchait le porteur d'encensoir avec un grand récipient d'or dans lequel brûlait de l'encens parfumé. Il était suivi du grand prêtre, au crâne chauve, et vêtu uniquement d'un pagne en peau de léopard. Puis venaient les barques du dieu du Soleil, ainsi que deux autres vaisseaux.

Les trois nefs du dieu du Soleil Amon, de son épouse Mout et de son fils Khonsou passaient l'année dans le temple, remisées dans un endroit précis appelé le «Grand Lieu». Elles reposaient sur un support artistiquement taillé dans la pierre, en forme de trapèze. A la place habituellement occupée par le timonier, un tabernacle abritait les effigies des divinités, statues en bois d'environ un mètre de hauteur. Ce tabernacle était protégé des regards par des voiles légers. Les nefs sacrées étaient des esquifs ordinaires, capables de tenir la mer et décorés avec art. Une conception religieuse précise présidait à ces cérémonies, parties intégrantes du culte du Soleil d'Héliopolis : le dieu du Soleil traverse le ciel resplendissant dans un bateau à rames pour parvenir, la nuit, aux Enfers.

Vision impressionnante que celle de ces silhouettes ascétiques descendant vers le Nil dispensateur de vie, la nef couverte de voiles sur leurs épaules. Ils marchaient d'un pas minutieusement réglé, encadrés par deux hommes portant d'immenses plumes précieuses à la proue et à la poupe de l'embarcation, et deux prêtres à bâbord et à tribord.

Les prêtres d'Amon se sentaient une âme de marin. Dans tous les temples, leurs monastères étaient répartis en quatre classes, ou phylès. Comme sur la haute mer, ces classes étaient appelées du nom des quatre parties d'un bateau, la proue et la poupe, bâbord et tribord.

Aménophis III marchait derrière la nef du dieu du Soleil, Néfertiti et Tiyi, la « Grande Epouse royale », derrière celle de l'épouse d'Aton, la déesse Mout. Au cours de cette fête d'Opet, le peuple s'intéressa certainement beaucoup moins aux cérémonies prestigieuses qu'à la jeune et jolie princesse mitannienne toute pâle et toute rose qui avançait lentement à côté de Tiyi, la vieille reine de cinquante ans au visage hâlé par l'éternel soleil d'Egypte.

Impossible de s'y méprendre, Tiyi, l'épouse royale fière et orgueilleuse, ne considérait pas la jeune Néfertiti comme une rivale ; elle ne la fit pas disparaître purement et simplement derrière les murs du harem, comme tant d'autres épouses d'Aménophis.

Soit dit en passant, de toutes les épouses qu'Aménophis s'accorda durant ses quarante années de vie, nous n'en connaissons que cinq par leur nom ; et la seule explication de cette attitude de Tiyi envers Néfertiti, l'unique raison de sa sympathie pour la jeune fille résident dans leurs origines communes, le Mitanni. Elles avaient reçu la même éducation, elles vivaient à l'étranger avec, chevillé au cœur, le souvenir d'une même patrie. Il n'est pas prouvé qu'Aménophis III, dans ses vieux jours, ait partagé aussi sa couche royale avec la jeune Néfertiti (il y a même plusieurs raisons de croire le contraire). A supposer qu'il le fit, Tiyi n'en resta pas moins officiellement sa « Grande Epouse royale, son unique amour ». Et il est vraisemblable que les deux femmes se sont entendues dès le début.

Tiyi dominait complètement le vieux pharaon malade. Après la dixième année du règne d'Aménophis III, on ne trouve plus aucune trace de l'activité politique du monarque voluptueux. Bien qu'il fût encore un homme en pleine force de l'âge, le roi ne manifestait plus aucun intérêt pour les activités physiques, ni même pour la guerre. Mais il n'était pas davantage un pacifiste, seulement un flegmatique. Il assistait avec indifférence aux crues annuelles du Nil qui fructifiaient la terre ; il suivait sans réagir les révoltes des pays vassaux. Aménophis III se nourrissait de la puissance et de l'opulence de ses ancêtres.

On peut considérer comme un fait certain que Tiyi tint le pouvoir absolu dans ses mains à partir de l'année 1366 av. J.-C., lorsque l'état de santé du roi avait tellement empiré qu'il pria le roi Tousratta de lui envoyer du Mitanni la statue miraculeuse de la déesse Ichtar. Il nous en reste pour preuve la lettre que Tousratta envoya à Tiyi aussitôt après le décès d'Aménophis III, ainsi que sa propre correspondance de politique intérieure. Pas une seule « épouse royale », ni avant ni après elle, n'a entretenu une correspondance personnelle avec des potentats étrangers, sauf une : ce fut, vingt ans plus tard, Néfertiti.

Malgré ses quinze ans, Néfertiti était douée d'une grande intelligence et d'une assurance exceptionnelle ; qu'elle le voulût ou non, elle était obligée d'accepter la proposition de Tiyi. Néanmoins, il est facile d'imaginer avec quelle attention elle a dû suivre les moindres démarches de la vieille reine.

Autrefois un noble pouvait s'offrir autant d'épouses qu'il voulait, à condition de pouvoir les entretenir. Une nouvelle femme contribuait beaucoup, dans la Thèbes ancienne, à augmenter le prestige de son maître ; plus le harem était vaste, plus la considération était grande. Comme tous les Egyptiens, les Thébains vivaient dans la monogamie, c'est-à-dire que la « Maîtresse de Maison » était la seule épouse légale, la mère des héritiers. Mais si un homme désirait posséder plusieurs femmes, il n'avait pas besoin de refouler ses penchants : il les admettait dans son harem au titre de concubines. Il était très rare que ces co-épouses fassent concurrence à la « Maîtresse de Maison », elles n'étaient rien d'autre que des amantes. Leur seule tâche consistait à adoucir les nuits de leur Maître, et en échange, elles étaient logées et nourries gratuitement.

La plupart des concubines provenaient de couches sociales basses. Des jeunes filles séduisantes exploitaient le rayonnement de leur jeunesse pour monter dans la hiérarchie sociale en se faisant épouser par un homme riche ou distingué. Il arrivait bien parfois qu'une concubine essayât de disputer son rang à la dame de céans. Dans ce cas-là, l'homme aussi bien que l'épouse pouvaient demander le divorce, qui était réglé sans aucune complication.

En revanche, les co-épouses luttaient souvent entre elles, mues par une jalousie féroce, et le Seigneur et Maître lui-même n'était pas à l'abri de leurs intrigues. Ainsi, par exemple, une concubine de Ramsès II ourdit un complot contre le pharaon pour mettre son propre fils sur le trône. Grâce à des propositions sans équivoque, elle réussit même à mettre de son côté le grand chambellan et le sommelier royal. Les sentinelles placées devant les portes du harem profitèrent aussi de sa magnanimité et laissèrent sortir du palais des messages adressés par les dames du harem à des amis du dehors. Mais il semble que l'un ou l'autre des conspirateurs ait tout de même été déçu par la belle, car il trahit le plan de renversement et fit inscrire au procès-verbal le nom des conspirateurs, hommes et femmes. Le pharaon institua un tribunal d'exception qui devait prononcer un verdict de culpabilité.

Les concubines de Ramsès II devaient avoir une séduction exceptionnelle, car au lieu de les interroger, deux juges et deux officiers de la garde organisèrent des orgies avec les jeunes femmes, dans la prison. Juges et officiers passèrent devant le tribunal, furent jugés coupables d'abus de pouvoir et condamnés à une peine cruelle : on coupa les oreilles aux fonctionnaires du pharaon. Les dames du harem et les conspirateurs furent condamnés à mort, mais on les autorisa à se suicider.

Arrivés sur la berge du Nil, les prêtres descendirent les escaliers de marbre flanqués de colonnes, en portant les nefs sacrées sur leurs épaules ; ils passèrent devant des récipients remplis d'huile enflammée et rejoignirent les grandes embarcations de la flotte royale. Les nefs furent déposées sur les vaisseaux que des esclaves attelés à de longues cordes tirèrent pour remonter le courant jusqu'à Louxor. Spectacle impressionnant que celui des trois nefs sacrées resplendissant au soleil, sur le pont du grand vaisseau.

Aménophis III était fier de sa flotte ; les bateaux avaient été fabriqués par les meilleurs artisans du pays. Le plus grand était fait en cèdre du Liban. « Jamais encore on n'en avait fabriqué de semblable. D'une grande largeur et d'une grande longueur, il est recouvert d'argent et tout incrusté d'or. Le grand tabernacle d'or remplissait le pays de son éclat ». La poupe du bateau portait les couronnes de la Haute et de la Basse-Egypte avec le serpent Uraeus ; des bannières de soie flottaient au long de mâts d'or. Deux prêtresses-musiciennes, les prêtresses de Mert, dansaient autour du Sanctuaire, tout en poussant des cris d'allégresse, répétés par les Thébains qui remontaient le fleuve en bateau sur la rive orientale.

Sur terre, un prêtre d'Amon marchait en tête du cortège en chantant un hymne en l'honneur du dieu du Soleil.

Derrière le prêtre d'Amon, une escorte de soldats portant des lances et des boucliers marchait au rythme des tambours. Quel contraste avec les jongleurs et les nègres, les prêtresses et les prêtres qui les suivaient en dansant et en chantant, et en jouant des sistres [1] et des castagnettes. Suivait une autre délégation de prêtres d'Amon et de joueurs de luth, précédant enfin le peuple de Thèbes débordant d'exubérance comme pour toutes les fêtes, et frappant des mains au rythme de la musique.

A l'embarcadère de Louxor, se répétait une fois encore le même spectacle qu'au départ de Karnak. Les nefs étaient soulevées des bateaux et portées par les prêtres jusqu'au temple, devant le pharaon et son épouse. Aménophis III avait fait construire ce temple à la place d'un sanctuaire ancien, en l'honneur d'Amon, de Mout et de Khonsou : long de 190 mètres et large de 55 mètres, il n'atteignait pas l'ampleur de celui de Karnak, mais, pour le luxe, il le dépassait. Sous les cris de jubilation des Thébains, les prêtres traînaient les nefs à travers le grand pylône de l'entrée du nord et les 52 mètres de longueur de la grande salle hypostyle d'Aménophis. Une double rangée de colonnes entourait la seconde cour et, à l'arrière de cette cour, s'ouvrait un parvis avec trente-deux colonnes faites de faisceaux de tiges de papyrus.

Aménophis offrait alors un sacrifice aux dieux de Louxor. Les nefs étaient déposées dans le sanctuaire, tandis que le roi pénétrait dans la salle aux douze colonnes où se trouvait la table des offrandes. Des délégations venues de chaque contrée de la Haute et de la Basse-Egypte approchaient pour déposer leurs dons. Le temple de Louxor, appelé « Harem du Sud », était dédié à Amon, car le pharaon passait pour être

---

1. Instruments de musique ressemblant à des hochets qui dataient de l'Egypte ancienne et qui prirent de l'extension avec le culte d'Isis.

le propre fils d'Amon, le dieu national de Thèbes. L'épouse du pharaon était par conséquent l'épouse divine et le « Harem du Sud d'Amon » son « palais ».

Le partage rituel de la couche

Jusqu'à l'époque d'Aménophis III, l'épouse divine, donc la reine, était aussi la première des « Dames du Harem d'Amon », les prêtresses. Dans une pièce contiguë au sanctuaire du temple de Louxor et du temple de Hatshepsout, à Deir el-Bahari, nous trouvons des images représentant la conception et la naissance du pharaon. Certains égyptologues, tel l'Anglais Aylward Blackman, y virent les images d'une sorte de copulation rituelle. L'union du pharaon divin et de son épouse divine se faisait, de l'avis de ces savants, au cours de la fête annuelle d'Opet, tandis que le peuple chantait et dansait devant les portes du temple intérieur.

Ces amours rituelles avec un quadragénaire physiquement diminué, à supposer qu'elles aient pu avoir lieu, ont dû produire un certain choc sur la jeune Néfertiti alors âgée de 15 ans. Elles n'ont certes pas contribué à la convertir à la religion égyptienne d'Amon.

Les dieux et les rois n'étaient pas les seuls à pouvoir se réjouir, le peuple aussi pouvait s'en donner à cœur joie. Les temples étaient équipés de nombreuses chambres à provisions dont les portes s'ouvraient en un jour comme celui-là, et chacun pouvait boire et manger à sa guise. De véritables orgies se déroulaient dans le temple à l'occasion de la fête d'Opet. Toute la journée, on dansait, on mangeait et on buvait.

Si jamais une époque quelconque a découvert l'art de célébrer les fêtes, ce fut certainement dans la Thèbes aux richesses fabuleuses. Des bateaux venant de Palestine et de Syrie, de Chypre et d'autres pays remontaient le Nil depuis le Delta, des caravanes venaient de tous les points du monde, du pays de Pount et d'Asie, pour apporter à Thèbes tous les objets de luxe possibles et imaginables de ce monde, que ce soit en guise de tribut ou de marchandise monnayable. L'argent... ici on ne lui accordait vraiment pas une grande importance.

Un dîner thébain

Si nous entrouvrons la porte d'une maison thébaine, nous apercevons dans la grande pièce de séjour une foule illustre de convives légèrement vêtus ; les femmes portent de longs vêtements sobres à large décolleté, quelques-unes d'entre elles ont même les épaules nues ou un seul sein caché, les hommes sont en pagne court.

Des serviteurs portant des cruches d'eau et des coupes vont d'un convive à l'autre pour leur laver les mains ; un deuxième suit pour les essuyer ; un autre enveloppe les invités dans des nuages d'encens et un quatrième pose sur la tête de chacun une boule de graisse parfumée. Ces boules de graisse contiennent toutes sortes d'essences arabes, qui ne se libèrent que lorsque la graisse commence à fondre sous l'effet de la chaleur corporelle. Cela passe pour être un critère de distinction et la quintessence d'une existence luxueuse. On n'essuie pas la graisse parfumée qui ruisselle sur les cheveux, le visage et les vêtements.

La société distinguée porte des perruques, les hommes comme les femmes ; seule la domesticité se montre dépourvue d'apparat. Des fleurs de lotus au parfum suave sont fichées dans les coiffures fastueuses des dames, tandis que les messieurs tiennent dans leurs mains des fleurs de lotus pour les tendre à la belle qu'ils ont élue.

On ne mange pas autour d'une grande table, mais chaque convive reçoit une sorte de petite tablette individuelle. Sur chaque tablette, on pose des canards entiers, des gigots d'agneau, des fruits de toutes sortes. On boit du vin et une espèce de bière dans des gobelets d'or ou d'argent. La boisson est servie dans de hautes cruches qui se terminent en pointe vers le bas et ne peuvent tenir que sur une armature de soutien. Il n'y a ni couverts ni bâtonnets, on mange avec les doigts.

Les serviteurs s'attendent à tout moment à ce que les convives se mettent à vomir ; ils se tiennent derrière eux, prêts à intervenir, avec des récipients en forme d'entonnoir. Des musiciens jouant de divers instruments agrémentent le repas : la harpe, instrument atteignant la hauteur d'un homme, les luths, aux timbres mélodieux, les flûtes délicates et les timbales au son retentissant sont les instruments essentiels. Entre les différents morceaux de musique instrumentale, des chanteurs exécutent des chansons exubérantes de joie de vivre, et déclament des textes critiquant les événements de la vie contemporaine. Dans la soirée, lorsque les lampes alimentées avec de l'huile de ricin salée jettent des ombres folles sur les murs, sonne l'heure d'une réjouissance très particulière : de jeunes danseuses choisies pour leur beauté exceptionnelle se balancent au rythme de la musique, vêtues uniquement d'une chaînette d'or passée autour de la taille ou d'une guirlande multicolore autour du cou.

Contrairement aux coutumes en usage plus tard chez les Romains, les banquets de Thèbes n'étaient pas réservés aux hommes. De nombreuses représentations picturales des tombeaux du Nouvel Empire en font foi. Ainsi, par exemple, un de ces bas-reliefs trouvé dans une tombe nous permet de constater que certaines femmes étaient capables de supporter de grandes quantités de boisson. Ici, c'est une consommatrice elle-même qui parle : « Donne-moi dix-huit gobelets de vin. Vois, je désire boire jusqu'à l'ivresse. Mes entrailles sont aussi sèches que de la paille. »

Alcoolisme et prostitution sont très répandus, en particulier parmi les jeunes. « On me raconte que tu as abandonné ton travail pour t'adonner aux plaisirs », reproche un professeur à son élève. « Tu vas de rue en rue, là où se répandent des odeurs de bière, jusqu'à ce que tu t'écroules. La bière chasse les gens loin de toi. Elle empoisonne ton âme. Tu es comme un gouvernail cassé dans un bateau qui n'obéit plus à rien ni à personne. Tu es comme un temple sans dieu, comme une maison sans pain. Tu te commets avec les filles et leur odeur a pénétré en toi. Ta couronne de fleurs pend sur ta nuque, et tu joues du tambour sur ton ventre ballonné. Tu trébuches, puis tu tombes sur le visage et tu es couvert de souillures. »

Un père inquiet pour son fils, le sage Ani, avertit ce dernier des dangers de la boisson en ces termes : « Ne te vante pas de savoir boire une cruche de bière tout entière. Tu parles, et un bredouillement incompréhensible sort de ta bouche. Si tu tombes par terre et que tu te casses les membres, personne ne te tendra la main. Tes compagnons de beuverie se lèveront en disant : Qu'on éloigne ce vilain ! S'il vient quelqu'un vers toi pour te poser une question, il te trouvera étendu sur le sol, et tu seras aussi désarmé qu'un petit enfant. »

Le miracle économique de la XVIIIe dynastie

Depuis que les quatre grandes puissances, Egypte, Babylonie, Mitanni et Hatti, s'étaient décidées à coexister pacifiquement, le Pays du Nil connaissait une prospérité économique jamais atteinte jusque-là. Les grands investissements d'Etat, suscités par le désir de chacun des pharaons de construire toujours plus beau et toujours plus grand, n'avaient pas seulement éliminé tout risque de chômage ; ils rendirent même nécessaire le recrutement de travailleurs qualifiés à l'étranger.

L'esclavage, tel que nous le connaissons plus tard chez les Romains, trouva peu d'écho dans l'Egypte ancienne. Les Egyptiens ne considéraient comme esclaves que les captifs de guerre, mais ces derniers dépendaient aussi de la même jurisprudence que la population autochtone. Certes un domestique appartenait à la couche sociale la plus basse, mais il n'était soumis à aucune restriction du fait de son origine. Qu'une servante soit particulièrement séduisante, et elle pouvait elle aussi parvenir jusqu'à la couche du pharaon.

Sous Aménophis III, furent organisés de façon parfaite les services des passeports, des douanes et du recensement. C'était devenu une nécessité d'ailleurs, car jamais encore dans toute l'histoire de l'Egypte ancienne il n'y avait eu autant d'étrangers dans le pays. Les commerçants y trouvaient des marchés importants, les artistes des commandes lucratives, et les filles légères un champ d'activité fructueux. Le libéralisme gouvernemental accordait à tous les étrangers la liberté absolue de religion ; les « travailleurs étrangers » pouvaient conserver leur ancienne nationalité, même au cas où ils contractaient mariage en Egypte, avec un conjoint égyptien. Il n'est pas étonnant dans ces conditions que des gens venus de tous les horizons aient afflué dans le Pays merveilleux des bords du Nil, et surtout dans sa capitale, Thèbes.

Nous ne savons pas exactement comment s'appelait Thèbes à l'époque de l'Egypte ancienne. Les Egyptiens devaient sans doute l'appeler Ouaset, ou Niout (c'est-à-dire « la Ville »). Thèbes, ou Thêbai, est le nom donné par des voyageurs hellénistiques qui choisirent ce nom en souvenir de la Thèbes grecque, située en Béotie. L'appellation actuelle de Louxor est, elle, d'origine arabe. En voyant cette ville pour la première fois, les Arabes furent surpris par ses innombrables monuments, et la baptisèrent Médinet el-Kousour, qui signifie approximativement « Ville aux Châteaux ». La forme abrégée, el-Kousour, finit par donner Louxor.

Les maisons des Thébains étaient de véritables petits palais. Les sols étaient faits de carreaux de céramique ou de briques brutes, et recouverts de nattes de roseaux ou de tapis aux couleurs multiples et lumineuses. Posé sur ces tapis, le mobilier se composait de chaises fragiles en bois d'ébène avec incrustations d'ivoire, de coffres et de vitrines, couverts de feuilles d'or et ornés de pierres précieuses, de couches en feuilles de palmiers tressées avec des coussins de cuir ou d'étoffe en guise de matelas. Chaque pièce possédait un tabouret de pierre pour recevoir l'appareil de chauffage mobile fonctionnant au charbon de bois incandescent ; cet appareil pouvait être transporté d'une pièce à l'autre en période de froid.

La maison thébaine se composait de nombreuses pièces, certaines avaient même deux étages. Le toit était plat et considéré comme le lieu de séjour de prédilection des femmes, nombreuses dans les maisons riches, car la plupart des Thébains possédaient plusieurs épouses. L'épouse principale disposait même, pour son usage personnel, d'une partie de la maison de son époux, ainsi que d'appartements séparés pour ses servantes. Les serviteurs du maître de maison avaient eux aussi leurs appartements privés, situés, la plupart du temps, dans une annexe, à une certaine distance du bâtiment principal.

Au cours de ses promenades à travers la ville, qu'elle faisait en compagnie de ses servantes, Néfertiti avait certainement eu l'occasion, elle aussi, de voir la fameuse maison de Thot-nofer, le scribe royal ; à l'époque, cette villa avait déjà cent ans, mais ne paraissait pas du tout archaïque. Elle sembla avoir été toute la fierté de son propriétaire, sinon le scribe royal ne l'aurait certainement pas fait dessiner dans ses moindres détails sur les murs de sa chambre funéraire.

En général, on pénétrait dans une maison d'habitation de Thèbes par le rez-de-chaussée ; il fallait monter quelques marches, puis on passait une porte à deux battants pour arriver dans une salle aux murs blanchis à la chaux ; en haut des murs courait une frise représentant des fleurs et des guirlandes. Quatre piliers de bois peints en couleur claire supportaient le plafond couvert de peinture bleue. Les fenêtres descendaient souvent jusqu'au sol ; si elles donnaient sur le sud, elles étaient murées avec des plaques de pierre légèrement plus petites pour permettre d'avoir vue sur l'extérieur et de faire circuler un léger courant d'air à travers toute la maison. Ces fenêtres percées étaient une nouveauté, car la plupart des maisons de cette époque ne recevaient la lumière que par les ouvertures des portes ou par une ouverture percée dans le mur et située au-dessus du linteau.

Il y avait souvent plusieurs pièces destinées au même usage, autrement dit plusieurs salles à manger (toujours équipées de cuvettes à toilette) et plusieurs chambres à coucher (chacune d'elles possédant sa salle de bains). On faisait la cuisine dans un bâtiment séparé, auquel étaient également annexées les chambres à provisions.

Chaque villa possédait naturellement un jardin avec une pièce d'eau destinée au bain, mais dans laquelle nageaient aussi des oiseaux parmi des plantes aquatiques.

Néfertiti s'éveille dans une atmosphère parfumée de myrrhe

Pour la jolie princesse, la journée commençait très tôt le matin, peu après le lever du soleil. Ceci paraissait d'ailleurs tout aussi naturel que d'aller dormir le soir peu après le coucher du soleil. Néfertiti était réveillée par les mélodies d'un ensemble instrumental féminin, et, dès son lever, un parfum de myrrhe l'enveloppait. Une servante, spécialement chargée de surveiller l'instant précis où Néfertiti ouvrait les yeux, tirait immédiatement la toile de lin semblable à une voile de bateau qui fermait la fenêtre de l'immense chambre à coucher, pour y faire pénétrer les premiers rayons d'or d'Aton. Néfertiti dormait seule. Son lit, un lit plus étroit et plus court que les lits actuels, était fait de bois d'ébène précieux, orné d'incrustations de bois, de métal et de pierres semi-précieuses. Le matelas bourré de crin de chèvre était recouvert de lin blanc finement tissé. Un autre drap de lin servait de couverture à la princesse ; mais il avait surtout pour but de la protéger contre les moustiques plutôt que de lui tenir chaud. Néfertiti dormait toute nue.

Une pièce contiguë à sa chambre lui servait de garde-robe. Une foule de servantes attendaient dans cette pièce, chacune ayant sa spécialité. L'une aidait au choix des vêtements, une autre tendait les sandales choisies, une troisième présentait le collier, une autre encore la coiffe, une autre la couronne, ceci quand Néfertiti ne préférait pas rester entièrement nue, ce qui était tout à fait habituel à l'époque dans les milieux distingués. Seuls les artisans et les paysans, qui devaient travailler à l'extérieur, ne se montraient jamais nus.

Après le lever, le bain. L'Egypte ancienne ne considérait pas le bain quotidien comme un luxe. Les prêtres d'Amon prenaient jusqu'à quatre bains complets par jour, tant ils étaient soucieux de propreté, mais même les gens pauvres se baignaient au moins une fois par jour. Ou bien ils avaient leur propre salle de bains, souvent équipée uniquement d'une simple auge en pierre, ou bien, s'ils n'avaient pas les moyens de se procurer cela, ils plongeaient dans le Nil pour se rafraîchir. Dans le grand palais de Thèbes, l'Epouse Royale et toutes les concubines, y compris Néfertiti bien sûr, disposaient d'une salle de bains personnelle. La baignoire, surélevée et posée sur un socle de marbre, était faite en albâtre transparent aux reflets lumineux. Les cruches qui servaient à quelques douzaines de servantes à apporter l'eau étaient en or ou en argent. Sur un signe de la jeune reine, deux autres servantes versaient dans la baignoire des essences parfumées contenues dans des cruches plus petites, jusqu'à ce que la souveraine, d'un nouveau geste de la main, leur fît signe d'arrêter. Les Egyptiens de l'Antiquité aimaient les parfums suaves. Celui qui prenait soin de soi et disposait des moyens financiers nécessaires se couvrait de crème ou d'huile, ou se tamponnait avec des essences précieuses.

Jamais le roi ou ses épouses n'apparaissaient en public la tête nue. On portait les cheveux courts, c'était plus pratique, car chacun disposait de plusieurs perruques avec des coiffures différentes. Pour un pharaon vieillissant comme Aménophis III, presque chauve, cette pratique était même nécessaire, car une toison épaisse passait pour un critère de distinction. Il n'y avait que les pauves gens qui étalaient une chevelure clairsemée ou une calvitie, ceux qui ne pouvaient pas se payer de perruque dispendieuse. Tandis que la reine se montrait parfois en public avec une perruque dépourvue de tout bijou, le roi, lui, n'apparaissait jamais sans un symbole de sa puissance : le diadème royal supportant sur le front le serpent Uraeus dressé ornait au moins son chef coiffé de la perruque. Dans les grandes occasions officielles, un serviteur, spécialement chargé de cette tâche à l'exclusion de toute autre, posait sur la tête du pharaon une de ses nombreuses couronnes.

Ces couronnes avaient la forme de bonnets. La couronne de la Haute-Egypte, appelée aussi couronne du Sud, haute de 50 centimètres, allait en se rétrécissant jusqu'au sommet, où elle se terminait en un petit renflement. La couronne de la Basse-Egypte, appelée aussi couronne du Nord, était plus plate ; son signe caractéristique était un ruban tourné comme un ressort, qui s'enroulait vers le haut pour former une spirale. La couronne jumelée, nommée également couronne de la Haute et de la Basse-Egypte, était une combinaison des deux autres. Elle pesait un tel poids qu'on ne pouvait la porter qu'avec un support, le *nemès,* foulard à rayures rouges et blanches. Et pour finir, il y avait aussi la fameuse couronne d'Atef, une sorte de couronne du Sud somptueusement ornée, avec une plume très haute de chaque côté, et un disque solaire en or, de la grandeur d'une main, sur le front.

Néfertiti et Ay

Dès son arrivée en Egypte, à chaque occasion officielle, la jolie princesse mitannienne apparut aux côtés de Tiyi, signe de la bonne entente qui régnait entre les deux femmes ; cela prouvait aussi que Néfertiti avait le véritable souverain des Deux Pays pour elle. Mais, dès le début, le second homme de l'Etat, le sage vizir Ay, éprouva lui aussi de la sympathie pour Néfertiti.

Nous n'avons pas encore élucidé avec précision le rôle joué par Ay vis-à-vis de Néfertiti. Aménophis III lui confia le commandement de ses troupes et le nomma architecte en chef, chef des archives de l'Etat, scribe particulier, grand prêtre, ministre des Affaires étrangères et ambassadeur extraordinaire.

Ay naquit en Basse-Egypte; il était le «fils de Hapou», un paysan pauvre qui monta dans la hiérarchie sociale après avoir appris à lire et à écrire. Ay était marié avec une dame nommée Ti, dont l'influence égalait presque celle de son mari. Elle portait les titres de «grande nourrice», «nourrice de la Grande Reine» c'est-à-dire de Néfertiti, «servante du pharaon», «concubine du pharaon», «précepteur de la divinité», «aimée de Néfertiti», ou «grand amour d'Akhenaton». Mais, bien entendu, il ne faut pas prendre au pied de la lettre ces titres purement honorifiques.

Quelques égyptologues croient voir dans le titre «nourrice de la Grande Reine» l'indice que Néfertiti était une fille de Ti et d'Ay, et non pas une princesse mitannienne. Mais, par voie de conséquence, Ti aurait dû alors, en tant que «grand amour d'Akhenaton», être aussi une concubine du pharaon. Une chose est sûre, Ay, l'ambassadeur extraordinaire, fit la connaissance de la fille du roi Tousratta au cours d'un de ses séjours au Mitanni; la beauté et l'intelligence de la jeune princesse le comblèrent de ravissement. Ay, qui était aussi précepteur et chargé de l'éducation d'Aménophis IV, considérait sûrement Néfertiti comme l'épouse idéale pour son protégé. En rentrant à Thèbes, il parla de sa découverte au pharaon Aménophis III qui, du coup, voulut prendre la jeune princesse pour épouse.

Le sage Ay ne voulut pas s'opposer à la décision de son maître, mais il connaissait mieux que quiconque son état de santé précaire ; c'est pourquoi on est tenté de croire que ce fut Ay lui-même qui persuada le roi du Mitanni, Tousratta, de retarder le plus longtemps possible l'« expédition » de sa fille.

Mais Aménophis III vécut plus longtemps que prévu. Il écrivit une demi-douzaine de lettres pour supplier, pour menacer, et pour exiger la princesse mitannienne. Et Tousratta aurait certainement tenu bon s'il n'avait pas eu un besoin urgent de l'or égyptien que le pharaon lui avait fait miroiter en tant que « don du père ». Aussi le roi du Mitanni céda, au grand regret d'Ay, qui aurait préféré voir Néfertiti épouser le jeune Aménophis IV.

Des études récentes ont permis d'établir que Tadouchépa arriva à Thèbes la trentième année du règne d'Aménophis III. D'après les documents épistolaires dans lesquels Tousratta désigne sa fille comme « Ton épouse », et qui, dans les archives d'Amarna, portent l'inscription hiératique « Année 36 », nous pouvons conclure que, effectivement, entre le pharaon et Néfertiti, il existait bien une sorte de relation conjugale.

LA VEUVE

Mon fils, issu de ma chair, mon fils chéri,
Neb-maât-Rê, mon image vivante, qui est sorti
de moi... Mon cœur exulte d'allégresse quand
il contemple ta beauté. Pour Ta Majesté je
fais des merveilles, pour que tu redeviennes
jeune.

Prière adressée au dieu Amon,
tracée sur une stèle d'Aménophis III à Thèbes

Nous sommes en 1366 av. J.-C. La statue miraculeuse d'Ichtar envoyée par Tousratta en même temps que sa fille devait guérir le pharaon déjà très malade. La mystérieuse déesse asiatique, débarquée au palais de Malgattah, se montrerait-elle supérieure aux dieux de l'Egypte ? Le peuple était curieux de le savoir.

Et voilà que se répandit la nouvelle bouleversante : « La Majesté de Horus, Taureau Puissant, Apparu en Vérité, Horus d'Or, Grand par la Force, qui bat les Asiates, Roi de Haute et Basse-Egypte, Neb-maât-Rê, Fils de Rê, Aménophis, Prince de Thèbes, est mort. »

Des crieurs publics annoncèrent la nouvelle sur toutes les places de la ville, des courriers partirent dans toutes les directions, vers les provinces les plus reculées du royaume, pour proclamer que l'Egypte n'avait plus de pharaon.

Quel âge avait le roi au moment de sa mort ? Une inscription dans la tombe du scribe Amenmose, située dans la presqu'île du Sinaï, indique le neuvième jour du 2e Peret de l'an 36 ; une autre, dans la tombe n° 192, de Chériouf, le grand intendant de Tiyi à Thèbes, parle de la troisième fête du Sed d'Aménophis III. Des inscriptions gravées sur des jarres du palais de Malgattah font également état de cette troisième fête du Sed, jubilé célébré pour chaque pharaon durant la trente-septième année de son règne. Pas moins de seize inscriptions du même genre parlent encore de la trente-huitième année. Mais il n'est plus fait mention nulle part d'une trente-neuvième année d'Aménophis III ; nous pouvons donc admettre avec certitude que le pharaon est mort dans la trente-huitième année de son règne, soit à l'âge de quarante-cinq ans. A dix-sept ans, Néfertiti était déjà veuve.

Chaque fois qu'un pharaon meurt en Egypte, tous les problèmes passent au second plan, éclipsés par une question unique : Qui va prendre la succession du monarque ?

Si le pharaon laissait en mourant une fille et un fils, ceux-ci se mariaient ensemble ; ainsi demeurait sauve la pureté raciale de la dynastie familiale, et les deux royaumes de la Haute et de la Basse-Egypte avaient un pharaon tout désigné et une nouvelle épouse royale. Ceux-ci, il est vrai, pouvaient seulement prendre le pouvoir après l'inhumation du défunt, soit en principe quatre-vingt-dix jours après sa mort.

Avec Aménophis III, le pharaon certes était bien mort, mais pas le souverain. En effet, la « Grande Epouse royale » d'Aménophis III, Tiyi, tenait entre ses mains les rênes du pouvoir depuis près de vingt ans, et elle assumait seule la responsabilité de l'éducation de son fils, Aménophis ; ce n'était un secret pour personne.

Le quatrième Aménophis, qui se nomma plus tard Akhenaton, avait passé la majeure partie de son enfance et de sa jeunesse à l'étranger ; il fallait bien que le successeur au trône du pharaon le plus puissant qui eût jamais existé fasse la connaissance de tous les pays vassaux du royaume, même les plus éloignés, contrairement à son père. Mais ces longs séjours à l'étranger n'avaient fait qu'éloigner l'un de l'autre le père et le fils. Pas une seule représentation picturale ne les montre ensemble, pas un seul texte ne les nomme au même moment. Nombreux sont les tableaux de famille représentant Aménophis III avec sa femme et ses filles, mais jamais on n'y voit la silhouette d'Aménophis IV. Même lorsque ses grands-parents, Youya et Thouya, moururent, à plusieurs années d'intervalle, le jeune Aménophis n'était pas à Thèbes, comme le prouvent les offrandes funéraires retrouvées dans leurs sépultures : chacun des membres de la famille offrait aux défunts un don funéraire. Aménophis, l'héritier du nom et du trône, fut la seule exception. Où était-il donc ?

Les lettres 29 et 116 de la correspondance d'Amarna donnent à entendre qu'Aménophis IV connaissait le père de Néfertiti, Tousratta, prince du

Mitanni, et le prince de Palestine, Rib-Addi. Mais comme ni l'un ni l'autre n'avait jamais mis le pied sur le sol de Thèbes, il fallait bien que le jeune Aménophis les ait rencontrés dans leur propre pays.

Dans la lettre n° 29 d'Amarna, Tousratta écrit à Aménophis IV :

> Lorsque mon frère Nimmouria s'en fut allé à son destin, on le cria très haut, et ce qu'on cria ainsi, je l'ai appris aussi. Il était parti très loin... Et ce jour-là, je versai des larmes. Au milieu de la nuit, je m'assis ; ce jour-là, je ne goûtai ni la nourriture ni l'eau, et je souffris... Mais lorsque Naphouria, le grand fils de Nimmouria que lui donna Tiyi, son épouse, la Grande, m'écrivit : «Je vais exercer le pouvoir royal», alors je prononçai ces mots : « Nimmouria n'est pas mort. » A présent, Naphouria, son grand fils que lui donna Tiyi, sa grande épouse, a pris sa place, et il ne déplacera certainement pas des choses de leur place, comme elles étaient auparavant...

Comment Tousratta pouvait-il savoir qu'Aménophis IV ne voulait «pas déplacer les choses de leur place», sinon par lui personnellement ? D'après la première phrase, il est clair que cette lettre n'était pas une réponse de Tousratta à l'annonce de la mort d'Aménophis III, car il y est dit nettement qu'il avait appris la nouvelle du décès uniquement par un crieur public officiel.

Tout comme le roi Tousratta, Aménophis IV avait dû rencontrer également le roi de Syrie, Rib-Addi, car le ton employé par le prince vassal dans la lettre 116 prouve qu'il connaissait bien le jeune Egyptien. Rib-

Addi écrit à Aménophis IV : « Et tu vois, les dieux et le Soleil et Ba'alat de Goubla t'ont accordé la grâce de t'asseoir sur le trône de ta famille, dans ton propre pays. »

Le quatrième Aménophis connaissait-il Néfertiti ?

Aménophis IV a certainement beaucoup appris au cours de ses séjours à l'étranger, et cette éducation universelle contribua aussi sans aucun doute à élargir son horizon spirituel. Peut-être le jeune prince égyptien commença-t-il à douter dès cette époque des nombreuses divinités qui portaient un nom différent dans chaque pays.

Si Aménophis III avait pu prévoir qu'il ne dépasserait pas l'âge de quarante-cinq ans, il aurait peut-être rappelé son fils et successeur auprès de lui, pour le préparer à gérer l'héritage qu'il lui laisserait. Mais Aménophis IV devait se trouver loin de l'Egypte à la mort de son père, qui le frappa d'une manière totalement inattendue. Malgré ses « voyages d'études », il n'avait manifestement pas la moindre idée des affaires de l'Etat ; Tousratta, qui n'allait pas tarder à devenir son beau-père, dut en effet lui envoyer une lettre destinée uniquement à lui rappeler le traité d'amitié passé entre l'Egypte et le Mitanni. Qu'il en demande confirmation à sa mère, Tiyi.

Si vraiment le jeune Aménophis a séjourné à la cour du Mitanni, il a sans doute eu l'occasion de rencontrer la jolie princesse Tadouchépa, et tout laisse à croire que, dès cette époque, les deux enfants ont commencé à se fréquenter, et que le précepteur du prince, Ay, n'était pas totalement étranger à cette situation. Mais finalement Aménophis III jeta son dévolu sur la jolie princesse mitannienne, ce qui ne pouvait être du goût ni d'Ay ni d'Aménophis IV. Peut-être faut-il voir là l'explication de la haine farouche qu'avait nourrie Aménophis IV pour son père : un jeune homme parcourt des milliers de kilomètres à travers l'Asie, à la recherche d'une jeune fille qui pourrait un jour devenir son épouse, il en trouve une qui dépasse toutes ses espérances et c'est son propre père qui lui vole l'élue de son cœur !

Certes, quelques égyptologues prétendent qu'Aménophis III aurait confié à son fils Aménophis IV la corégence pendant plusieurs années. En fait, il n'existe aucun texte officiel qui vienne confirmer cette théorie ; certains indices sont controversés. Actuellement, de l'avis de la majorité des historiens, les deux derniers porteurs du nom d'Aménophis n'ont jamais régné ensemble.

Une corégence assurée par le fils aîné ou la fille aînée n'était pas rare en Egypte, comme le montrent les listes royales parvenues jusqu'à nous. Les XVIIIe et XIXe dynasties en tout cas en ont connu trois, les textes sont formels sur ce point : Thoutmès III, dont le père était Thoutmès II, Hatshepsout, dont le père était Thoutmès III, et Ramsès II dont le père était Séthi Ier. Nous connaissons également deux cas de corégence dans la XIIe dynastie. A partir de la quarante-troisième année de son règne, Sésostris Ier partagea le trône avec Aménémès II, qui à son tour, dans la trente-troisième année de son règne, appela son fils Sésostris II à partager avec lui le pouvoir.

A l'époque du Moyen-Empire, cette pratique était même tout à fait habituelle. On voulait tout simplement placer aux côtés du pharaon vieillissant un jeune assistant fourmillant d'idées nouvelles, excellente occasion pour lui en même temps de se rôder en vue de ses fonctions ultérieures.

Pour et contre la corégence

Le fait que les deux pharaons ne sont représentés ensemble sur aucun des monuments de leur temps ne plaide pas en faveur d'une corégence d'Aménophis III et d'Aménophis IV. Les défenseurs de la théorie d'une corégence ne peuvent s'appuyer que sur un seul argument : un gros bloc de pierre en provenance du temple d'Athribis qui garde des traces de cartouches royaux ; le premier d'entre eux pourrait se compléter par le nom « Aménophis IV », et le second pourrait s'appeler « Aménophis III ». Si on les considère comme la légende d'un bas-relief, d'après leur position, on pourrait conclure qu'Aménophis fils et Aménophis père se tiennent l'un derrière l'autre, donc ont été représentés ensemble de leur vivant. Si Aménophis IV avait apporté une offrande funéraire à son défunt père Aménophis III, les deux hommes auraient dû, de l'avis de ces savants, se tenir face à face. C'est une théorie, sans doute, mais pas une preuve.

Un autre fait exclut presque l'éventualité d'une corégence d'Aménophis III et de son fils : parmi les centaines de lettres formant la correspondance diplomatique d'Amarna, pas une seule ne mentionne cette corégence, ni même y fait seulement allusion. Au contraire, les lettres du roi du Mitanni, Tousratta, et du roi des Hittites, Chouppilouliouma, prouvent qu'Aménophis IV, à la mort de son père, était encore trop jeune (il avait vraisemblablement environ douze ans) et trop inexpérimenté pour pouvoir se charger des affaires du gouvernement, et que c'était sa mère, Tiyi, qui entretenait la correspondance à sa place. Ce n'est pas l'amitié du pharaon, mais celle de sa mère, qu'on sollicite au début. Si Aménophis IV avait effectivement régné en même temps que son père pendant huit, neuf, ou même douze ans, il aurait eu au moins seize ans à la mort de ce dernier, et après tant d'années d'apprentissage, il aurait sans aucun doute été capable de gouverner le pays. Mais, comme le disait Sir Alan Henderson Gardiner, l'égyptologue britannique disparu en 1963 : « A la mort de son père, Akhenaton n'était qu'un enfant, et rien d'autre. »

De l'avis de Gardiner, on peut répondre sans hésiter par la négative à la question d'une éventuelle corégence d'Aménophis IV et de son père, si l'on se réfère à la correspondance d'Amarna. Sir Alan écrit en 1957, dans le *Journal of Egyptian Archeology :* « Une lettre du roi des Hittites, Chouppilouliouma, et quelques autres de Tousratta, le roi du Mitanni, prouvent qu'Akhenaton ne monta sur le trône qu'après la mort de son père, et à un âge encore très tendre... Une autre lettre, adressée à la reine Tiyi (lettre 26, de Tousratta), bien que ne se rapportant pas directement à la mort d'Aménophis III, n'a de sens que si on admet la situation de veuve de la destinataire, car celle-ci est instamment priée, dans cette lettre, d'expliquer à son fils Naphouria, c'est-à-dire le futur Akhenaton, les bonnes relations qui existaient entre son père et Tousratta. La lettre 27, qui est sans doute aussi la première adressée par le roi du Mitanni à Naphouria, porte en exergue la date de la deuxième année du règne du pharaon, gravée en

écriture hiératique ; elle indique également qu'il rési-
dait à l'époque dans la Ville du Sud (Thèbes), et
mentionne deux fois les « cérémonies funèbres », ce
qui ne peut sûrement se rapporter qu'à l'inhumation
d'Aménophis III. »

L'autopsie du pharaon

La tradition voulait que le fils aîné et successeur du
pharaon défunt se chargeât de l'inhumation. Mais
comme Aménophis IV n'était pas en Egypte, ou tout
simplement comme il était encore trop jeune, ce
devoir incomba à la « Grande Epouse royale » Tiyi. En
tant que « concubine » du pharaon, Néfertiti n'eut
aucune fonction officielle, durant ce rituel de quatre-vingt-dix jours, mais il ne fait aucun doute qu'elle
a participé aux cérémonies. Il est possible que la
mort de cet époux malade ait été pour elle une
délivrance, dans un sens, mais d'un autre côté, avec
ses dix-sept ans, elle avait la perspective d'un avenir
incertain, sous la dépendance totale de Tiyi.

Même si sa douleur n'a pas été très profonde,
Néfertiti porta le deuil. Elle revêtit une robe-sac de
couleur blanche, très ample, qui pendait sur son
corps en une multitude de plis. En outre, pour
marquer son chagrin, elle interrompit ses ablutions
quotidiennes et, comme toutes les femmes du harem,
se répandit de la terre sur la tête.

Depuis des temps immémoriaux, les Egyptiens se
sont demandé ce qu'il advenait du pharaon divinisé
après sa mort, et ils finirent, au fil des siècles, par se
faire à ce sujet des idées très surprenantes. Au début,
ils supposèrent que le pharaon défunt devenait une

étoile parmi les étoiles scintillant dans le ciel, ou un oiseau parmi les oiseaux voltigeant dans les arbres, un héron parmi les hérons pataugeant dans l'eau, ou encore un coléoptère parmi les coléoptères rampant dans le sable. Mais ils finirent tout de même par reconnaître que, une fois mort, le pharaon devait se promener « sur les beaux chemins », dans les Enfers traversés chaque nuit par Rê, le Dieu du Soleil.

Dans leurs conceptions de l'au-delà, la « personnalité dissociée » de l'homme causait aux Egyptiens les plus grandes difficultés. D'après eux en effet, l'être se compose du corps, de l'âme (Ba) et de l'esprit protecteur (Ka). Le Ka était, dans l'homme, l'élément déterminant, car il portait la responsabilité de tout, de la durée de l'existence, du bonheur et du malheur, de la force et de la faiblesse. Le pharaon mort était souvent représenté avec son Ka, par des images jumelles, parfaitement identiques, « le Ka vivant du Maître des Deux Pays, le Taureau Victorieux qui brille à Thèbes ». D'après les conceptions religieuses des Egyptiens, ce Ka ne mourait pas, mais revenait un jour ou l'autre dans la dépouille mortelle du défunt. Voilà la raison pour laquelle il fallait conserver le cadavre ; voilà la raison pour laquelle les statues du mort, fidèles à la réalité, faisaient partie du mobilier funéraire. Les tables d'offrandes portant des vivres et des boissons installées dans les sépultures des pharaons n'étaient pas destinées à la momie, mais à l'alimentation du Ka. Et Tiyi et Néfertiti ont probablement dû murmurer ensemble les formules traditionnelles pour favoriser la consommation de la nourriture funèbre d'Aménophis III :

Une offrande, que donne le roi,
Une offrande,
Un millier en pain, un millier en bière,
Un millier en bœufs, un millier en oies,
Pour le Ka du grand Neb-maât-Rê.

Le spectacle fantastique de l'embaumement du pharaon commença le soir du décès, après le coucher du soleil, à la lueur des flambeaux. Ce travail dura près de deux mois.

Dans une petite pièce fraîche, dépourvue de fenêtres, du palais de Malgattah, une équipe de chirurgiens choisis parmi les prêtres de la Mort se prépara à la phase préliminaire de l'embaumement du cadavre d'Aménophis III, chacun étant prêt à accomplir la tâche spéciale qui lui revenait. Le premier traça à l'encre rouge une ligne verticale sur le côté gauche du ventre, sur toute la longueur du buste. Le dissecteur tira son couteau d'un geste rapide comme l'éclair et trancha en quelques mouvements seulement la paroi abdominale du défunt pharaon. Il avait à peine terminé son incision qu'il laissa tomber son couteau, releva prestement son long vêtement ample et sortit de la pièce en courant. Les autres embaumeurs lui jetèrent des pierres... préparées d'avance. Ainsi le voulait le rite antédiluvien, car ceux qui blessent un homme dans son corps sont foncièrement mauvais et doivent être châtiés.

Après cette courte cérémonie, un deuxième chirurgien avança. D'un geste sûr, il enfonça la main dans la cavité béante du ventre et en retira tous les viscères les uns à la suite des autres : le cœur, le foie, les reins, les poumons, les intestins et après les avoir lavés de nombreuses fois, il les jeta dans quatre vases en pierre préparés à cet effet. Ces vases à viscères, appelés aussi canopes, furent ensuite hermétiquement fermés avec un couvercle de pierre, pour conserver les organes internes, qui étaient supposés être le siège des sensations, notamment celles de la faim et de la soif. Chaque vase était confié à un des fils de Horus, Imset, Hapy, Douamoutef et Qébehsénouef.

Pour parvenir jusqu'au cerveau, on brisa la cloison médiane du nez avec un burin spécial. A l'aide d'un crochet d'argent, introduit dans l'ouverture du nez et poussé en biais vers le haut, le troisième chirurgien enfin retira la masse cervicale de la boîte crânienne. Le cadavre disséqué était alors prêt pour la période de déshydratation qui durait soixante-dix jours ; cette déshydratation du cadavre était *un* des secrets qui permirent aux momies de traverser trois à quatre millénaires sans que leur aspect extérieur se soit beaucoup modifié. Elle consistait en un séjour prolongé dans une auge contenant du natron.

L'hypogée d'Aménophis III dans la Vallée des Rois

Pendant ces deux mois de traitement, on travailla fiévreusement à l'achèvement du tombeau d'Aménophis III, dans un vallon latéral de la Vallée des Rois, orienté vers l'ouest. De son vivant déjà, le roi en avait commencé la construction, mais comme tant de pharaons, il s'y était pris beaucoup trop tard, si bien que pendant les derniers quatre-vingt-dix jours, il fallut « trimer comme des brutes ». Les sculpteurs creusèrent les dernières niches dans le roc, les peintres posèrent les dernières touches de couleur et dessinèrent les derniers textes, tandis que les intendants commencèrent à réunir l'équipement pour le voyage dans l'éternité.

Un pharaon aussi éminent que le fut Aménophis III emportait dans sa tombe des lits de repos et des lits d'apparat, des armoires et des coffres, des sièges et des tabourets, de la vaisselle et des vases d'ornement, et même des chars somptueux et des vaisseaux. Des centaines d'« ouchébtis », petits personnages humains, furent choisis pour décharger le roi défunt de tout travail dans l'au-delà. Car l'Elysée, sur lequelle régnait Osiris, le dieu de la Mort, n'avait rien à voir avec le paradis, tel que nous, formés par l'enseignement chrétien, nous nous le représentons : là-bas, il fallait accomplir des travaux comme sur la terre, et surtout des travaux agricoles. Les petits personnages devaient accomplir ces travaux à la place du pharaon, et on dessinait même souvent à chacun les emblèmes de sa spécialité. Pour qu'ils puissent exécuter ces travaux, on leur donnait également des outils en miniature, des houes pour le travail des champs, des fléaux pour battre le blé, des corbeilles pour les récoltes.

Les anciens Egyptiens croyaient que l'être humain pouvait continuer à vivre dans l'au-delà, à condition de retrouver un cadre fidèle à la nature. Cette notion de l'au-delà les poussa même à placer dans le caveau des pharaons, qui de leur vivant disposaient d'un vaste harem, de petites statuettes de femmes nues chargées de distraire le souverain « là-bas » et de l'aider à passer le temps. Ces statuettes semblables à des poupées étaient en pierre, en bois ou en faïence, souvenirs dont furent avides les premiers fouilleurs du siècle passé.

Comme l'avenir dans l'Empire des morts, malgré

toutes les précautions, était extrêmement incertain, les Egyptiens n'épargnaient ni les amulettes ni les talismans, dans leur mobilier funéraire. On y retrouva des yeux de Horus, des colonnes de papyrus, des amulettes en forme de doigts et des scarabées miraculeux suspendus au cou du cadavre ou attachés à la poitrine ; et tous, ils n'avaient qu'un seul but, conférer un pouvoir magique à la momie.

Aucun peuple, dans l'histoire de l'humanité, n'a attaché autant de valeur que les Egyptiens à l'aménagement d'une sépulture en fonction de la personnalité du défunt. Et bien que, après l'inhumation, les tombeaux fussent murés pour l'éternité, ils mettaient une telle minutie à graver les inscriptions sur les murs intérieurs qu'on ne peut expliquer ce phénomène que par leur foi profonde en une autre vie après la mort.

« Ne dis pas, je suis encore jeune », proclame le sage Ani sur un papyrus, « tu ne connais pas ta mort. La mort arrive pour réclamer l'enfant étendu dans les bras de sa mère aussi bien que l'homme courbé par les ans ».

Sur le plan de la construction technique, l'hypogée [1] qu'Aménophis III se fit construire pour lui représente la fin de l'évolution de l'art funéraire égyptien. Chambres et couloirs partent tous à angle droit. Nous ne trouvons donc pas de labyrinthe construit sans système comme dans le tombeau de Thoutmès III, dans lequel chaque couloir, chaque chambre présente un angle différent du précédent, et dans lequel d'ailleurs une seule des huit pièces est rectangulaire.

On pénètre dans le tombeau d'Aménophis III par

1. Caveau funéraire.

un long escalier, abrupt, qui descend vers un corridor en déclivité également, conduisant à un deuxième escalier. A l'extrémité de cet escalier, le couloir continue à descendre dans la même direction que précédemment pour se terminer en un palier carré donnant, à main gauche, sur une antichambre rectangulaire au centre de laquelle deux piliers soutiennent le plafond. De l'angle placé à droite de l'entrée, un escalier descend encore ; suivent un autre couloir, puis encore un autre escalier. Nous avons alors atteint une seconde antichambre rectangulaire. Un petit couloir relie le mur gauche, le mur de la longueur, à une salle soutenue par quatre piliers, derrière laquelle se trouve une salle à un seul pilier, la crypte. De chaque côté des murs en longueur de la salle aux quatre piliers et de la crypte qui lui fait suite se trouvent deux chambres pour abriter le matériel.

Bien qu'ayant commencé relativement tôt la construction de son tombeau, Aménophis III s'y est pris tout de même trop tard, car le tombeau est resté inachevé ; une seule des quatre salles, et certaines parties seulement des couloirs sont ornées de dessins et de textes. Néanmoins, on ne pouvait plus attendre, il fallait inhumer le pharaon et fermer le tombeau ; aussi, nous n'en apprendrons certainement jamais plus que ce que nous savons aujourd'hui sur la mort d'Aménophis III et sur les relations de Néfertiti avec cet homme.

Au service de la mort.

La construction des hypogées royaux se faisait dans le plus grand secret. Seules quelques personnes étaient initiées aux détails du projet. Inéni, l'architecte du tombeau de Thoutmès Ier, dit, dans un document qu'on a retrouvé dans sa tombe : « J'ai surveillé seul le creusement du tombeau de Sa Majesté sans que personne n'ait rien vu ni entendu. »

D'où l'hypothèse lancée par Georg Steindorff et Walther Wolf, dans leur livre sur *la Nécropole thébaine,* selon laquelle les travaux de construction des hypogées étaient confiés à des captifs de guerre qu'on tuait ensuite, une fois l'ouvrage terminé. Mais ce n'est qu'une hypothèse pour laquelle on n'a jamais trouvé de preuves justificatives. A quoi bon d'ailleurs tuer les ouvriers qui avaient participé au gros œuvre du tombeau puisque, après tout, les sculpteurs, les peintres, les stucateurs, les scribes, les intendants et les prêtres étaient eux aussi au courant des détails de construction. Et eux, ils n'ont certainement pas été tués.

Près de l'entrée de la Vallée des Rois, à proximité du village actuel de Deir el-Médine, se trouvait un village comprenant cinquante maisons, entouré par un mur. Nous ne savons pas comment s'appelait ce village à l'époque de Néfertiti, mais on sait qu'il abritait les « Serviteurs du Lieu de la Vérité », ces artistes et ces artisans qui, pendant cinq cents ans, ont façonné les tombeaux des pharaons immortels. On construisit les premières maisons de ce village au moment où Inéni creuse le premier hypogée dans la Vallée des Rois, celui destiné à Thoutmès Ier. Pour exécuter le gros œuvre, on alla chercher des Nubiens et des Asiatiques, mais aussi des Egyptiens pauvres. Il n'y avait pas d'eau, car le village était entouré par le désert.

Dans ce camp de fossoyeurs, le travail était organisé de manière très stricte ; et le « chef des travaux » veillait à ce que cette rigueur fût respectée, aidé en cela par les architectes, les contremaîtres et les scribes. Peintres et sculpteurs formaient une « corporation » à part, de même que les tailleurs de pierre et les maçons. Parmi tous les ouvriers, les manœuvres et les âniers étaient les moins considérés. Deux fois par mois, une petite caravane d'ânes lourdement chargés montait l'étroit sentier vers Deir el-Médine, pour apporter aux ouvriers de l'eau potable, des vivres et du matériel. On mangeait de la viande et du poisson séchés, des galettes de pain, des légumineuses, ainsi que des oignons comme moyen de prévention contre les maladies infectieuses.

Les « Serviteurs du Lieu de la Vérité » étaient mieux payés que les autres ouvriers ; leur salaire annuel correspondait à la valeur d'un bœuf. Beaucoup d'entre eux se faisaient régler en vivres ou en vêtements ; cette pratique était même en usage chez les fonctionnaires de rang moyen et chez les militaires, qui touchaient leurs salaires en « nature », terrains ou captifs de guerre qui leur servaient de domestiques.

Au bout de soixante-dix jours environ de déshydratation dans le natron, le cadavre d'Aménophis III fut lavé et traité avec du vin de palme, de l'encens, de l'huile de cèdre, de la myrrhe et de la cannelle, onguents et parfums qui aidaient à la conservation.

Et c'est à ce moment-là que les embaumeurs proprement dits entraient en action. Ils entouraient de bandes de lin le torse et les membres du pharaon défunt, en serrant très fort. Entre chaque couche de bandelettes, ils répandaient une sorte d'enduit gommeux, dont nous ne connaissons pas la composition. On a découvert que les Egyptiens avaient passé des milliers d'années à faire des expériences pour trouver la composition idéale de cette solution. Il y avait donc des enduits qui conservaient bien les momies, et d'autres qui consumaient littéralement les bandelettes et les tissus humains, si bien que nous avons retrouvé de nombreuses momies entièrement noircies, ce qui n'était certainement pas prévu dans les programmes d'embaumement.

L'historien grec Hérodote, qui au Ve siècle av. J.-C. étudia l'histoire de l'Egypte ancienne, a, lui aussi, décrit la technique de momification avec beaucoup de détails. Le Dr Zaki Iskander, ex-directeur général du Service des antiquités du Caire, a fait également de nombreuses études sur les pratiques d'embaumement ; d'après lui, les descriptions données par Hérodote, dans l'ensemble, sont exactes. Comme le remarque Iskander, et cela est également valable pour Aménophis III, le pharaon obèse, pendant le processus de déshydratation, les corps étaient remplis d'herbes, de paille et de rouleaux d'étoffe pour éviter qu'ils ne se déforment.

D'heureuses circonstances ont voulu que le rituel des embaumeurs nous soit transmis jusque dans ses moindres détails ; deux papyrus, sans aucun rapport l'un avec l'autre et provenant d'époques différentes, contiennent les prescriptions et les textes de la momification. L'un d'eux, le Papyrus du Caire, vient probablement de Thèbes ; il était destiné « aux prêtres d'Amon-Rê et de Bastet à Thèbes, Héter, fils de Harsiéris et de Taihérou ». L'autre, le Papyrus du Louvre 5158, fut écrit « pour le prophète d'Amon-Rê et de Bastet à Thèbes, Horus, fils de la danseuse d'Amon-Rê et de la prêtresse de Sokar Isis-Rechté ».

Le rituel des embaumeurs

Le texte suivant est tiré du Papyrus du Caire, le plus complet et le mieux conservé des deux. Les vingt-trois premières lignes manquent ; le rituel commence avec le traitement de la tête :

> ... Ensuite, tu oins sa tête en la frottant deux fois avec de la bonne huile de myrrhe. Un prêtre de la Mort parle : « O Osiris ! pour toi l'huile de myrrhe, qui vient du pays de Pount, pour que ton arôme soit embelli par le parfum divin. » [...]
> Ensuite on doit prendre un vase d'onguent dans lequel se trouvent les dix huiles de l'Ouverture de la Bouche [1]. Transporte-le depuis sa tête et ses coudes jusqu'à la plante de ses pieds, mais en te gardant bien d'en répandre sur sa tête.
> Le prêtre de la Mort implore : « O Osiris ! reçois l'« Arôme de Fête » qui embellit tes membres. » [...]
> Ensuite, tu places les viscères dans une urne de faïence dont les enfants de Horus ont été oints, et laisses pénétrer l'onguent de ce dieu [2] dans les membres divins, jusqu'à ce que les viscères soient bien imprégnés de cette graisse qui vient des membres divins.
> Ensuite, tu étends ce dieu sur son ventre. Tu poses sa colonne vertébrale dans l'huile sacrée mention-

---

1. Le rite de l'Ouverture de la Bouche devait rendre au défunt l'usage de ses organes, par un acte magique.
2. C'est-à-dire la momie.

née ci-dessus et laisses reposer sa colonne vertébrale, telle qu'elle était sur terre ; jusqu'à ce que soient achevés les travaux de la « Belle Maison [1] » sur lui. Puis tu poses une bande enroulée sur la civière, tu tournes son visage vers le ciel, sa colonne vertébrale doit reposer dans l'huile, sur le vêtement de Sobk de Chédet [2].

Un prêtre de la Mort parle : « O Osiris ! prends cette huile, prends cet onguent, prends cette source de vie, prends cette graisse des dieux [3] [...] Prends ton vêtement dans ces bandelettes sacrées, Rê t'habille de sa sueur. Pour toi le baume qui vient de la Phénicie, et la belle résine qui vient de Byblos [...] Pour toi, Osiris, l'or et l'argent, le lapis-lazuli et la malachite. Pour toi la faïence, pour éclairer ton visage ; et la cornaline pour donner de la force à ta démarche. » [...]

Ensuite tu poses son dos avec l'onguent sur le vêtement tel qu'il était sur terre. Mais prends garde qu'il ne tombe sur son sarcophage pendant que sa tête et son ventre sont remplis de drogues, parce que les dieux qui sont dans son sarcophage seraient dérangés de leur place. Puis tu tournes son visage vers le ciel, tel qu'il était avant. Ensuite, tu oins d'or ses ongles, aux mains et aux pieds, en commençant par ses doigts et jusqu'à son orteil qui est entouré d'une bande de lin tissée à Saïs.

Le prêtre de la Mort parle : « O Osiris ! tu reçois ton ongle en or, tes doigts en métal noble, tes ongles des pieds en électrum. » [...]

---

1. C'est-à-dire l'atelier des embaumeurs.
2. Ville de la province de Fayyoum, en Haute-Egypte.
3. Sur le panthéon égyptien, voir le chapitre : « Les dieux ».

A présent Anubis [1] se place sous la tête de ce dieu, sans qu'un cherleb [2] quelconque ait le droit de s'approcher jusqu'à ce que celui qui est étendu sur le mystère ait absorbé en lui toutes les substances, sauf le garde divin qui le saisit dans la tête, l'assistant de celui qui est étendu sur le mystère. Ensuite tu oins sa tête et toute sa bouche avec de l'huile, et n'oublie pas, autant derrière le crâne que sur le visage. Tu l'emmaillotes dans la bandelette de Rê Harakhty, de la ville de Hebt, et la bandelette de Nechbet, de la ville d'El-Kab, qui est posée sur son front ; et la bandelette de Hathor, la souveraine de Dendérah, qui est posée sur son visage ; et la bandelette de Thot qui dressa les deux combattants, qui est posée sur ses oreilles ; et la bandelette de Nebt-hotpet, qui est posée sur son front.

Ces bandelettes doivent constituer tous les tissus et toutes les étoffes posées sur sa tête. [...]

Ensuite il faut enrouler les bandelettes dans une grande bande de deux doigts de largeur. Puis tu l'oins encore une fois, tandis que les ouvertures de sa tête sont bouchées, avec l'huile épaisse mentionnée plus haut.

Puis un prêtre parle : « O Déesse Puissante et Vénérable, Souveraine de l'Occident, Princesse de l'Orient ! viens et pénètre dans les oreilles d'Osiris. » [...]

Puis tu oins de nouveau sa tête avec de la myrrhe ; ce geste est accompli pour oindre la tête de celui

1. Un prêtre habillé comme le dieu Anubis, protecteur des nécropoles.
2. Prêtre chargé des lectures.

qui a vu la Lumière avec de la myrrhe. Tu l'oins encore une fois avec de l'huile, toute la tête et le visage. Pose sous sa tête des semences et des fruits.

Ensuite tu parles sous sa tête : « O Osiris ! reçois ta tête dans l'Empire de l'Ouest, pour que tu entres parmi ceux qui voient la Lumière et parmi les saints. » [...]

« O Osiris, tu triomphes devant le grand tribunal de Heb [1] dans la Haute-Egypte, et devant les grands dieux du temple de Rê et devant le grand tribunal de la Haute-Egypte, dans le temple de Ptah. Ta tête te rejoint pour qu'elle ne soit pas éloignée de toi ; elle va vers toi et ne se sépare plus de toi pour l'éternité. »

Ensuite tu embaumes ton dieu. Plonge sa main gauche ainsi que le poing dans l'huile mentionnée plus haut, qui se compose d'une partie d'an-khyémi, d'une partie de résine de Coptos, d'une partie de natron. Puis tu emmaillotes ses oreilles avec une bande de lin royal tissé. Ses doigts et ses ongles, au bout de ses mains, doivent être bien tendus et bien emmaillotés. Puis tu passes un anneau sur le « plaisir de l'homme [2] » qu'on a fabriqué dans l'atelier. Tu mets un anneau d'or à ses doigts et tu mets encore de l'or dans son poing. Puis tu remplis ses mains avec du produit. Tu commences par oindre d'huile ses doigts, en ajoutant de l'ankhyémi, du natron et de la résine et du tissu divin.

Tout cela est à accomplir en trente-six étapes, parce qu'il y a trente-six dieux avec lesquels son

1. Ville de la Haute-Egypte.
2. C'est-à-dire le pénis.

âme s'élève au ciel, et trente-six provinces dans lesquelles les aspects d'Osiris sont montrés à tous.

Ainsi les prêtres et les embaumeurs spécialisés accomplirent-ils tous les rituels. Pour le traitement suivant, celui des mains et des jambes, comme le note expressément le Papyrus du Caire, les fils du défunt, qui jusque-là se tenaient attentivement de chaque côté du lit, doivent se rapprocher. Le processus est le même que celui qui vient d'être décrit plus haut.

Lorsque la momie est entièrement liée dans les bandelettes, elle est encore une fois enveloppée dans un nuage d'encens, tandis que les prêtres récitent la grande prière finale :

Pour toi, Osiris, l'encens qui est venu de Horus, la myrrhe qui est venue de Rê ; le natron qui est venu de Nechbet ; les plantes d'ankhyémi qui sont venues d'Osiris, la résine qui est venue du dieu puissant, la gomme qui est venue du saint Wenno-fré.

Ils s'approchent de tes jambes et te font foi. Tu marches sur une terre d'argent et sur un sol d'or, tu te laves sur une pierre d'argent et sur un sol d'or, tu es inhumé sur une colline de malachite. Tu vois ton nom dans toutes les provinces, ton âme dans le ciel, ton corps dans la Douat, tes statues dans les temples. Tu vis éternellement et tu resteras toujours jeune. O Osiris ! puissent tes noms durer éternellement et être splendides dans le temple d'Amon-Rê, le Roi des Rois, l'Image sacrée, le Premier de tous les dieux.

Après un processus de momification de presque trois

mois, on en arriva enfin au dernier acte : la momie d'Aménophis III fut conduite à sa dernière demeure. Dans toutes les inhumations pharaoniques précédentes dont Thèbes, la capitale, avait été le témoin jusque-là, il se formait un grand cortège funèbre jusqu'à la rive du Nil, d'où la momie devait traverser le grand fleuve pour rejoindre la Vallée des Rois. Ce ne fut pas le cas pour Aménophis III, car son nouveau palais se dressait déjà sur la rive occidentale du fleuve ; et de toute façon, le peuple n'était pas autorisé à participer aux cérémonies qui se déroulaient dans la Vallée des Rois.

En tête de la procession funèbre marchait un prêtre à moitié nu, vêtu uniquement d'une peau de léopard. Il balançait un encensoir et récitait des prières à haute voix : « A toi cet encens en offrande, toi qui es dans la barque de Dieu le Père Noun, dans cette barque de Nechmet qui conduit le Dieu et Isis et Nephtys et Horus, le fils d'Osiris. »

Derrière le grand prêtre venait Tiyi. Elle avait la poitrine nue en signe de douleur, et juste derrière, Néfertiti, suivie d'une foule de concubines du pharaon. Et seulement après venaient les huit prêtres de la Mort, portant sur leurs épaules le sarcophage contenant la momie du roi. Et enfin, derrière eux, les parents, la suite du roi et les fonctionnaires, chargés de présents et de dons qu'ils voulaient offrir à leur maître défunt pour qu'il les emportât dans sa tombe. Des danseurs et des chanteuses fermaient le cortège.

Lorsque la procession arriva près du tombeau d'Aménophis III, les femmes se mirent à pleurer et à gémir tout haut. Mais dans le sarcophage de pierre, béant, qui était destiné au pharaon, un prêtre de la Mort, nommé le Sem, était déjà étendu, tout enve-

110

loppé de bandelettes comme une momie. Alors commença une cérémonie compliquée ; il fallait que le Sem soit réveillé par les cris de trois hommes, pour accomplir ensuite le rite symbolique de l'Ouverture de la Bouche. Et c'est seulement à ce moment-là que le Ka du roi pouvait s'échapper du corps par la bouche.

Les sacrifices cruels

Une dernière fois, Tiyi serra contre elle, en une étreinte symbolique, la momie de son époux avec lequel elle avait vécu près de quarante ans, et elle récita la plainte funèbre : « Je suis ta sœur, toi, le plus grand, ne me quitte pas. Tu es si beau, Père plein de bonté. Que vais-je faire ? Maintenant que je suis loin de toi... Je vais poursuivre seule ma route. Toi qui aimais tant parler avec moi, à présent, tu te tais et tu ne dis plus rien... »

Pendant que des serviteurs et des prêtres descendaient le cercueil contenant la momie dans le sarcophage de pierre, à la lueur des flambeaux, un rituel cruel se déroula devant l'entrée du tombeau, dont la véritable signification ne nous est pas encore apparue jusqu'à présent. D'un coup violent, un prêtre trancha à vif la jambe de devant d'un veau qui avait suivi le cortège funèbre, à hauteur du tarse. De nombreuses peintures nous montrent souvent ce veau à trois pattes, sur les murs intérieurs des hypogées.

Dehors, devant l'entrée du tombeau, des prêtres sacrificiels luttaient contre des taureaux et des antilopes. On les jeta sur le sol, on leur lia les pieds et on les tira par la queue. Deux hommes essayèrent de tordre le cou à un taureau qu'ils maintenaient solidement par les cornes ; finalement, l'animal tomba sur le sol, et un prêtre lui trancha l'artère carotide avec un immense couteau ; le sang gicla, et on le recueillit dans de grands récipients. La vie s'échappa lentement du corps de l'animal. Puis ce fut le tour du suivant.

Les bouchers commencèrent alors à dépecer les bêtes d'une main habile ; on leur ouvrit le ventre, on extirpa le cœur que l'on présenta aux spectateurs. « Viens, O Roi, Prêtre et Web ! Viens et vois cette cuisine », s'écria un des sacrificateurs, et le chef, le Web du roi, approcha. Il renifla le sang des victimes, examina la viande d'un regard critique, et déclara ensuite : « Il est pur. » On posa alors les cuisses des animaux dans le feu sacrificiel qui flambait déjà en dégageant une fumée noire, et les ouvriers purent commencer à fermer le tombeau pour l'éternité.

Mais l'éternité ne dura que quelques décennies. Dès la XXe dynastie, les procès-verbaux relatifs aux pilleurs de tombeaux déclarèrent officiellement que le tombeau d'Aménophis III avait déjà été visité.

Cinq cents ans après la construction du premier hypogée royal dans la Vallée des Rois [1], deux pharaons seulement reposaient encore dans le sarcophage fabriqué pour eux, et dans la sépulture qui leur était destinée. C'était Aménophis II et Tout Ankh Amon. Certes, le tombeau d'Aménophis II avait déjà été pillé, mais le pharaon gisait tout de même encore dans son cercueil. Quant à Tout Ankh Amon, il n'échappa aux pilleurs que parce que, pour creuser son propre tombeau, Ramsès VI fit jeter tous les

1. Le tombeau le plus ancien est celui de Thoutmès Ier, qui mourut vers 1 500 av. J.-C.

décombres sur l'entrée de celui de Tout Ankh Amon.
Et peu de temps après le début du Ier millénaire
av. J.-C., dès l'époque du légendaire pharaon Osochor
(984-978 av. J.-C.), des prêtresses du temple trouvèrent
leur dernière demeure dans quelques tombes royales.
« Les prêtres assurent, écrit l'historien Diodorus vers
l'an 21 av. J.-C., que, d'après leurs annales, il y avait
quarante-sept hypogées royaux là-bas, à Thèbes.
Mais sous le règne de Ptolémée Ier (305-283 av.
J.-C.), il n'y en avait plus que dix-sept, dont quatre
étaient saccagés lorsque je vins en visite dans cette
région, pendant les cent quatre-vingtièmes jeux
Olympiques (57 av. J.-C.). » En revanche, le géogra-
phe grec Strabon qui, au cours de ses longs voyages à
travers l'Empire romain, de 24 à 20 av. J.-C.,
séjourna en Egypte, trouva quarante sépultures royales intéressantes. Jusqu'à nos jours, soixante-quatre
tombeaux ont été mis au jour, et dix-sept peuvent
être visités.

La redécouverte d'Aménophis III

La momie d'Aménophis III fut découverte par l'égyptologue français Victor Loret, en 1898. Elle gisait
dans la chambre la plus profonde du tombeau
d'Aménophis II, avec treize autres momies parmi
lesquelles Thoutmès IV, Mérenptah, Siptah et
Séthi Ier.

Loret fit immédiatement transporter douze momies
au Musée national égyptien du Caire ; la treizième,
celle d'Aménophis II, resta dans son sarcophage.
Loret fit boucler l'entrée du tombeau par une lourde

grille de fer et la fit surveiller jour et nuit par des gardiens armés.

Le 24 novembre 1901, peu après le coucher du soleil, une horde de treize fellahin armés assaillit le tombeau. Trois d'entre eux se jetèrent sur les gardiens, et les autres se précipitèrent à l'intérieur du tombeau, découpèrent les bandelettes de la momie et saisirent les bijoux et les amulettes. Comme par miracle, ce traitement sans douceur n'endommagea pas la momie, les membres d'Aménophis II restèrent intacts. Les profanateurs disparurent aussi vite qu'ils étaient venus ; ils traversèrent les montagnes en direction de Médinet Habou. Lorsque les gardiens voulurent entreprendre des poursuites, les pilleurs ouvrirent le feu, si bien que les deux hommes se réfugièrent à l'intérieur du tombeau vide situé à proximité. Mais ils avaient eu le temps de reconnaître trois des assaillants : c'était les membres de la famille Abder Rassoul, qui vivait du pillage des tombeaux.

Cette affaire révéla un jeune homme qui fit parler de lui pour la première fois, l'Anglais Howard Carter, celui qui, vingt ans plus tard, allait devenir célèbre dans le monde entier en exhumant le tombeau de Tout Ankh Amon.

A l'époque, Carter était encore inspecteur du Service des antiquités ; il dirigea l'enquête comme un commissaire de la police judiciaire, et les frères Abder Rassoul furent effectivement condamnés, sur la foi des charges accablantes qui pesaient sur eux. Mais la rigueur de son action avait valu tant d'ennemis au jeune inspecteur des Antiquités que, des années plus tard, il rencontra de nombreuses difficultés au cours de ses fouilles.

Jusqu'au XVIe siècle, on accorda aux momies un pouvoir de guérison quasi miraculeux. La poudre obtenue en pilant les momies dans des mortiers guérissait soi-disant les entorses, les inflammations, les fractures et bien d'autres maux encore. « Il faut, écrit un médecin français, choisir la momie la moins claire, la momie la plus noire et qui a une bonne odeur. » C'est ainsi que les pilleurs de tombeaux à la recherche d'objets précieux, dans l'Antiquité, furent suivis au Moyen Age par ceux qui voulaient recueillir les os et les tissus de ces cadavres.

Pour nous, il est extrêmement difficile aujourd'hui d'utiliser les momies royales comme « pièces à conviction » historiques, car il y en a quelques-unes seulement dont nous pouvons affirmer à coup sûr l'identité. Autrement dit notre classement historique s'appuie sur des indices et, avouons-le franchement, pas un magistrat n'oserait prononcer un jugement sur la foi de ces indices-là. Lorsque les rois-prêtres de la XXe dynastie arrachèrent les momies à leurs tombeaux, pous les réunir, Ramsès III avait déjà changé trois fois de place, Ramsès II gisait dans la tombe de Séthi Ier, où, entre-temps, Ramsès Ier aussi avait trouvé sa dernière demeure. Et lorsque, en 1898, Loret trouva les treize momies cachées par les prêtres dans le tombeau d'Aménophis II, Aménophis III était étendu dans le sarcophage de Ramsès III, fermé avec la pierre tombale du sarcophage de Séthi II. C'est pourquoi les égyptologues gardent un certain scepticisme quant à l'identité de la momie d'Aménophis III, conservée actuellement au Musée du Caire.

Les autres momies royales de la XVIIIe et de la XIXe dynastie furent trouvées par des fellahin au fond d'une fosse de 12 mètres de profondeur, dans la Vallée des Rois, et pillées. A l'époque du Nouvel Empire, des prêtres dévoués étaient allés, à la faveur de la nuit, chercher les cadavres des pharaons soigneusement momifiés, pour les transporter dans cette fosse, car à cette époque déjà, la plupart des sépultures avaient été fracturées et leurs mobiliers funéraires précieux saccagés. Et plus tard, les détrousseurs de cadavres n'auraient certainement pas hésité à piller même les momies. Les prêtres de la Mort voulurent éviter ce sacrilège en transportant tous les cadavres de rois dont ils connaissaient le lieu de sépulture dans cette cachette.

Les prêtres agissaient pour des motifs religieux, mais pour l'histoire, cet acte pieux eut deux conséquences importantes : si les dépouilles mortelles de ces pharaons ont été conservées jusqu'à nous, il a fallu néanmoins un travail de recherche pénible pour établir l'identité de chaque momie. Evidemment, les momies entassées n'importe comment dans les caveaux souterrains ne portaient pas de plaques d'identité, car, après tout, les cadavres royaux n'avaient pas été déménagés pour l'histoire, mais pour leur propre éternité.

Comment fut-il même possible d'accomplir ces missions secrètes sans qu'un non-initié ne l'apprît, voilà qui ne laisse pas de surprendre. Alors que d'audacieux pilleurs de tombeaux n'osaient même pas s'aventurer la nuit, dans la Vallée des Rois désertique, les prêtres de la Mort durent aller chercher les pharaons les uns après les autres dans leurs sépultures fermées pour les transporter à la lueur des flambeaux jusqu'à la fosse préparée d'avance, et cela, suivant un plan soigneusement mis au point. De nos jours, cette fosse, sorte de cheminée creusée dans les rochers, est comblée ; le dernier homme à descendre dans les profondeurs macabres de ce labyrinthe fut l'égyptologue américain James Henry Breasted.

Breasted raconte comment il parvint jusqu'à la fosse en compagnie de deux assitants, et se fit encorder pour pénétrer à l'intérieur, avec pour tout équipement une bougie et quelques allumettes. Arrivé en bas, une bouffée d'air chaud le frappa au visage. Breasted alluma la bougie et rampa dans un long couloir bas de plafond, car de gros fragments de pierre étaient tombés de la voûte. A cette profondeur, il régnait un silence de mort, au sens littéral du terme, si bien que, à chaque pause, Breasted entendait même danser la flamme de sa bougie.

« Soudain, raconte-t-il, il y eut un bruissement, la bougie s'éteignit, et aussitôt, dans l'obscurité, quelque chose me frappa le visage. » C'était une chauve-souris qui, effrayée par le savant curieux, cherchait à s'échapper avec précipitation. Breasted fut obligé de tâtonner péniblement dans le noir pour retrouver sa bougie avant de pouvoir continuer à progresser. Finalement, il atteignit une pièce carrée de 7 mètres de côté environ ; ici aussi, des blocs de pierre massifs étaient tombés de la voûte. C'est à peine si Breasted osait faire un mouvement.

Les momies des pharaons des XVIIIe et XIXe dynasties avaient séjourné pendant près de trois mille ans dans cette pièce... jusqu'à ce qu'un jour, quelqu'un offrît à Gaston Maspéro un bijou antique de toute beauté ; de l'avis de ce dernier, il ne pouvait s'agir que d'une pièce en provenance d'un mobilier funéraire royal. Maspéro fit des recherches, tomba sur cet endroit, et les fellahin passèrent aux aveux.

Voici ce que Breasted écrivit, dans son admiration enthousiaste pour les prêtres de la Mort :

« Si les parois de la fosse pouvaient répéter les paroles qu'elles avaient entendues autrefois, si, par un miracle, un seul membre de ce groupe consciencieux pouvait nous révéler tout ce qu'il savait, cela donnerait un chapitre extraordinaire de l'histoire de l'évolution humaine. »

Le jeune pharaon

Aménophis III était inhumé. Son successeur s'appelait Aménophis IV. Mais on savait partout, et même au Mitanni, à Assour, au Hatti et à Babylone, que la véritable détentrice du pouvoir était Tiyi. Le quatrième Aménophis, disait-on, était encore trop jeune pour diriger les affaires de l'Etat. Au moment de son accession au trône, il avait environ douze ans. Du reste, il est peu probable que, après avoir tenu les rênes du pouvoir entre ses mains pendant presque dix ans, Tiyi les eût lâchés, même si Aménophis avait été en âge de régner.

Les représentations murales, nombreuses et précises, du tombeau de Houya, l'« intendant de la Maison, de la double trésorerie et du Harem de la Grande Epouse royale Tiyi », trahissent un secret qui, dès le XIVe av. J.-C., était tabou.

D'après la description de certaines représentations picturales, on a pu déterminer avec précision et une

118

certitude quasi totale la date de l'érection de la sépulture de Houya, soit l'an 12 du règne d'Akhenaton, autrement dit en l'an 1352 av. J.-C. Et pourtant, sur les murs de cette tombe, Tiyi, la mère d'Akhenaton, continue à être désignée comme la « Mère du Roi et la Grande Epouse royale ». On y voit, entre autres, Tiyi assise en face d'Akhenaton, au cours d'une petite sieste, en fin d'après-midi, consécutive à l'absorption de boisson ; quant à Néfertiti, elle doit se contenter

Tiyi (à gauche), *Akhenaton et Néfertiti. Bakétaton, la fille de Tiyi, est debout à côté du siège de sa mère ; près de Néfertiti, on voit deux des filles du couple royal (dessin de Norman Davies, d'après une illustration trouvée dans une tombe privée d'Amarna).*

d'être placée derrière Akhenaton. On peut y lire aussi l'inscription suivante : « Louange à ton Ka, O Souveraine des Deux Pays ! Toi qui, par ta beauté, illumine les deux pays, toi, Reine Mère et Grande Reine, Tiyi. »

Akhenaton prend tendrement sa mère par la main et la conduit dans le temple de l'Ombre solaire d'Amarna ; ils sont suivis de la fille de Tiyi, Bakétaton, qui porte de grandes feuilles végétales.

A voir cette image sur laquelle mère et fils se tiennent tendrement par la main, on ne peut s'empêcher de se demander si les relations entre Tiyi et Akhenaton ne dépassaient pas les rapports normaux entre une mère et son fils. Le psychanalyste américain Immanuel Velikovsky conclut, après un examen très complet, qu'Akhenaton souffrait d'un complexe d'Œdipe très accusé et entretenait des relations sexuelles avec sa mère. Ce n'est qu'une théorie, mais il serait maladroit de la traiter à la légère. Elle éclaircit en tout cas le fait, inexplicable sinon, que Tiyi, douze ans encore après la mort de son époux, est désignée comme la « Grande Epouse du roi, son Aimée ». Avec la couronne jumelée sur la tête, elle marque bien *qui* exerce le pouvoir sur la Haute et sur la Basse-Egypte ; car là où les représentations picturales montrent Akhenaton et Néfertiti, dans le tombeau de Houya, ils portent les coiffes très sobres avec, comme unique symbole du pouvoir, le serpent Uraeus sur le front.

Immanuel Velikovsky a examiné très attentivement le tombeau de Houya, et ses observations l'ont amené à défendre une théorie très audacieuse.

Au-dessus du linteau de la porte donnant sur les chambres intérieures de la sépulture, on voit deux tableaux de famille côte à côte ; celui de gauche montre Akhenaton et Néfertiti assis sur des trônes, illuminés par quelques rayons d'Aton. Leurs filles Méritaton, Makétaton, Ankhésenpaton et Néfer-né-ferouaton Tashéry tiennent chacune un morceau d'étoffe dans la main gauche, comme si elles voulaient chasser les mouches ; dans la main droite, elles tiennent un éventail de plumes qu'elles agitent auprès de leurs parents pour leur donner un peu de fraîcheur. Grâce aux deux cartouches qui, chose étrange, sont restés intacts, nous sommes certains de l'identité des parents, car les visages d'Akhenaton et de Néfertiti sont endommagés et méconnaissables ; mais les serpents Uraeus qu'on distingue sur le front de chacun d'eux prouvent tout de même qu'il s'agit bien d'un couple de pharaons. L'image de droite, au-dessus du linteau, montre Tiyi, reconnaissable aux vestiges d'une couronne double. En face d'elle est assis le pharaon, sur un trône, comme elle, mais son visage est également abîmé, de même que le cartouche qui portait son nom. Nous reconnaissons Bakétaton appuyée sur les genoux de Tiyi ; Bakétaton est citée en ces termes : « La propre fille bien-aimée du roi, Bakétaton. » Trois autres enfants dont l'identité n'est pas connue se tiennent debout derrière Bakétaton et Tiyi, manifestement pour faire pendant aux quatre filles de Néfertiti représentées sur l'image de gauche. Et sur toute la scène brille, selon l'habitude, le disque solaire Aton, dont les rayons semblables à des bras se terminent par des mains ouvertes.

Depuis l'époque de Norman de Garis Davies, ces deux représentations picturales ont placé les égypto-logues devant un problème difficile à résoudre. Pour Davies, les deux couples royaux représentaient à gauche Néfertiti et Akhenaton, et à droite Tiyi et Aménophis III. On ne peut douter de l'identité du couple de gauche, grâce au cartouche, mais, en revanche, le couple de droite n'en paraît que plus problématique.

En effet, si l'on compare la taille des enfants, celle de la petite Bakétaton, et celles des filles de Néfertiti, sur l'image de gauche, on constate que la fille de Tiyi est à peu près aussi grande que la troisième fille de Néfertiti, Ankhésenpaton. Or celle-ci, dans la dou-zième année du règne de son père, avait probable-ment huit ans, donc Bakétaton devait être sensible-ment du même âge. Ce système de comparaison entre les tailles, permettant d'établir approximativement l'âge des enfants, s'est déjà révélé souvent comme une aide précieuse et étonnamment exacte dans une reconstitution historique.

Mais une question s'impose : comment Bakétaton, « la fille du roi », peut-elle n'avoir que huit ans, si son père Aménophis III est déjà mort depuis douze ans ?

A cette question, il y a une explication évidente : le pharaon représenté en face de Tiyi n'est pas Améno-phis III, mais son fils, Aménophis IV Akhenaton. Et Bakétaton n'est pas une fille de Tiyi et d'Aménophis III, mais le fruit de relations incestueuses entre Tiyi et son fils Akhenaton, ce qui signifierait que Néfer-titi, dans les premières années de son mariage, devait partager son époux avec sa belle-mère.

Quels sont les arguments qui parlent en faveur de cette théorie ?

Les deux représentations picturales symétriques de la sépulture de Houya ont été jusqu'à présent interprétées comme arguments en faveur d'une corégence tardive d'Aménophis III et de son fils Akhenaton. Or, maintenant, les symptômes s'accumulent montrant que le père et le fils n'ont jamais partagé le trône de pharaon ; aussi cette hypothèse est-elle devenue sans fondement. Mais l'image de droite prouve aussi que le pharaon est encore en vie, et ne peut donc pas être Aménophis III : le disque solaire Aton envoie aussi bien à Tiyi qu'au pharaon deux de ses rayons terminés par une main qui leur présente sous le nez le signe *Ankh,* signe de vie. L'hiéroglyphe représentant le signe *Ankh,* le souffle vital, signifie « vie »; il symbolise la vie divine, donc la vie éternelle.

Une esquisse à l'encre trouvée par Davies dans le tombeau d'Ahmose, à Amarna, et restaurée par lui, montre Néfertiti et Akhenaton, dans le char de parade, serrés l'un contre l'autre en une tendre étreinte. Ici aussi, un rayon d'Aton tient le signe de vie devant le nez des deux personnages ; on ne peut douter que le couple royal debout sur le char fût encore en vie. Nous trouvons encore les mêmes symboles de vie tendus à bout de bras par les rayons d'Aton devant le nez des personnages sur une tablette calcaire, en provenance d'une maison particulière d'Amarna et qui est conservée aujourd'hui dans les Musées nationaux de Berlin. Cette tablette montre Néfertiti et Akhenaton avec leurs filles Méritaton, Makétaton et Ankhésenpaton, dans le pavillon d'un jardin. Et sur cette scène aussi, une scène vivante s'il en fut ! les rayons d'Aton présentent le symbole de vie au pharaon et à la reine.

Les relations sexuelles entre mère et fils étaient assez inhabituelles dans l'Egypte ancienne ; on les considérait comme de la perversion. Cela paraît étonnant, étant donné la légitimité officiellement admise de l'inceste entre frères et sœurs ou entre membres de la même famille. Malgré tout une liaison sexuelle entre mère et fils était taboue, et celle-ci, manifestement, fut tenue secrète, aussi bien à la cour de Thèbes que plus tard, à Amarna, en particulier vis-à-vis du peuple auquel les pharaons divinisés ne devaient pas donner le mauvais exemple.

A la cour et vis-à-vis des maisons princières étrangères qui étaient en correspondance constante avec l'Egypte, cette liaison était difficile à cacher. Ainsi le roi de Babylone Bournabouriash (1370-1343 av. J.-C.), dans une lettre à Akhenaton, parle de Tiyi en ces termes : « La Souveraine de la Maison », d'où l'on peut en déduire que la nouvelle de l'inceste d'Akhenaton et de Tiyi s'était déjà propagée jusqu'au pays situé entre le Tigre et l'Euphrate.

Œdipe avait-il un modèle historique ?

A la lumière de toutes ces révélations, Immanuel Velikovsky présume que le mythe d'Œdipe, mentionné pour la première fois dans le chant XI de l'Odyssée d'Homère, posséderait une origine historique, située au-delà de la légende.

Est-ce un hasard si la légende d'Œdipe se déroule dans une des villes les plus puissantes de la Grèce, et portant le même nom que la ville natale d'Akhenaton, Thèbes ? D'après la légende, un oracle prédit à Œdipe qu'il tuerait son père, Laïos, le roi de Thèbes, et qu'il épouserait sa mère Jocaste ; et l'oracle s'accomplit.

Eschyle, Sophocle et Euripide, et plusieurs autres [1], mentionnent cet épisode extraordinaire, dans des formes diverses. Mais on ne peut s'empêcher de se demander effectivement si tous les auteurs ne se sont pas servi du même fait historique, que le jeu mythologique après tout situa dans la Béotie grecque. Au cas où la légende d'Œdipe avait un modèle historique, celui-ci n'a pu se passer, au plus tard, que durant le 1er millénaire av. J.-C., étant donné la présence de ce thème dans *l'Odyssée* d'Homère.

Les faits sont là : Œdipe, tout comme Akhenaton, passa son enfance à l'étranger, et tous deux détestaient leur père. Mais tandis que l'Œdipe de la légende tuait son père, l'Akhenaton de l'histoire se contentait de détruire tout ce qui, du sien, pouvait rappeler le visage et le nom, sur toutes les images à sa portée représentant Aménophis III. Il n'est pas prouvé qu'Akhenaton, comme Œdipe, ait entretenu des relations quasi conjugales avec sa mère, mais il apparaît vraisemblable, d'après les arguments avancés ci-dessus, que leurs rapports aient dépassé le niveau normal des relations entre mère et fils. N'a-t-il pas fait inhumer sa mère dans la Vallée des Rois, près de Thèbes, dans son propre tombeau ? Loin de la sépulture d'Aménophis III, l'époux de Tiyi, et son père à lui ?

Cet ensemble d'hypothèses n'est tout de même pas

1. Phérécydès, Kellénikos, Diodorus, Nicolaeus de Damas, Apollodorus, Hyginus, Palaiphatos, Johannes Malalas et Johannes d'Antioche.

exempt de certaines failles : si Bakétaton a été conçue par Akhenaton et mise au monde par Tiyi, le père de cette enfant devait avoir douze ou treize ans, au moment de la conception, et la mère, cinquante ans au moment de la naissance. De l'avis du corps médical, une paternité et une maternité à ces âges extrêmes, d'une part très précoce et d'autre part déjà assez avancé, est très rare, mais non pas impossible. En ce qui nous concerne, la question qui nous préoccupe avant tout est la suivante : en épousant Akhenaton, Néfertiti était-elle au courant des tendances incestueuses du jeune pharaon, ou bien se trouva-t-elle engagée sans se douter de rien, dans cette histoire triangulaire plutôt douteuse ?

Néfertiti épouse Aménophis IV

Nous pouvons aussi adopter, il est vrai, une autre théorie : Tiyi, profondément inquiète pour l'avenir de son fils Aménophis IV, lui aurait procuré une épouse particulièrement séduisante, pour contrebalancer l'attachement trop étroit qu'il vouait à sa mère. Ceci expliquerait l'amitié qui unissait Tiyi et Néfertiti, pourtant deux fois rivales.

Nous ne savons pratiquement rien du mariage de Néfertiti avec Akhenaton, sauf qu'il a bien eu lieu. La cérémonie du mariage en elle-même semblait chez les Egyptiens tout à fait insignifiante ; nombre d'égyptologues pensent même qu'elle n'existait pas. Il suffisait que la femme s'installe chez l'homme, et qu'ils apportent respectivement un tiers et deux tiers de la fortune familiale pour que le mariage fût conclu. A cela on peut objecter le caractère extrêmement bureaucratique du peuple égyptien et surtout leur très profonde religiosité. Il serait étonnant en effet que ni scribes ni prêtres n'interviennent dans une démarche aussi décisive. Mais comme nous venons de le dire, rien ne nous a été transmis à ce sujet. Selon toute apparence, on accordait une plus grande signification au montant de la dot et à sa remise.

Lorsque Aménophis III mourut, en l'an 1364 av. J.-C., la dot de Néfertiti n'était pas encore arrivée à Thèbes. Le rusé Tousratta l'avait-il retenue consciemment ? Ou la caravane avait-elle été pillée en cours de route ? Nous ne le savons pas. Etant donné le sens des affaires dont avait toujours fait preuve le roi du Mitanni, il nous est cependant permis de supposer qu'il avait dû compter avec le décès rapide d'Aménophis III. Du reste, un autre argument parle en faveur de cette hypothèse, c'est le montant exceptionnellement élevé de la dot que Tousratta lui avait promise.

Peu de temps après la mort d'Aménophis III, le messager égyptien Chamassi arriva au Mitanni. Chamassi est la traduction mitannienne d'un nom dont nous ne connaissons pas l'équivalent égyptien. Le messager venu de Thèbes annonça qu'Aménophis IV, le fils d'Aménophis III, était monté sur le trône du pharaon et qu'il avait choisi Néfertiti, devenu veuve, comme Epouse royale (Tousratta était déjà au courant de la mort d'Aménophis III).

Ainsi Néfertiti passait d'une seul coup du niveau de concubine sans aucune importance, à qui on demandait uniquement d'être belle, à celui de « Grande Epouse royale ». Et même si, provisoirement, elle ne pouvait échapper à l'étroite surveillance exercée sur elle par sa belle-mère Tiyi, c'est tout de même à ce moment-là que commencèrent les quelques belles années de son existence tumultueuse.

LE SUCCESSEUR

Les montagnes de la Crète, les jardins de la
Perse et les bosquets d'encens de l'Arabie
imprégnèrent ses songes de leur philosophie,
et les lèvres savantes de Babylone lui parlè-
rent, dans un murmure, des jours depuis
longtemps révolus.

Arthur Weigall, égyptologue.

Dans le palais de Malgattah, on retrouva cinq
inscriptions gravées en écriture hiératique sur des
jarres à vin portant le millésime « 1 ». Or, il ne peut
pas s'agir là de l'an 1 du règne d'Aménophis III, car
à cette époque, le nouveau palais qui devait s'élever
sur la rive occidentale du Nil n'était pas encore
construit. Or, à part Aménophis III, un seul autre
pharaon habita ce palais : Aménophis IV. Autrement
dit, l'inscription portant le millésime « 1 » ne peut se
rapporter qu'au règne d'Aménophis IV.

Comme nous l'avons déjà dit plus haut, les inscriptions gravées sur les jarres à vin d'Aménophis III
vont jusqu'à l'an 38. Comme aucune des nombreuses

inscriptions parvenues jusqu'à nous ne porte le millésime 39, nous pouvons admettre qu'Aménophis III ne vivait plus au moment des vendanges de la trente-neuvième année de son règne. D'après le professeur Erik Hornung, égyptologue originaire de Bâle, la trente-neuvième année du règne du troisième Aménophis, selon le calendrier contemporain, aurait commencé, très vraisemblablement, le 28 mai 1364 av. J.-C. W.C. Hayer publia en 1951 l'inscription gravée sur un vase à graisse qui fut livré le 26 mai 1364 av. J.-C. Si Aménophis III était mort quelques jours plus tard, son fils Aménophis IV aurait pu prendre officiellement le pouvoir dès le mois d'août de la même année, une fois écoulé le délai de quatre-vingt-dix jours.

L'accession au trône d'Aménophis IV et son mariage avec Néfertiti eurent lieu sinon simultanément, du moins à très peu d'intervalle. Mais comme aucun document ne mentionne la date exacte de ces deux cérémonies, nous en sommes réduits à des hypothèses.

On peut considérer comme certain que Néfertiti devint reine d'Egypte durant la première année du règne d'Aménophis IV, car la première fille du couple royal, Méritaton (« Aimée d'Aton »), vient au monde durant la deuxième année, soit en 1362 av. J.-C.

Néfertiti, la « Grande Epouse royale » par la grâce de sa belle-mère, vivait comme il convient à la souveraine d'un grand empire. La jeune femme, âgée de dix-huit ans, disposait d'un budget qui ferait même pâlir d'envie la reine d'Angleterre. Tenons-nous-en à sa suite personnelle, envoyée par Tousratta en Egypte en même temps qu'elle, et d'ailleurs partie intégrante de sa dot : elle se composait de trois cents domestiques, parmi lesquels deux grandes nourrices, deux nourrices, dix pages, trente femmes de chambre, trente valets et cent servantes. A cela s'ajoutait un nombre au moins aussi élevé de domestiques, placés là par Aménophis.

On ne sait pas ce que sont devenues les quelque cent femmes qui composaient le harem d'Aménophis III. D'après la loi, le successeur au trône avait le droit d'adopter les concubines de son père. Il arriva même de temps en temps que, au moment où il plaçait son fils sur le trône comme corégent, le vieux pharaon lui fasse cadeau d'une ou plusieurs de ses plus jolies femmes. Mais nous ne possédons qu'un seul texte laissant entendre qu'Aménophis IV possédait aussi un harem.

Dans une lettre à Bournabouriash, le roi de Babylonie, le jeune pharaon se plaint de ce que la jeune princesse babylonienne promise jadis à son père n'était toujours pas arrivée en Egypte. Et pour donner plus de poids à cette réclamation, une légation égyptienne se présenta à Babylone. Poussé dans ses derniers retranchements, Bournabouriash fit publier que la princesse avait succombé lors d'une épidémie, mais qu'on pouvait parfaitement ouvrir de nouvelles négociations pour une autre princesse. Là-dessus Aménophis envoya un «Grand du Pharaon» à Babylone. Ce «Grand» est appelé Ha-a dans les lettres de Bournabouriash, mais il ne peut s'agir que d'Ay, le vizir de Thèbes, car Bournabouriash ne consentait à discuter qu'avec lui. Ay partit donc à Babylone avec quelques compagnons et cinq chars seulement, pour aller chercher la fille de Bournabouriash.

Lorsque le roi de Babylone vit arriver cette misérable caravane de la Thèbes ruisselante d'or, il entra en fureur. Il ne faut pas oublier que, à cette époque, les coutumes internationales voulaient que toute légation envoyée dans un pays étranger fût chargée de riches présents pour ses hôtes ; aussi quoi d'étonnant à ce que Bournabouriash ait ressenti comme une provocation cette piètre délégation d'Aménophis IV. Lorsque son père Kourigalzou avait envoyé une princesse en Egypte, elle avait été accompagnée d'un régiment de trois mille hommes. Il commença par retenir prisonniers Ay et ses compagnons, et fit savoir au pharaon que le style de cette demande en mariage n'était pas digne d'une princesse babylonienne. « Quels magnifiques présents mon père Kourigalzou n'a-t-il pas reçus d'Egypte ! écrivit le roi de Babylone. Après tout, il est de l'intérêt même du pharaon, et de sa réputation, qu'on remarque la richesse de l'Egypte en or. Et d'ailleurs, l'amitié entre rois s'entretient par de riches présents... »

A part cet échange de notes, il n'existe aucun document qui confirmerait l'existence d'un harem royal sous Aménophis IV. En revanche, comme nous le verrons plus loin, nous avons toutes les raisons de présumer que Tiyi, inquiète pour la sensibilité extrême de son fils, dispersa le harem gigantesque d'Aménophis III.

Un beau-père irrité

Tandis que Néfertiti et Aménophis vivaient tout à leur bonheur dans le palais fabuleux de Malgattah, le père de la mariée, dans son lointain Mitanni, n'était pas content du tout. Le roi Tousratta se voyait donc obligé de payer *deux dots pour la même fille !* Avec la cupidité dont il avait toujours fait preuve, cela lui rongeait le cœur. Aussi écrivit-il à son jeune beau-fils une lettre pleine de reproches : Aménophis III s'était excusé, dit-il, en envoyant ses cadeaux, de ce que ceux-ci n'aient pas été plus somptueux, et il avait promis d'en envoyer beaucoup plus encore dès l'arrivée de la jeune princesse en Egypte. Ses messagers (ceux de Tousratta) avaient vu de leurs propres yeux les statues en or qu'Aménophis III avait fait couler à son intention à lui, paraît-il, le roi du Mitanni. Mais la mort avait saisi le père, et Aménophis IV avait envoyé des statues de moindre valeur, personnages en bois simplement revêtus de feuilles d'or.

« Je ne sais pas, écrit Tousratta plein de reproches, comment j'ai mérité cela. »

Pour donner plus de poids à son mécontentement, Tousratta utilise un moyen éprouvé : il fait arrêter les deux courriers d'Egypte, Mané et Gilia, et les retient prisonniers dans son palais jusqu'à ce que le pharaon ait accompli son devoir. Tousratta confie la tâche désagréable de transmettre à Thèbes cette mauvaise nouvelle à deux fonctionnaires subalternes nommés Pirizzi et Touloubri ; ceux-ci prennent la route, *sans emporter le moindre présent diplomatique,* ce qui, à l'époque, frisait l'insulte. Par cette attitude, le roi du Mitanni montra clairement à quel point il était fâché.

Tous ces événements laissaient-ils Néfertiti indifférente ? Ou bien, au contraire, était-elle l'instigatrice de ce jeu du chat et de la souris ? Après tout, d'après ce que nous avons entendu dire, elle ne s'entendait pas tellement bien avec son père. Toujours est-il que, à peine arrivés au palais de Malgattah, à Thèbes, les deux messagers du Mitanni, Pirizzi et Touloubri, furent faits prisonniers eux aussi. Pendant quelques semaines, il ne se passa rien, puis Tousratta envoya une lettre à Aménophis IV dans laquelle il lui rappelait les bonnes relations d'amitié qui existaient entre l'Egypte et le Mitanni. Lui, Tousratta, était décidé à renvoyer immédiatement en Egypte les courriers retenus prisonniers, Mané et Gilia, à condition que le pharaon libère lui aussi les deux messagers mitanniens. Aménophis répondit par un reproche : comment ! deux frontaliers avaient violé le territoire national égyptien quelque part en Syrie ! Cela, il ne pouvait pas l'accepter. Les deux hommes en question s'appelaient Artessoupa et Asali. On les amena devant Néfertiti qui parlait leur langue, et on les interrogea ; puis Aménophis les renvoya de l'autre côté de la frontière, en exigeant qu'ils soient châtiés par Tousratta.

Le chroniqueur ne peut pas se défendre de l'impression que l'instigatrice de toutes ces simagrées était Néfertiti elle-même ; elle connaissait parfaitement son père et les faiblesses de celui-ci, mais d'un autre côté, elle savait aussi jusqu'où on pouvait aller. Tousratta répondit promptement au pharaon que les deux fraudeurs avaient été châtiés, mais non tués, car Aménophis n'avait pas exigé leur exécution.

En comparant les lettres que Tousratta envoya à Aménophis III avec celles qu'il envoya à son fils Aménophis IV, on ne peut s'empêcher d'être frappé par la cordialité avec laquelle il s'adresse au premier et la fureur péniblement refoulée qu'il réserve au second ; cette différence de ton permet de déduire que le jeune pharaon avait blessé très profondément le roi du Mitanni. Si seulement la position de Tousratta dans son propre royaume avait été un peu plus solide, il aurait sans doute lancé une campagne contre l'Egypte. Mais les choses étant ce qu'elles étaient, les hostilités plus ou moins bien camouflées se limitèrent à la correspondance diplomatique ; et il est facile d'imaginer combien Néfertiti et Aménophis devaient s'amuser chaque fois qu'arrivait une nouvelle lettre du beau-père.

Le bref bonheur de la reine

Comme s'ils avaient su d'avance combien brèves seraient leurs années de bonheur, Néfertiti et Aménophis IV s'efforcèrent de prendre la vie du bon côté. Néfertiti aimait la nature, la faune exotique, telle qu'elle se déploie de nos jours encore sur l'île Kitchener, au milieu du Nil. Partout des parcs furent agencés et plantés de végétaux rares, ramenés du cœur de l'Afrique par des esclaves, après des expéditions qui duraient plusieurs semaines. Dans les mares artificielles, destinées à rafraîchir l'atmosphère, on fit nager des poissons rouges et des canards, les animaux préférés de Néfertiti.

Durant les trois premières années de sa vie conjugale, Néfertiti mit au monde trois filles : Méritaton (« Aimée d'Aton »), Makétaton (« Protégée d'Aton »), et Ankhésenpaton (« Celle qui vit d'Aton »). Pour assurer l'éducation de ses filles, Néfertiti disposait de servantes, de bonnes d'enfants, de nourrices, ainsi que d'une Grande Nourrice qui avait la haute main sur ce petit peuple. Le scribe Ani nous raconte que, dans l'Egypte ancienne, les bébés étaient nourris au sein jusqu'à la fin de leur troisième année ; les mères portaient constamment leurs petits avec elles, soutenus par un long morceau de tissu de lin noué sur la nuque, dans lequel les bébés étaient balancés comme dans un hamac sur la poitrine maternelle. Or, pas une seule image ne représente Néfertiti portant un enfant, bien qu'elle en ait mis six au monde. Il faut donc en conclure que Néfertiti ne remplissait pas elle-même ses devoirs maternels. Ce fut vraisemblablement Ti, l'épouse d'Ay, le « Divin Père », qui joua le rôle de nourrice à la place de Néfertiti, Ti qui portait entre autres le titre de « Nourrice de la Reine » et qui, pour cette raison, est considérée par de nombreux égypto-logues comme la gouvernante, et même comme la mère de Néfertiti.

Jamais encore un couple de pharaons n'avait mené une vie de famille aussi intensive et aussi démonstra-tive que Néfertiti et Aménophis IV. Quand ils par-taient en promenade dans leur char d'apparat en or, leurs filles étaient toujours avec eux. Les enfants d'ailleurs jouissaient d'une très grande liberté, plus grande qu'il n'était habituel. On les rencontrait par-tout et à n'importe quel moment dans le palais royal, et leur présence ne gênait même pas Aménophis lorsqu'il s'occupait des affaires de l'Etat et discutait avec des fonctionnaires. Dans les premières années de leur vie commune, Néfertiti et Aménophis ne se gênaient pas non plus pour s'embrasser en public, c'est-à-dire pour se frotter le nez l'un contre l'autre.

Il semblait parfaitement secondaire qu'Aménophis fût le souverain d'une grande puissance et Néfertiti la Maîtresse de la Haute et de la Basse-Egypte. L'Egypte était puissante et opulente, il n'y avait pas de problèmes politiques, et s'il y en avait, on les ignorait purement et simplement.

Dans une lettre adressée à Aménophis IV, le roi de

Babylone Bournabouriash exprima ce qui, depuis longtemps, n'était plus un secret pour personne : « Nos relations sont devenues très froides, nous en sommes arrivés tous deux à ce point que nous n'avons plus besoin l'un de l'autre ; chacun trouve dans son propre pays ce dont il a besoin. » Bournabouriash ajoute que pendant sa grave maladie, Aménophis n'a même pas pris de ses nouvelles. La grande distance qui sépare les deux pays n'est certainement pas une excuse à une telle attitude. Et pour mettre fin à cette situation fâcheuse, Bournabouriash envoya un don de quarante mines d'or. Il n'oublia pas évidemment d'ajouter que, au cas où il enverrait de l'or à Babylone en guise de cadeau de retour, Aménophis devait auparavant vérifier la qualité du noble métal ! Bournabouriash ne tenait pas à recevoir de nouveau de l'or de qualité aussi médiocre que la fois précédente.

Le pouvoir de Néfertiti s'accroît

Sous les yeux critiques de sa belle-mère Tiyi, Néfertiti s'y entendit à merveille pour diriger habilement le pharaon. Elle avait au moins cinq ans de plus que le jeune Aménophis ; celui-ci âgé d'environ douze ans, était à peine sorti de l'enfance, et il donnait en outre une impression de fragilité maladive qui incitait littéralement à l'entourer de soins maternels. Le « Maître du Souffle suave » — tel était un de ses titres d'enfant — avait été choisi pour régner sur un grand empire ; et pourtant, quel était son monde ? Les oiseaux dans le jardin du palais, les papillons dans les massifs de fleurs, les canards dans les roseaux. La politique l'intéressait très peu, du reste c'était l'affaire de sa mère et de son épouse.

On a vraiment l'impression que Tiyi et Néfertiti étaient obligées de forcer le jeune Aménophis à paraître en public, car c'est à peine si l'on trouve une représentation picturale d'Aménophis seul. Il a toujours soit Tiyi, soit Néfertiti à son côté, la plupart du temps d'ailleurs Néfertiti. On trouve tout de même des représentations du pharaon sans l'une de ces deux femmes, dans le tombeau de Ramose à Thèbes, par exemple, mais elles sont vraiment l'exception.

Ramose, le vizir de la Haute-Egypte, commença la construction de son hypogée du vivant d'Aménophis III, et il mourut avant même l'accession au trône d'Aménophis IV. Deux reliefs, de chaque côté d'une arcade sur la paroi occidentale de la grande salle de sa crypte, montrent le jeune pharaon dans deux contextes totalement différents. Sur l'un des reliefs, on voit Aménophis IV en compagnie de la déesse Maât. Cette image, gravée dans le style classique des reliefs égyptiens, fut certainement réalisée très peu de temps après la mort d'Aménophis III. Celui qui lui est symétrique, de l'autre côté de l'arcade, a été réalisé un peu plus tard, et malheureusement il est resté inachevé. Ici, nous voyons déjà le disque solaire d'Aton avec ses rayons en forme de bras, et Aménophis IV dans le nouveau style typique, plus délicat ; Néfertiti y est également représentée, et au moment où a été réalisé ce relief, elle n'a manifestement pas encore eu d'enfant. Comme les filles du pharaon, sur les images postérieures, sont toujours représentées avec leurs parents, nous pouvons dater ce relief de la première année du règne d'Aménophis IV.

Aton... ce terme, au début, ne signifiait rien de plus que le globe solaire. Mais le quatrième Aménophis vit plus que cela dans ce globe doré, rayonnant, dispensateur de chaleur et de vie. Pour lui, il était l'élément divin, ce qui entretenait tout, bref, *le Dieu*. Pour la plupart des historiens, jusqu'à présent, Aménophis aurait été le seul instigateur de cette nouvelle orientation vers le monothéisme. Mais cette thèse n'est plus à retenir aujourd'hui, car nous savons maintenant que Néfertiti suivait presque toutes les affaires et les cérémonies officielles du pharaon, et il serait donc invraisemblable que le mouvement théosophique ait pris naissance du seul fait d'Aménophis IV. Les toutes récentes reconstitutions par ordinateur du gigantesque temple d'Aton à Karnak prouvent même le contraire : la belle Néfertiti était une adepte beaucoup plus ardente de la nouvelle croyance en Aton que son royal époux.

Si l'on en croit les quelques témoignages qui nous sont parvenus des premières années du règne d'Aménophis IV, le passage de l'ancienne à la nouvelle religion ne s'est pas fait du tout avec brutalité. Nous trouvons déjà les premières mentions du dieu du Soleil Aton sous Aménophis III, lui qui baptisa son vaisseau royal *Aton resplendit ;* et durant les premières années de son règne, Aménophis IV vénère encore Aton. Deux inscriptions votives trouvées dans des carrières de pierre de la Haute-Egypte parlent des travaux préliminaires à la construction d'un grand obélisque qu'Aménophis IV voulait ériger à Thèbes. Une scène picturale accompagnant cette stèle votive montre Aménophis IV en train d'offrir un sacrifice à Amon-Rê. Mais la seconde stèle, plus récente, nomme déjà le jeune souverain « Le Premier Prêtre de Rê-Horus des Deux Sources de Lumière »; et le dieu en l'honneur duquel l'obélisque doit être érigé a pour nom : « Rê-Horus des Deux Sources de Lumière qui se réjouit à l'Horizon dans son nom de Lumière Chou (autre terme pour Soleil) qui apparaît dans le globe (Aton). »

Genèse de la religion du Soleil

Comme beaucoup de réformes, celle d'Aménophis et de Néfertiti n'est encore au début qu'une hétérodoxie, elle n'apporte rien de foncièrement nouveau, mais essaie seulement de se démarquer de certains éléments de l'ancienne croyance. Il ne fait aucun doute que Néfertiti ait joué dans cette affaire un rôle prédominant ; du reste, des documents postérieurs sont très explicites à ce sujet. Rien de plus facile à imaginer que la méfiance éprouvée dès le début par la princesse venue du Mitanni à l'égard du culte déconcertant voué par les Egyptiens à leurs divinités, et sa volonté de s'en séparer. D'ailleurs en faisant venir en Egypte pour sa propre guérison la statue d'une déesse asiatique, dans l'espoir qu'elle accomplirait un miracle, Aménophis III montrait qu'il avait perdu confiance dans les dieux ancestraux ; et cet acte inouï ne resta certainement pas sans conséquences. Il n'empêche que le rejet des dieux égyptiens mi-humains, mi-animaux, au profit d'un disque solaire plutôt abstrait porte nettement les traits de l'intelligence pondérée de Néfertiti. D'un autre côté, la naïveté de l'image représentative du disque solaire, dont les rayons se terminent par des mains, trahit une croyance ingénue imputable uniquement au jeune

140

Aménophis. Partout où les rayons du soleil rencontrent un visage humain, ils lui présentent, sous le nez, le signe « ankh », symbole de vie, comme une invitation à le respirer. Les mains des rayons solaires se posent, d'un geste protecteur, autour de la couronne, ou entourent le corps humain dans un geste de tendresse ; ce qui ne marque aucune différence avec les habitudes des anciennes divinités.

Comme l'a prouvé l'égyptologue allemand Heinrich

Dessin d'après une fresque peinte sur le mur sud de la tombe de Ramose. On y voit les quatre prophètes d'Amon. Les noms du dieu Amon et de son épouse Mout ont été martelés.

Schäfer, le « nouveau » symbole d'Aton s'est formé à partir d'anciennes conceptions. Sur le bord inférieur du disque solaire peint en rouge, l'emblème de la vipère dressée, la poitrine gonflée, est toujours assis, tout comme sur des représentations antérieures du soleil ; la seule différence réside dans le fait que l'image en ronde bosse n'a plus l'exclusivité de la représentation picturale ; elle est parfois remplacée par le relief aplati ; le serpent est vu de face, et légèrement en retrait vers le milieu. De même les nombreux rayons d'Aton en forme de bras ne sont pas une innovation. La poésie religieuse vénérait déjà auparavant Amon-Rê en ces termes : « Toi l'Unique, toi aux bras multiples. »

S'il y a quelque chose de tout à fait nouveau et différent dans la croyance en Aton, c'est le concept de la vérité. A partir de cette époque, Akhenaton se donne un nouveau titre : « Celui qui vit de la Vérité. » On sentait déjà chez Aménophis III la tendance des rois divinisés à revenir sur le sol de la réalité ; ainsi, par exemple, Aménophis III a fait immortaliser des scènes de chasse tout à fait profanes sur des scarabées commémoratifs. Cette tendance devient très nette chez Aménophis IV et Néfertiti, qui s'embrassent et s'étreignent en public, et font participer leurs fillettes à tous les événements, même aux réunions et séances de politique intérieure. L'« atonisme » naissant ne se situait donc absolument pas à l'opposé de la religion traditionnelle des Egyptiens, sinon comment aurait-il été seulement pensable que le temple d'Aton à Karnak ait été purement et simplement adossé à celui d'Amon ?

Mais en l'an 4 du règne d'Aménophis IV, il se passa un événement grave, désigné sur la stèle frontière d'Amarna comme «funeste». La suite du texte est malheureusement détruite, si bien que nous en sommes réduits aujourd'hui aux conjectures et aux spéculations. Il est très vraisemblable que cet «événement funeste» ait été la rébellion du clergé d'Amon, pour qui le bannissement de l'ancienne foi religieuse signifiait la disparition de son propre pouvoir. Les prêtres d'Amon avaient bien essayé de gagner Néfertiti à leur cause, mais ces tentatives avaient échoué, et avec elle s'était évanouie l'ultime possibilité de conserver les anciennes divinités multiples. En riposte à cette révolte présumée, Néfertiti et Aménophis pourchassèrent impitoyablement les prêtres, les dieux, les sépultures et les temples. Le couple royal était soutenu dans son action par la foule fanatique ; celle-ci en effet voyait brusquement s'offrir à elle l'occasion de se venger d'une caste sacerdotale qui, pendant des siècles, avait répandu la terreur et l'effroi dans le peuple.

Cette vague d'iconoclastie égyptienne eut des répercussions étranges. Ainsi, par exemple, les oies, animaux sacrés d'Amon, furent bannies de tous les bas-reliefs et de toutes les peintures murales ; de même le caractère hiéroglyphique de «mère» dut être effacé des textes anciens et, à partir de cette époque, le mot «mère» fut écrit d'une manière nouvelle, car, par le plus grand des hasards, «mère» et «Mout», l'épouse d'Amon, s'écrivaient de la même façon.

Des scribes reçurent pour mission de fouiller dans les archives toute la correspondance en caractères cunéiformes échangée avec les rois de Babylonie, du Hatti et du Mitanni, pour rechercher le mot Amon dans les textes akkadiens, et le supprimer. Mais ce fut seulement dans la sixième année de son règne qu'Aménophis («Amon est satisfait») changea son nom en Akhenaton, «Celui en qui Aton met ses complaisances».

Dans la quatrième année de son règne, et plus précisément le quatrième jour du mois de Pharmouti (donc, d'après notre calendrier, le 18 janvier 1360 av. J.-C.,) Néfertiti et Aménophis s'acheminèrent, sur leur char d'apparat, en direction du nord, vers Amarna. Ils y étaient déjà allés tous deux, car ce n'était pas

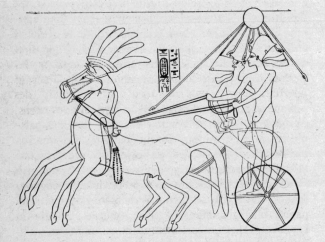

Néfertiti embrasse Akhenaton, tandis que le pharaon dirige son char d'apparat d'une main sûre. Méritaton se penche sur le timon pour exciter les chevaux (restauration faite par Norman Davies d'une esquisse à l'encre, endommagée, trouvée dans la tombe d'Ahmès, à Amarna).

144

sous l'effet d'une impulsion, mais après mûre réflexion, qu'ils avaient décidé de construire la cité de leurs rêves dans cette haute vallée limitée à l'est par un massif rocheux et à l'ouest par le Nil, à environ 330 kilomètres à vol d'oiseau de Thèbes.

Ce jour-là, il faisait un temps resplendissant de printemps : « Le ciel était en joie, la terre exultait, tous les cœurs riaient. » On devait fixer les frontières de la nouvelle ville royale.

« La Belle, qu'elle vive dans l'éternité »

Néfertiti et Akhenaton firent le trajet sur leur char étincelant d'or aux roues fragiles à six rayons et tiré par des chevaux. Lorsqu'ils arrivèrent au galop dans la plaine, les feux sacrificiels fumaient déjà sur les pierres d'autel. On avait rassemblé et empilé devant les feux des cuisses de bœufs et de veaux, des oiseaux, des fruits, du pain, de la bière et de l'encens, et toutes sortes de légumes, à la fois en guise d'offrandes pour Aton et pour la consommation personnelle, car on voulait faire de cette fête une véritable fête de l'allégresse.

Lorsque le jeune pharaon et Néfertiti, qui entourait la taille de son époux de son bras gauche, arrêtèrent leur char, ils trouvèrent les grands du royaume, fonctionnaires, courtisans et militaires, placés par rangs de deux. Le roi ne portait qu'un pagne court ; quant à Néfertiti, un vêtement léger et transparent tombait de ses épaules. L'un et l'autre portaient sur la tête leur coiffe couronne en forme de bonnet de cuir, celle que nous connaissons maintenant grâce au célèbre buste de Néfertiti, déposé au

Musée de Berlin. Tandis qu'un des courtisans se précipitait pour aider Néfertiti à descendre du char, tous les fonctionnaires se jetèrent sur le sol devant le couple royal et embrassèrent la terre. Et pendant que Néfertiti descendait de voiture, le courtisan s'écria :

« La Grande Princesse héritière du Palais, la Belle et la Splendide à la Couronne de Plumes, Grande par la Joie et la Bienveillance ; on exulte dès qu'on entend sa voix ; Dame pleine de grâce, Grande par la popularité, qui réjouit le cœur du Maître des Deux Pays, la Grande... d'Aton ; qui satisfait... à l'Horizon ; on fait tout ce qu'elle dit [1] ; la Grande Epouse royale du Roi qui l'aime, la Souveraine des Deux Pays, Néfer-Néférou-Aton-Néfertiti, qu'elle vive dans l'éternité [2] ! »

Et le peuple répéta :

— Qu'elle vive dans l'éternité !

Puis Akhenaton descendit à son tour du char, et le courtisan s'écria, tourné vers la foule :

— Le Roi de la Haute et de la Basse-Egypte, qui vit de la Vérité, le Maître des Deux Pays, Néfer-chépérou-Rê, l'Unique de Rê, Fils de Rê, qui vit de la Vérité, Maître des Couronnes, Akhenaton, Grand dans sa Vie, qu'il vive dans l'Eternité !

— Qu'il vive dans l'éternité ! répéta le peuple.

Néfertiti et Akhenaton se dirigèrent vers un double trône qui avait été placé sous un baldaquin devant les autels, et pendant ce temps, un serviteur se hâta de rejoindre le char du pharaon pour en faire descendre les deux fillettes du couple royal, Méritaton et Maké-

---

1. Cette expression est exceptionnelle, et elle montre bien le pouvoir de Néfertiti.
2. Le texte de cette cérémonie se trouve sur une stèle frontière d'Amarna.

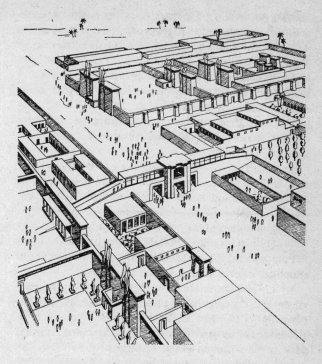

Centre de la ville de Tell al-Amarna (Akhetaton). Le roi pouvait aller du palais royal (à droite) *à la résidence* (à gauche) *en traversant un pont couvert. Du haut de la loggia, il se montrait à la foule et distribuait des récompenses. Les illustrations découvertes dans les tombeaux de Thèbes nous permettent d'affirmer que plusieurs de ses successeurs suivirent cet exemple (reconstitution du centre de la ville, avec la Fenêtre de l'Apparition du roi, d'après Pendlebury).*

147

taton ; puis les deux petites filles coururent joyeusement derrière leurs parents et s'assirent sur les marches de l'estrade où était posé le trône, comme s'il n'y avait rien de plus naturel.

Akhenaton leva la main gauche et dit :

— Que les serviteurs du roi, les grands du palais, les chefs de l'armée nationale approchent !

Ceux-ci firent quelques pas en avant, se jetèrent à genoux devant le roi et touchèrent de leur nez le sol couvert de poussière.

— Voyez, dit le pharaon, Aton a désiré Akhetaton. Que la ville soit construite en commémoration de son nom pour les siècles des siècles. Aton, mon Père, ce fut lui qui désigna Akhetaton. Ce ne fut pas n'importe quel fonctionnaire ou n'importe quel homme du pays qui décida de construire Akhetaton à cet emplacement ; ce fut Aton seul, mon Père seul qui ordonna qu'on construise pour lui Akhetaton.

Cette manière de s'exprimer nous paraît très étrange ; mais elle correspondait à la diction habituelle du pharaon. Les idées étaient répétées plusieurs fois pour bien souligner le message. Akhenaton parlait assis, avec Néfertiti assise également à sa droite ; la main gauche de la reine reposait sur le bras droit de son époux. Cette attitude donnait à la célébration très officielle de la fondation de la nouvelle capitale du royaume, Akhetaton, un caractère presque intime.

Au temps du père d'Akhenaton, dans une situation semblable, on aurait organisé une fête somptueuse avec toute la pompe orientale, au cours de laquelle les prêtres d'Amon auraient encore offert des sacrifices humains, une poignée de malheureux esclaves, captifs de la dernière campagne d'Asie ou de Nubie. Mais le jeune pharaon, toute tendresse et toute

douceur, n'aurait jamais pu imaginer un tel spectacle. Autre nouveauté frappante : pour la première
fois, une cérémonie officielle se déroulait hors de la
présence de Tiyi. Cela ne parut pas étonnant aux
observateurs de la scène qui vivaient dans le sillage de
la cour ; depuis un certain temps déjà, ils avaient
remarqué que la jolie Néfertiti prenait de plus en
plus la place de Tiyi.

En réponse aux quelques paroles prononcées par le
roi, un grand cri d'allégresse s'éleva dans le peuple.
Les fonctionnaires et les chambellans se jetèrent à
genoux et s'inclinèrent devant le soleil, dont les
rayons brûlants tombaient impitoyablement du ciel.
Puis ils récitèrent une litanie minutieusement étudiée,
un hymne à Aton, qui se terminait par la glorifica-
tion du pharaon.

« ... Tu lui amènes chaque pays, tu fais payer des
tributs pour lui par chaque ville. Tous les pays, tous
les pays étrangers et les lointains pays du Nord
apportent leurs offrandes sur leur dos pour celui qui
leur a donné la vie, pour celui dont les rayons
dispensent la vie et dont on respire le souffle... »

Aménophis dévoile ses plans

Sur un signe de Néfertiti, le pharaon leva encore une
fois les bras vers le ciel et s'écria d'une voix forte qui
se répandit sur le peuple :

Aussi vrai que mon père Rê-Harakhty, qui est
Aton, vit, je vais construire Akhetaton pour Aton,
mon Père[...] à la place qu'il a marquée lui-même

parce qu'elle est entourée d'une montagne pour lui, qu'il a marquée parce qu'il lui est agréable que je lui offre des sacrifices ici. Voilà. [...]. Je ferai élever le grand temple d'Aton, pour Aton, mon Père, à cette place-là. Je ferai élever le petit temple d'Aton pour mon Père, Aton, à cette place-là. Je ferai élever l'Ombre solaire de la Grande Epouse royale Néfer-Néférou-Aton-Néfertiti pour Aton, mon Père, à cette place-là... J'organiserai tous les travaux à cette place-là. Je ferai tracer un palais royal pour moi, et je ferai élever un palais royal pour l'épouse royale à Akhetaton à cette place-là. On bâtira mon tombeau dans la montagne orientale, à l'est d'Akhetaton, dans lequel on devra m'enterrer dans des millions de fêtes de Sed que mon Père, Aton, m'ordonnera, et dans lequel on devra enterrer la Grande Epouse royale Néfertiti dans des millions d'années... et dans lequel on devra enterrer la princesse Méritaton dans des millions d'années. Si je meurs dans une ville du Nord, du Sud, de l'Est ou de l'Ouest, dans des millions d'années, qu'on me ramène et qu'on m'enterre aussi à Akhetaton. Si la Grande Epouse royale meurt dans des millions d'années, dans une ville du Nord, du Sud, de l'Est ou de l'Ouest, qu'on la ramène et qu'on l'enterre à Akhetaton. Si la princesse Méritaton meurt dans une ville du Nord, du Sud, de l'Est ou de l'Ouest, dans des millions d'années, qu'on la ramène et qu'on l'enterre à Akhetaton.

Qu'on bâtisse en outre une nécropole pour le taureau Mnévis [1] dans les montagnes à l'est d'Akhetaton et qu'on l'y enterre. Qu'on bâtisse des

1. Incarnation du Dieu-Soleil, Rê, à Héliopolis.

tombeaux pour les plus grands des Voyants [1], les Pères divins d'Aton et les serviteurs d'Aton. Qu'on bâtisse des tombeaux pour les fonctionnaires et tous les sujets dans la montagne à l'est d'Akheta-ton dans laquelle on devra les enterrer [2]...

Aménophis avait terminé son discours officiel. Il se leva de son trône et quitta l'abri de son baldaquin pour s'exposer en plein soleil. A pas lents, il se dirigea vers la table d'offrandes la plus proche et, assisté des prêtres du sacrifice, il prit la plus volumineuse des cuisses de bœuf préparées à cet effet pour la jeter sur le feu. Néfertiti observait la scène de sa place à l'abri du soleil sous le baldaquin, aussi raide qu'un personnage taillé dans l'albâtre blanc et brillant d'Amarna.

Les cérémonies solennelles de la fondation de la ville d'Akhetaton durèrent jusqu'à la fin de l'après-midi, à l'heure où le soleil était déjà couché à l'ouest sur l'horizon et lançait des ombres effilées sur le Nil aux reflets d'or scintillant.

Pour le retour à Thèbes, le pharaon et sa Grande Epouse royale pouvaient disposer du vaisseau royal. Mais peut-être le couple royal a-t-il préféré descendre le fleuve pour prendre le chemin de Memphis. Car Néfertiti et Aménophis possédaient aussi un palais et des sanctuaires en l'honneur du dieu Aton ailleurs qu'à Amarna. Des pierres gravées, exhumées à Memphis, prouvent sans aucun doute possible qu'il existait là aussi un palais royal et un temple ; mais ces monuments ont évidemment disparu de nos jours,

1. Titre du grand prêtre d'Aton.
2. Discours gravé sur une stèle frontière d'Amarna.

tout comme le temple monumental d'Aton, à Karnak.

Le couple royal à Memphis

Mais il existe encore une autre preuve de l'existence du sanctuaire d'Aton à Memphis. Des archéologues ont découvert à Guizèh et Saqqarah, toutes proches, les tombeaux des deux fonctionnaires qui servaient dans un temple d'Aton. Le premier occupait la fonction d'administrateur des Démons, le second était grand alchimiste. Malheureusement ces tombeaux ont été pillés au siècle dernier par des Arabes, et détruits, si bien qu'aujourd'hui, ils n'ont plus rien à apprendre à la science. Et finalement, on a retrouvé aussi la lettre d'un scribe royal adressée à Akhenaton, dans laquelle l'expéditeur parle de la propriété royale de Memphis, ainsi que du temple et de ses dépendances, en précisant qu'ils sont en bon état. Etant donné la fureur avec laquelle Aménophis IV s'est acharné à détruire les anciens dieux et les anciens temples, il est fort peu probable qu'un des scribes eût mis tant de fierté à donner des renseignements au pharaon sur le bon état d'un temple non autorisé. Tout comme à Karnak, on a exhumé à Memphis un grand nombre de blocs de pierre portant des reliefs, qui étaient des éléments d'un temple dédié à Aton. Un relief représentant deux personnages, identifiés comme étant Akhenaton et Sémenkharê, l'époux de Méritaton, semble être un petit fragment d'un mur du temple qui, d'après les proportions comparées devait être monumental. La présence sur ce relief de Sémenkharê nous permet de déduire que la construction de

152

ce temple se situe entre les années 14 et 17 du règne d'Akhenaton.

D'après les documents dont nous disposons, Aménophis IV fit construire d'abord un palais à Memphis. La construction du temple et de ses annexes se situe entre les années 5 et 9 de son règne. En se fondant sur les différentes manières d'écrire le nom du dieu Aton, on a pu constater que, même après l'an 9, on a encore construit, ou agrandi, des temples. En revanche, nous n'avons trouvé jusqu'à présent aucune preuve permettant d'étayer l'hypothèse selon laquelle Aménophis III aurait introduit le culte du disque solaire à Memphis. Au contraire, un fragment de relief en provenance de Memphis, conservé aujourd'hui au Caire, montre Aménophis III avec le dieu Ptah, le dieu officiel de Memphis, et son épouse Sachmet ; ce relief provient donc bien du temple dédié à Ptah, à Memphis.

Tout comme à Memphis, il semble aussi que Héliopolis eut son temple dédié à Aton, datant de l'époque de Néfertiti et d'Akhenaton. Bien que nous n'ayons retrouvé qu'un unique fragment de relief, qui d'ailleurs ne porte que le nom de Méritaton, la fille de Néfertiti, et les attributs incomplets du dieu Aton, l'existence d'un temple d'Aton à Héliopolis peut être considérée comme certaine ; des sceaux gravés sur les jarres à vin et des cachets sur les poteries mentionnent en effet souvent un temple dédié à Aton dans la ville où fleurissait l'ancien culte du Soleil. A vrai dire, il n'a dû s'agir là que d'un temple dédié aux anciens dieux et transformé ensuite ; nous avons la preuve que ce temple fut entretenu par un domaine royal qui portait le nom suivant : « Celui qui satisfait Aton. »

Etait-ce de l'amour ?

Si l'on en croit le témoignage des représentations
picturales des premières années conjugales de Néfertiti et Akhenaton, montrant le couple royal réuni, il
ne fait absolument aucun doute que cette union fut
heureuse. Le peuple égyptien n'avait jamais eu
encore le spectacle d'un roi plein de tendresse comme
Aménophis IV et d'une reine amoureuse comme
Néfertiti. Mais ce bonheur ne dura que quelques
années seulement. Dès le début de l'an 4 du règne du
quatrième Aménophis, un changement étrange se
manifesta. Les hypogées et les stèles frontières
d'Amarna montrent des scènes sur lesquelles les
anomalies anatomiques du roi sautent aux yeux ; et
ces anomalies eurent certainement une influence sur
la structure de son psychisme. L'origine de cette
métamorphose n'a pas encore pu être élucidée jusqu'à nos jours, malgré les théories les plus diverses
émises à ce sujet.

La tête d'Aménophis IV rappelle de plus en plus
une tête d'hydrocéphale. Ses bras et ses jambes
maigrissent, sa cage thoracique se gonfle au niveau
de la poitrine, les hanches et les fesses épaississent
dans des proportions inquiétantes. Aménophis venait
seulement d'atteindre sa seizième année, et Néfertiti
avait vingt et un ans. La reine était dans la fleur de
l'âge, et le roi avait à lutter contre un trouble grave,
vraisemblablement d'origine hormonale. Au fur et à
mesure que la maladie progressait, le contraste entre
les deux époux se faisait plus évident. Néfertiti, la
reine la plus jolie et la plus attachante que l'Egypte
ait jamais connue, et Aménophis IV, le pharaon le

plus laid et le plus pitoyable qui régnât jamais sur la Haute et la Basse-Egypte.

Pourtant Néfertiti ne se laissa pas rebuter par l'aspect physique de son époux. Au contraire, on a l'impression que les métamorphoses pathologiques d'Aménophis IV avaient réveillé chez la jeune femme plus âgée et plus mûre que lui ces sentiments maternels dont le jeune pharaon avait tant besoin. C'est ce qui rend plus tragique encore l'attitude d'Aménophis envers Néfertiti : il se laissa tellement emporter par ses égarements qu'il finit par la répudier.

Aménophis avait été un enfant hypersensible, doué d'une imagination fertile et de tendances névrotiques. Au contraire, Néfertiti, plus âgée et beaucoup plus expérimentée que lui, était plutôt une nature raisonnable et réaliste. La vie sensitive intense d'Aménophis suscita en elle admiration et sympathie, et c'est ainsi que le jeune pharaon finit presque automatiquement par la considérer comme l'élément référentiel le plus important.

Akhenaton à la lumière de la psychanalyse

La constitution psychique d'Akhenaton est certainement déterminée par la haine qu'il a toujours vouée à son père. Karl Abraham, un des élèves et collaborateurs les plus éminents de Sigmund Freud, s'est penché sur le problème des relations négatives avec le père, dans ses *Etudes psychanalytiques*. Il écrit :

« Il suffit d'un coup d'œil dans l'histoire de nombreuses familles pour voir la manière dont une personnalité se fait jour en leur sein et domine les autres membres par son activité. Dès la génération suivante, la famille commence à tomber dans la décadence. Il manque souvent au fils la puissante constitution du père. Et s'il en a malgré tout hérité, il n'en reste pas moins qu'il se développe à l'ombre d'une personnalité puissante et s'en trouve gêné dans son épanouissement, car ce facteur le prive de liberté. Il poursuit l'œuvre de son père, mais sans obtenir les mêmes succès. Il assouvit son besoin de domination en demandant toujours plus à la vie, en manifestant des tendances croissantes à la volupté et au luxe. Puis, la génération suivante en général fait preuve de moins d'énergie et de dynamisme encore, manifeste des tendances excessives à la subtilité intellectuelle et à la sentimentalité. Comme elle n'est pas à la hauteur des exigences de la réalité, elle est entraînée à la névrose. »

Ces phénomènes s'appliquent tout à fait à Akhenaton. Il a passé toute son existence à tenter de se libérer intérieurement de la dépendance de son père. Le jeune Aménophis devait considérer son père comme la quintessence de la force et de la puissance physiologique ; ses succès à la chasse n'étaient-ils pas aussi phénoménaux que son gigantesque harem ? Et, en outre, cet homme possède l'être sur lequel toute la libido du jeune Aménophis est tendue, sa mère, Tiyi. A l'égard de son père, il n'a pu ressentir qu'hostilité et jalousie impuissantes.

Ce qui rend fatale la situation du jeune pharaon, c'est que sa mère Tiyi est de beaucoup supérieure à son père, en intelligence et en dynamisme. Mais comme à cette intelligence et à cette énergie Tiyi allie en plus la beauté, ce à quoi Aménophis IV, l'esthète, est particulièrement sensible, il lui est infiniment plus difficile de se libérer de sa mère, processus pourtant absolument nécessaire à l'équilibre psychique.

Karl Abraham affirme que, dans un cas comme celui-ci, la libération échoue même souvent ; et si, malgré tout, elle se fait, ce n'est qu'une réussite imparfaite, avec de nouveau une tendance très nette à se lier comme auparavant, exclusivement à une personne. « Une fois réussi, écrit Abraham, le transfert de la libido est en général définitif et irrévocable. »

Et cela encore s'applique exactement à Aménophis IV. Nous ne savons pas s'il épousa cette jeune femme de dix-sept ans, veuve de son père, par désir ou choix personnel, ou bien si cette union fut favorisée, voire exigée consciemment par Tiyi. Mais nous savons que, durant les premières années du règne du jeune pharaon, ce fut elle qui dirigea les affaires de l'Etat. Et nous savons aussi que, durant leurs premières années de vie conjugale, Aménophis IV combla littéralement Néfertiti d'affection. Il est possible que le fait d'épouser sa propre belle-mère, et, par là même, de « dérober » quelque chose au père, lui ait procuré une certaine satisfaction ; mais ce fut sur un tout autre plan qu'il trouva la véritable compensation à l'écrasement provoqué par ce personnage paternel trop puissant.

La tradition la plus forte, celle qui déterminait tout dans l'Egypte ancienne, était la religion. Aménophis rompt avec cette tradition et attribue à Aton, le « nouveau » dieu unique, une autorité telle que n'en posséda jamais aucun dieu avant lui. L'art était également très traditionaliste. Et le pharaon lance une révolution artistique : l'idéalisme en vigueur jusque-là fait place au réalisme, et même à une sorte d'expressionnisme.

Dès 1920, le Dr M. Ameline et le Dr P. Quercy, neurologues français, se sont penchés sur le problème de la disproportion manifestée par la constitution physique d'Akhenaton. Sur la foi d'effigies du pharaon, ils diagnostiquèrent une lipodystrophie, maladie extrêmement rare qui provoque un amaigrissement excessif de la partie supérieure du corps, tandis que la partie inférieure enfle énormément : en effet, la graisse sous-cutanée disparaît complètement de la partie supérieure du corps, et les tissus graisseux prolifèrent au niveau des fesses et des cuisses.

La majorité des savants certifient même qu'Aménophis IV était atteint d'hydrocéphalie. Il est vrai que, sur la foi de rapports d'autopsie et d'expériences faites sur les animaux, psychiatres, neurologues et neurochirurgiens sont arrivés à des conclusions différenciées sur la nosographie de l'hydrocéphalie. De nos jours, on peut examiner le malade à la radiographie en injectant de l'air dans le cerveau, et on observe ainsi des formes très diverses d'hydrocéphalie. Aussi cette maladie n'est-elle plus considérée comme une maladie très déterminée, mais comme symptôme ou encore comme épisode de diverses maladies. Puis, des neurologues ont découvert en outre que l'hydrocéphalie peut être aussi bien un signe d'idiotie qu'un signe d'intelligence géniale. Ce qui est une preuve nouvelle de la faible démarcation entre le génie et la folie. D'après Hans E. Kehrer, psychiatre et neurologue de Münster, les êtres dotés d'un crâne hydrocéphale manifestent des tendances anormales dans leur comportement psychique et social. En outre, ils restent en général petits de taille et meurent jeunes. Il peut arriver que tous ces symptômes apparaissent ensemble, mais il est aussi possible que l'un ou l'autre fasse totalement défaut. D'un autre côté, l'examen clinique montre aussi très souvent que certaines formes de comportement ou certaines capacités seulement sont détruites ou hypertrophiées. Une irritabilité émotionnelle d'une intensité exceptionnelle est également considérée comme symptôme typique d'hydrocéphalie.

Emotivité et irascibilité sont très souvent causées par des migraines très fortes, voire intolérables, qui entraînent souvent des vomissements. Or, si on considère les œuvres d'art de l'époque d'Amarna en ayant présents à l'esprit ces phénomènes pathologiques, on est frappé par un motif pictural très précis, auquel les égyptologues n'ont pas accordé d'importance particulière : c'est à l'époque de Néfertiti que, pour la première fois dans l'histoire de l'art égyptien, on représente des gens en train de vomir, phénomène qui, plus tard, disparaît complètement. Les vomissements pathologiques du souverain ont-ils à ce point préoccupé le peuple qu'il les a même représentés dans ses œuvres d'art ?

Donc, à partir de sa seizième année, l'époux de Néfertiti fut atteint d'une grave maladie, et, progressivement, son aspect physique devint tellement pitoyable qu'il finit par dépendre du soutien et de l'énergie spirituelle d'une forte personnalité... Néfertiti. «Outre les troubles de l'intelligence, écrit le neurologue Kehrer, il arrive souvent que les hydrocéphales présentent encore de grands changements dans d'autres fonctions psychiques. Trente-trois de nos propres malades atteints de fortes dilatations des ventricules cérébraux, qui furent minutieusement examinés sur le plan psycho-pathologique, présentaient des symptômes d'inertie, d'hébétude, d'apathie, d'états simili-dépressifs, mais, à l'occasion aussi, d'euphorie niaise, d'agitation constante, et d'excitabilité excessive ; on n'a pas pu constater ici non plus de rapport direct entre la gravité des symptômes et le degré d'hydrocéphalie. »

L'hérédité de l'hydrocéphalie est discutée. Mais il existe des observations scientifiques d'après lesquelles cette maladie est congénitale et liée au sexe. Avec l'âge, Aménophis III manifesta un comportement de plus en plus apathique, et il est possible qu'il ait transmis cette maladie à son fils. Dès les années 1950, des neurologues britanniques et français ont constaté que l'apparition de l'hydrocéphalie dans la jeunesse était également liée à des troubles sexuels, tels par exemple « l'infantilisme harmonique », « la puberté précoce », et « la dystrophie adipsogénitale ». Pour Aménophis IV, il s'agit sans aucun doute d'une régression et d'une malformation des organes génitaux. Une statue du quatrième Aménophis conservée au Caire montre le pharaon nu, dépourvu d'organes génitaux masculins.

Sans doute peut-on attribuer à Aménophis IV beaucoup de traits de caractère négatifs, mais on ne peut nier qu'il fut un pacifiste. Non pas par paresse, comme son père Aménophis III, mais par conviction. Ainsi il ne se contenta pas d'abolir les sacrifices humains, qui étaient pratiqués à l'époque de son père, mais il fut sans doute aussi l'instigateur de la suppression de la peine de mort ; en tout cas, on n'a retrouvé aucune image et aucun texte mentionnant des exécutions capitales durant son règne. Il détestait

160

la chasse, distraction des gens distingués, contrairement à son père aussi. Alors que d'innombrables peintures murales de l'époque d'Aménophis III reproduisent des scènes de chasse aux canards et de coups de filet, les scènes animales, sous Aménophis IV, ont l'air beaucoup plus paisibles. Ici, les petits poissons bondissent gaiement dans l'eau, là les canards voltigent en criaillant à travers les roseaux. Or, lorsqu'il commanda ces ouvrages aux meilleurs artistes de son royaume, il n'était pas encore marqué par la grave maladie qui n'allait pas tarder à susciter les premiers problèmes entre lui et la belle Néfertiti.

Détail d'une statue monumentale du pharaon Akhenaton, en provenance du temple d'Aton, à Karnak (Musée égyptien, Le Caire).

Aménophis III jeune (portrait en basalte noir, de 60 cm de haut). Tête d'une statue colossale datant de la première année du règne d'Aménophis III. Musée de Brooklyn, New York.

Portrait inachevé de la reine Néfertiti (33 cm de haut) en provenance d'Amarna. Quartz rose. Musée égyptien, Le Caire.

En haut : *Ankhésénamon et Tout Ankh Amon (illustration gravée sur le dossier d'un trône datant de la période amarnienne tardive, Musée égyptien, Le Caire).*

En bas : *Akhenaton (à gauche) et son corégent Sémenkharé (relief en calcaire en provenance d'Amarna, Musée égyptien, Le Caire).*

Les Colosses de Memnon. Statues monolithiques de quartz cristallin (environ 20 m de haut) qui représentent Aménophis III. Pendant des siècles, l'énigme du « Colosse chantant » fascina les voyageurs venus du monde entier pour visiter les vestiges de l'Egypte ancienne.

LA CITE DE RÊVE

C'est là qu'on découvrit la célèbre tête de Néfertiti; c'est là que Tout Ankh Amon monta sur le trône. Plus encore. Par l'effet d'un caprice, une ville royale est créée de toutes pièces sur un emplacement vierge. N'est-ce pas déjà la preuve d'un romantisme inhabituel chez un pharaon? Après avoir été habitée et de nouveau détruite, cette ville redevient déserte au bout de quelques années. Mais, pendant sa brève existence, elle fut capitale d'une grande puissance mondiale.

John D. S. Pendlebury, égyptologue.

En l'an 1957 ap. J.-C., trente mille techniciens, ingénieurs et ouvriers commencèrent à réaliser un des projets architectoniques les plus téméraires de l'époque contemporaine. Cela se passait sur le plateau central du Brésil, en pleine forêt vierge. Trois ans plus tard, le 21 avril 1960, on inaugura Brasilia, capitale sortie d'une éprouvette.

167

En l'an 1359 av. J.-C., cent mille techniciens, ingénieurs et ouvriers commencèrent la construction d'une ville fabuleuse, en plein désert, en bordure du Nil, entre Thèbes et Memphis, dans la Moyenne-Egypte. A peine trois ans plus tard, en l'an 1357 av. J.-C., on inaugura Akhetaton, la plus belle ville du monde, et nouvelle capitale de l'Egypte.

En l'an 1970 ap. J.-C., Brasilia fut abandonnée de tous ses habitants, on n'osait même plus mentionner son nom ; peu de temps après, la ville était oubliée, et la forêt vierge avait repris possession de son territoire. Voilà quelle serait, dans ses grandes lignes, l'histoire de Brasilia, si elle avait connu le même destin qu'Akhetaton, plus de trois mille ans auparavant. Les parallèles sont vraiment ahurissants. Ici et là, en l'espace de trois années, une ville artificielle sortit de terre, avec des édifices somptueux, dernier cri de la technique moderne, et de quoi abriter plus de cent mille personnes ; cette terre d'où surgit la ville, pas un homme ne l'avait foulée auparavant. Forêt vierge exubérante au Brésil, et désert en Egypte.

Problèmes techniques

Akhetaton est la première ville du monde à avoir été conçue sur une planche à dessin. A l'origine, elle était prévue pour ne s'étendre que sur le secteur compris entre le Nil et le massif de montagnes rocheuses situé vers l'est, mais dès les premiers travaux de construction sur la rive orientale, on décida d'incorporer la rive occidentale dans les plans. La construction de cette Ville du Désert fut une réalisation magistrale de la technologie égyptienne, car, mis à part les maté-

168

riaux fournis par d'immenses carrières d'albâtre, au nord-est d'Amarna, tous les autres matériaux durent être transportés sur plus de 100 kilomètres et traités sur place. Aussi, avant même qu'on puisse attaquer la construction proprement dite, il a fallu commencer par installer des fabriques et des ateliers, forer des puits et creuser des égouts.

Aménophis III avait choisi, pour les fondations de sa ville, les briques fabriquées à base de limon du Nil et séchées à l'air ; mais Aménophis IV leur préféra des pierres finement taillées qui furent apportées par bateau jusqu'à Amarna, depuis des carrières de la Haute-Egypte. C'est uniquement grâce à ce choix initial que les fondations de la plupart des édifices d'Amarna, contrairement au palais de Malgattah d'Aménophis III, ont été conservées jusqu'à nos jours, et que nous avons pu reconstituer les édifices. Evidemment, pour les travaux de superstructure, on utilisa, selon la tradition séculaire, des briques dont le matériau de base était le limon du Nil séché à l'air. Toutes ces briques avaient sensiblement les mêmes dimensions. Longueur : 33 à 37 centimètres ; largeur : 15 à 16 centimètres ; hauteur : 9 à 10 centimètres.

Le type de construction à base de briques de limon ne semblait pas seulement être le plus avantageux, mais aussi le plus rapide. On n'avait pas à attendre les livraisons de matériaux, et on évitait les longs transports ; en outre, point n'était besoin d'utiliser les lourds traîneaux de transport et les installations compliquées de levage, ce qui représentait aussi une économie de construction et de temps. Ce matériau présentait pourtant un inconvénient, le séchage provoquait un rétrécissement irrégulier des briques.

C'est pourquoi les architectes d'Amarna mirent au

point un système de séchage par le vide qui semble parfaitement moderne : sur le rang inférieur, ils posèrent les briques les unes contre les autres, dans le sens de la longueur. Pour la couche suivante, les briques étaient placées, trois par trois, dans le sens de la longueur également, mais sur la plus petite largeur. Et ainsi de suite. Entre chaque série de deux couches, il restait donc un espace creux dans lequel l'air pouvait circuler librement. De cette façon, les briques séchaient d'une manière aussi régulière que possible. Pour assurer la stabilisation statique, on introduisit des poutres de bois dans la maçonnerie, comme dans la construction à colombage. Cette architecture « légère » convenait tout à fait au caractère de la nouvelle capitale, mais, malheureusement, elle résista beaucoup moins bien aux intempéries et à l'érosion que les constructions monumentales en pierre. C'est la raison pour laquelle le travail des archéologues, à Akhetaton, a toujours été, et reste particulièrement difficile.

Les premiers fouilleurs

Après la spectaculaire découverte des archives d'Amarna, en 1887, les archéologues du monde entier commencèrent à s'intéresser à cette mystérieuse Ville du Désert. Le premier qui se lança dans des fouilles systématiques à cet endroit fut Sir Flinders Petrie, en 1891. Il fut suivi de Ludwig Borchardt qui, de 1911 à 1914, fit les découvertes les plus importantes concernant l'époque d'Amarna [1]. Après la Première Guerre

---

1. Voir à ce sujet le plan p. 177.

mondiale, ce fut la société britannique Egypt Exploration Society qui reçut l'autorisation officielle de
fouiller ce secteur. De 1921 à 1922 et de 1926 à 1937,
des égyptologues aussi célèbres que Thomas Eric Peet
et John Divitt Stringfellow Pendlebury prospectèrent
en son nom l'aire d'Amarna ; grâce à leurs découvertes, qui forment la base de ce nouveau chapitre de
l'archéologie, un nombre toujours croissant de
savants se spécialisent de nos jours dans les recherches de l'époque amarnienne.

Le 22 octobre 1912, cinq hommes venant de Berlin
se rencontrèrent dans la région d'Amarna : le professeur Hermann Ranke, le professeur Paul Timme, les
deux architectes gouvernementaux Hollander et Hon-
roth, ainsi que le directeur officiel des travaux du
gouvernement Breith. Ces cinq hommes formaient
l'avant-garde d'une expédition qui s'était proposé de
dévoiler les ultimes secrets de la ville fabuleuse de
Néfertiti.

A El-Hagg Quandil, les archéologues avaient construit une maison d'habitation sur les ruines d'une
vieille maison datant de l'époque d'Amarna ; ils disposaient de quatre pièces principales confortables,
d'une annexe cuisine et d'une salle de dessin, conformément à la répartition des pièces du modèle antique. Paul Timme, qui avait pour mission d'établir le
tracé cartographique de la partie occidentale du
secteur de Tell al-Amarna, après avoir déjà établi
celui de la partie orientale en 1911, fut obligé de
rester jusqu'au 12 décembre à El-Hagg Quandil ; car
il dut attendre jusqu'à cette date les bagages contenant les appareils de travail et les provisions.

Le 12 décembre, à 7 heures du matin, commença alors l'aventure. Cette chevauchée dans le désert libyen fut vraiment une aventure, Timme n'allait pas tarder à s'en apercevoir. La traversée du Nil avec porteurs et bagages se passa sans complications, mais sur l'autre berge du fleuve, il n'y avait pas trace des quatre chameaux commandés d'avance. Aussi Timme s'installa dans le jardin de la gare de Deir Maouass et ordonna à ses porteurs de partir à la recherche de la caravane.

L'après-midi, on finit par réunir les quatre chameaux, plus un âne, qui devait servir de monture à Timme. La caravane avait pour mission de conduire le professeur jusqu'au village de Dalge, mais en cours de route, les porteurs se mirent brusquement en grève ; ils réclamèrent leur salaire pour se sauver ensuite. Timme refusa.

— Vous ne recevrez votre argent que lorsque vous m'aurez déposé à Dalge.

Cela n'était pas sans danger, car les Egyptiens, à cette époque-là, n'aimaient guère les archéologues. Neuf mois auparavant, le 1ᵉʳ février 1912, dans ce même secteur, un sol en stuc parfaitement bien conservé, mis au jour en 1891 par l'archéologue anglais Flinders Petrie, avait été détruit par des paysans en colère. Pourquoi ? Parce que ces pauvres pâtres voyaient d'un très mauvais œil les pourboires que les gardiens des sites archéologiques recevaient des voyageurs. Comment Timme allait-il résoudre son problème ?

Il fit tout préparer pour la nuit et espéra avoir plus de chance le lendemain. Cette nuit-là, c'est à peine si les porteurs fermèrent l'œil, tant ils avaient peur et froid, et le lendemain, force fut à Paul Timme de faire tout seul le trajet jusqu'à Dalge. Les chameliers refusèrent énergiquement d'aller plus loin, comme la veille. A Dalge, Timme alla rendre visite au chef du village, Omde, un digne Bédouin auquel les paysans baisaient encore la main. Omde envoya des chameaux, fit charger les bagages, et il mit même un cheval blanc à la disposition du professeur.

A l'heure la plus chaude de l'après-midi, l'expédition atteignit enfin son but. Quelques jours plus tard, la nuit tombée, Timme nota dans son journal : « Au milieu de la solitude de ce paysage désertique, on se sent particulièrement envoûté par la magie d'un ciel clair parsemé d'étoiles. Longtemps encore, je n'ai pu m'en détacher, et suis resté devant ma tente, jusqu'à ce que le froid me force à rentrer. Sous la tente, la lampe à pétrole dispensait une agréable chaleur qui me permettait tous les soirs, après avoir dîné et établi l'essentiel du travail de la journée, de terminer agréablement la soirée en lisant quelques pages du livre de Klunzinger *Images de la Haute-Egypte,* ou de quelque autre ouvrage analogue, adapté aux circonstances... »

Dès son arrivée, dans les tout premiers jours, le savant berlinois eut une aventure assez désagréable. Il avait fait à cheval un voyage de reconnaissance dans les environs du village de Déroua et s'était attardé en chemin ; le crépuscule tombait déjà. Soudain, deux Bédouins à la mine patibulaire apparurent ; chacun d'eux tenait un fusil à la main. Timme leur demanda sa route. Ils lui indiquèrent une direction quelconque, puis réclamèrent de l'argent. Malgré tous ses efforts, manifestement Timme ne réussit pas à expliquer aux deux compères que lorsqu'il travaillait dans le désert, il ne portait jamais d'argent sur lui. Ils le suivirent pendant des kilomètres jusqu'à ce que finalement l'un d'eux se jette sur lui, lui arrache son journal, caché dans la poche droite de sa veste, et disparaisse de nouveau avec son compagnon, aussi brusquement qu'ils étaient apparus tous deux. Rendu méfiant par cet incident, Timme envoya un message à El-Hagg Quandil, au quartier général de l'expédition allemande, et réclama un des gardiens armés. « Par la suite, lorsque le gardien était présent, raconte Timme, il ne se passait plus rien de grave. Mis à part le fait que celui-ci essayait sans cesse d'apaiser sa propre frayeur en tirant en l'air, si bien que je fus obligé finalement de lui donner les balles au compte-gouttes. »

Timme n'arrêtait pas de prendre des dessins et d'établir des tracés cartographiques. On était en décembre, et un jour ou l'autre, ce dut être Noël, mais il ne s'en aperçut pas. Le 27 décembre, il leva le camp et le réinstalla à l'ouest de Déroua. Et le 8 janvier 1913, il changea une seconde fois de position et s'installa entre Déroua et Touna el-Gébel, où, la nuit, les chacals se faufilaient autour des tentes. Dès le crépuscule, il fallait rassembler les ustensiles de cuisine les plus importants et les poulets, et les ranger dans des caisses pour la nuit.

Le 21 janvier, le tracé cartographique de toute la partie occidentale était terminé, on allait donc pouvoir poursuivre les fouilles.

J'ai décrit une fois dans tous ses détails les travaux «sur le terrain», pour que le lecteur puisse avoir une idée des difficultés avec lesquelles ces hommes avaient à lutter jour après jour. En lisant la description de la ville d'Akhetaton, on est trop facilement tenté d'oublier de quel travail long et pénible cette merveille est le résultat.

Le troisième jour du 4e Péret de l'an 6, Néfertiti et Akhenaton quittèrent pour la deuxième fois leur palais de Malgattah pour aller à Akhetaton, sur leur char ruisselant d'or, ils voulaient suivre les progrès de la Cité de leurs rêves. Ce n'était encore qu'un immense chantier, et ils durent loger sous la tente baptisée «Aton est satisfait». La route d'accès à Akhetaton était certainement déjà terminée lors de ce voyage, car le pharaon souligne expressément qu'il emprunta «le beau chemin», la future allée royale.

Akhetaton, la ville qui s'élevait là, sous les yeux de Néfertiti et d'Akhenaton, la ville qui se dressait vers le ciel, représentait la réalisation d'un rêve antédiluvien, celui d'un monde meilleur et plus heureux. Akhetaton devait être la Ville du Soleil, de l'Amour, de l'Art et de la Joie. Qui eût jamais pensé que cette ville allait au contraire devenir un lieu d'obscurité, de haine, de malheur, de destruction et de souffrance? Qu'Akhenaton ne s'en fût pas aperçu, sa naïveté juvénile peut lui être une excuse, mais Néfertiti, elle, ferma-t-elle aussi les yeux devant le spectacle offert par le faubourg du Nord?

Les plus fortunés construisirent leurs résidences le long des larges rues de la ville; ils y déployèrent beaucoup d'art et de faste, comme il convenait à l'«Horizon d'Aton» (Akhetaton). Et ils firent jeter leurs décombres et leurs ordures sur les terrains situés derrière leurs maisons. Puis vinrent des familles moins bien pourvues ; elles brûlèrent les ordures et érigèrent leurs maisons, en partie avec les débris qu'elles trouvèrent sur place, formant ainsi une seconde rangée d'habitations. A leur tour, ces familles déchargèrent leurs propres déchets sur les terrains situés derrière leurs maisons. Alors arrivèrent les pauvres, avec l'espoir chevillé au cœur qu'Akhetaton serait pour eux un nouveau départ dans la vie. Avec les débris des moins fortunés, ces pauvres d'entre les pauvres construisirent une troisième rangée d'habitations, des huttes chancelantes, les premiers bidonvilles. Mais Néfertiti et Akhenaton ne pouvaient pas les voir quand ils traversaient la ville sur leur char d'or, car il n'y avait pas de route dans ces «zones d'insalubrité».

Sur l'avenue somptueuse qui conduisait à la résidence de Néfertiti

La résidence dans laquelle Néfertiti et Akhenaton vécurent à partir de la septième année de leur règne portait le nom de *Hat-Aton* («Forteresse d'Aton») et était une des plus belles créations architectoniques que l'Egypte ait jamais produites. Bek, le «chef des travaux», et ses nombreux assistants inconnus pouvaient être fiers de leur œuvre.

La rue principale, «rue Royale», parallèle au Nil, s'étirait du sud au nord et était bordée par tous les édifices importants de la ville. A la sortie sud d'Akhetaton, s'élevait le petit palais royal Marou-Aton, avec

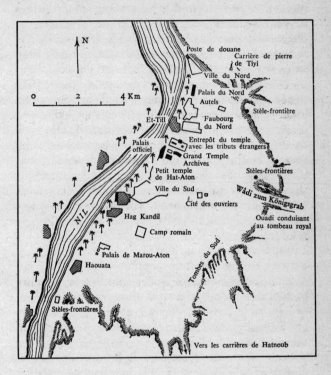

Akhetaton, la cité fabuleuse d'Akhenaton et de Néfertiti, au bord du Nil.

177

ses pavillons aérés et son lac artificiel. En provenance de Thèbes, l'étranger commençait par passer devant une rangée de résidences privées très élégantes, situées de part et d'autre de la rue Royale. A droite, on distinguait alors le premier grand monument public, le magasin du petit sanctuaire d'Aton qui lui faisait suite. En face, sur le côté gauche de l'avenue, mais inaccessible de cet endroit, s'élevait la grande salle hypostyle du palais royal dans laquelle se tenaient les audiences officielles.

Si le visiteur continuait à progresser vers le nord, il devait passer sous un pont surélevé et couvert, qui servait de communication directe entre les appartements privés du couple royal, situés sur la droite, et le palais officiel. Et tous les matins, lorsque Akhenaton et Néfertiti quittaient leur maison pour se rendre dans la résidence, le peuple se pressait sous le pont pour quêter un coup d'œil de la jolie reine. Les habitants d'Akhetaton baptisèrent « Fenêtre de l'Apparition » cette ouverture pratiquée dans le mur, sur le pont, par laquelle on pouvait apercevoir Néfertiti plusieurs fois par jour [1]. Si le peuple l'appelait et demandait à la voir, elle se penchait à la fenêtre, agitait les bras, et les gens l'acclamaient avec des cris d'allégresse.

Sur la face sud de ce pont se trouvait une rampe d'accès pour véhicules, l'entrée officielle donnant sur les appartements privés du roi, légèrement surélevés par rapport aux autres bâtiments. Akhenaton et Néfertiti, tendrement enlacés, grimpaient cette rampe sur leur petit char doré pour rejoindre une sorte de parc carré de 70 mètres de côté, où le chef des

1. Voir à ce sujet le dessin p. 147.

chevaux attendait déjà avec ses valets pour dételer les bêtes ornées de plumes rouges et prendre soin de la voiture et des montures.

Tous les bâtiments construits pour le bien-être du couple royal entouraient ce parc. La plus grande place était réservée aux magasins, dans lesquels on entassait par tonnes provisions, vivres et produits utilitaires. En général, les vivres périssables, tels que viande, poisson, pain et fruits, étaient séchés ; les légumes et les fruits plus résistants devaient être conservés dans des pièces sombres, voûtées comme des caves et dépourvues de fenêtres. Le vin et la bière aussi, auxquels le pharaon faisait volontiers honneur, étaient stockés dans des milliers de jarres.

De ses appartements privés, Néfertiti pouvait, sans être vue, rejoindre le petit temple dont l'entrée principale donnait sur la rue Royale. Contre cette entrée principale, se dressait un autel flanqué à gauche et à droite de tables d'offrandes. On traversait un deuxième pylône pour accéder dans une deuxième cour, et un autre pylône servait de porte donnant sur le saint des saints, copie presque parfaite de celui du grand temple. Une allée plantée d'arbres, entrecoupée uniquement sur le côté sud par de petits bâtiments dont nous ignorons la destination, entourait le sanctuaire.

Il est possible qu'un relief gravé dans la tombe de Toutou, représentant un temple entouré d'une allée d'arbres, soit une reproduction du temple de Hat-Aton.

Pour accéder aux appartements privés situés sur le côté sud du parc, il fallait traverser plusieurs cours. Un portique fait de colonnes en faisceaux de papyrus conduisait dans une salle contenant quarante-deux piliers, la grande salle de séjour du couple royal.

Après avoir traversé cette salle, le visiteur se retrouvait une fois de plus dans une cour inondée de lumière d'où on pouvait atteindre les pièces réservées à Akhenaton et à Néfertiti. Contrairement à beaucoup d'autres couples royaux, ils occupaient ensemble une grande chambre à coucher dont les portes latérales donnaient sur une garde-robe, une salle de bains et des toilettes séparées. Les six filles de Néfertiti dormaient dans un pavillon où étaient ménagées six alcôves, situé légèrement à l'écart des appartements royaux, ce qui montre que la reine ne s'occupait pas personnellement de l'éducation de ses enfants. Dans toutes ces pièces, la couleur dominante était le jaune, la couleur d'Aton.

Si l'on songe au somptueux palais Malgattah d'Aménophis III, il faut reconnaître que le palais du couple royal était aménagé avec beaucoup de goût, mais cependant sans luxe excessif. Les peintures des murs et sols représentaient des motifs tirés du monde des papillons, des poissons et des oiseaux aquatiques ; les chapiteaux des colonnes scintillaient d'or et de lustrerie, mais Akhetaton ne présentait pas ce caractère monumental et pompeux pour lequel Aménophis le Fastueux avait eu une prédilection. On avait l'impression que, en établissant ses plans, le constructeur avait voulu faire de l'ensemble une sorte de synthèse de la nature et de l'architecture.

Les habitants de la région de Tell al-Amarna remarquèrent très vite qu'à maints endroits la terre était particulièrement fertile. Nous savons aujourd'hui que les briques en limon du Nil se désagrègent au cours des siècles pour former de l'engrais nitrogène favorable à la croissance des végétaux, du sébakh. C'est ainsi que le sol maigre du

180

désert d'Amarna se révéla le plus fertile là où s'élevait jadis la partie officielle du palais royal. De nos jours, la charrue et la houe ont tellement retourné ce sol riche en histoire qu'on ne peut même plus identifier l'entrée de cette enfilade de bâtiments longue de plus de 500 mètres. Mais, néanmoins, grâce aux reconstitutions, on peut situer le palais au nord, derrière le pont surélevé.

Le grand temple d'Aton

Ce grand temple d'Aton, avec ses 275 mètres de largeur et ses 800 mètres de longueur, était situé exactement au centre de la ville d'Akhetaton, sur la rue Royale. Cet édifice devait devenir le plus beau d'Amarna, la «Maison de mon Père Aton, que je veux ériger à Akhetaton, à cet emplacement [1]», le centre de la nouvelle foi religieuse. Le mur d'enceinte de plus de 2 kilomètres de périmètre, appelé Téménos, encerclait le quartier sacré qui, selon la volonté de Néfertiti et d'Akhenaton, devait contenir plusieurs édifices de culte.

Pour parvenir au saint des saints du temple d'Aton, Néfertiti devait traverser toute une série de cours et de pylônes. Tous les bâtiments du temple d'Aton étaient dépourvus de toits : orientés vers l'est, comme les églises de la première époque chrétienne, le lieu de culte devait permettre à Aton, le Soleil resplendissant, de pénétrer librement à l'intérieur. Après avoir traversé la grande porte d'accès, la reine arrivait dans une immense salle hypostyle, appelée Gem-Aton («Aton a été trouvé»), une suite de cinq pylônes

---

1. Texte gravé sur une stèle frontière d'Amarna.

séparés les uns des autres par des cours intérieures. De chaque côté du Gem-Aton se trouvait une maison de fêtes, appelée Per-hai (« Maison de la Jubilation ») ; des tables d'offrandes en pierre étaient destinées au peuple qui n'avait pas le droit de pénétrer jusqu'au saint des saints.

Du Gem-Aton jusqu'au sanctuaire, Néfertiti devait encore parcourir 325 mètres ; elle passait devant les abattoirs, un hall en forme de quadrilatère de 50 mètres de côté dans lequel on tuait les animaux sacrificiels. Le saint des saints était également entouré d'un mur. Après le pylône d'entrée, une allée conduisait à un autre mur d'enceinte, encore un pylône, et enfin Néfertiti parvenait à un endroit d'où s'offrait à ses yeux une vue splendide : à gauche et à droite de la route sacrée s'élevaient plusieurs douzaines de petits autels, et la route se terminait par une nouvelle salle hypostyle de dimensions gigantesques. Entre les colonnes monumentales en faisceaux de papyrus se dressaient quatre immenses statues du pharaon. La salle hypostyle jouxtait le dernier pylône du temple d'Aton, le plus grand, qui donnait accès à l'enceinte sacrée destinée aux sacrifices offerts par le pharaon à Aton, sacrifices auxquels Néfertiti prenait part également. A 100 mètres seulement au nord du sanctuaire, on pouvait voir, encastré dans le gigantesque mur d'enceinte du temple, le pavillon dans lequel Néfertiti et Akhenaton recevaient tous les ans les tributs des pays étrangers : un relief gravé dans la tombe de Houya, l'intendant de la cour, montre comment le pharaon et Néfertiti, le huitième jour du deuxième mois d'hiver de l'année 12 de leur règne, sont transportés dans un palanquin depuis le palais royal jusqu'à ce pavillon, pour recevoir les impôts des

Syriens et des Nubiens, les tributs de l'Est et de l'Ouest, et ceux des îles de la mer Méditerranée, et pour « accorder à ces pays le souffle de la vie ».

Un peu plus loin vers l'est s'étendait la rue du Grand-Prêtre, bordée de villas élégantes, les demeures des riches et des fonctionnaires. Les travaux de construction d'Akhetaton avaient commencé dans la partie sud de la rue du Grand-Prêtre. C'est là que, tout au début, les politiciens et les serviteurs d'Aton avaient bâti leurs maisons : Nakht, le vizir, le général Ramose, Pinhasi, le chef des granges, le maréchal Ranéfer, Pa-Ouah, le grand prêtre. C'est là également que se trouvaient la maison d'habitation et les ateliers du grand maître sculpteur Thoutmès.

Plus la ville croissait, plus la foule accourait à Akhetaton. Négociants, artisans et petits employés de la fonction publique s'établirent dans le Faubourg du Nord, et exception faite de la maison de Hatiay, le contrôleur des travaux, qui se fit construire une résidence somptueuse, conforme à son rang, nous n'y rencontrons que de modestes maisons. Aujourd'hui encore, d'ailleurs, le visiteur ne peut manquer de remarquer un fossé profond qui conduit du Faubourg du Nord jusqu'à la berge du Nil. Ce fut peut-être un canal pour le transport du blé et du seigle que les négociants en céréales installés dans ce quartier creusèrent pour n'avoir pas à transporter leurs marchandises à travers le pays jusqu'à leurs entrepôts.

La merveille du monde tombée dans l'oubli

Depuis le temple d'Aton, la rue Royale continuait vers le nord, en suivant exactement la direction de la rue principale du village actuel d'Et-Tell, établi à l'emplacement présumé de l'antique Faubourg du Nord. Après quelque 100 mètres de terrain vierge, la rue passe finalement devant le palais du Nord, le palais de Néfertiti et les grands bâtiments de la Ville du Nord.

S'il avait seulement résisté un peu plus longtemps à la destruction, le palais du Nord d'Akhetaton se serait taillé une digne place dans la liste des Sept Merveilles du monde. Qu'est-ce que représentaient le temple d'Artémis et les Jardins suspendus de Sémiramis en regard de ce chef-d'œuvre architectonique qui sut allier, d'une manière jamais égalée jusqu'alors, l'art et la nature : parcs pour animaux et pièces d'habitation, bassins et plates-bandes fleuries, tout ici semblait former une unité organique.

Au centre du jardin exotique était creusé un lac de forme carrée d'où partaient deux salles hypostyles conduisant à la salle du trône. La partie nord était divisée en trois secteurs : plusieurs parcs pour animaux donnaient sur une cour ouverte possédant une petite installation sacrificielle ; à côté s'étendait un parc entouré de colonnades. Le côté opposé était également divisé en trois parties : deux complexes de bâtiments servaient de logements aux serviteurs et aux fonctionnaires, le troisième, dans l'angle sud-est, abritait les appartements privés de Néfertiti.

En vérité, avec ses parcs où les animaux pouvaient s'ébattre en toute liberté, ses volières et ses viviers, le palais du Nord était plutôt un jardin zoologique et botanique qu'une résidence. Des représentations d'animaux et de végétaux décoraient aussi les murs, les sols et les plafonds des bâtiments inondés de

184

lumière ; nature et art se fondaient en un tout harmonieux.

Et enfin, l'extrémité de la ville, son point le plus septentrional, était formée par la grande porte creusée dans ce double mur massif, derrière lequel plus tard Néfertiti devait se retirer dans son propre palais. Ce palais s'étendait jusqu'aux abords tout proches du Nil. La grande « Maison des gardiens », construite en forme de terrasse en direction du fleuve, servait aussi de lieu de livraison des marchandises. Rien que les dimensions des maisons et des entrepôts aux environs du palais de Néfertiti montre bien que la reine, dans son exil, entretenait une cour personnelle.

Lorsque le pharaon se sentait trop à l'étroit entre les murs d'Akhetaton, il se rendait dans son château de plaisance, Marou-Aton, situé à quelques kilomètres vers le sud, en face de l'actuel village d'El-Haouata. On accédait au château de Marou-Aton par un grand pavillon formant l'entrée et une salle hypostyle, et on arrivait ainsi à la salle du trône qui, à vrai dire, avait plutôt le caractère d'une véranda ouverte. Derrière, s'étendait un lac artificiel de 100 mètres de longueur sur 50 mètres de largeur. Un embarcadère en pierre orné de reliefs pénétrait dans l'eau, à peine profonde d'un mètre, sur laquelle glissaient des nacelles à fond plat. Ce lac était encadré d'une ceinture d'arbres et de massifs de fleurs, entre lesquels s'élevaient, sans souci de régularité, les vastes villas avec chambres à coucher, salles de séjour et salles à manger.

La nécropole inachevée

Les premières maisons d'Akhetaton à peine terminées, les fonctionnaires du pharaon commencèrent la construction de leurs tombeaux. Les parois rocheuses situées à quelques kilomètres seulement à l'est du centre de la ville semblèrent convenir particulièrement bien à ces projets. Et pourtant, la plupart de ces hypogées, dont les plans correspondaient à ceux des tombeaux thébains de la XVIIIe dynastie, demeurèrent inachevés. On n'y trouva pas une seule momie. Leur véritable valeur réside dans les textes funéraires et les représentations scéniques tirées de l'histoire de la ville. Des vingt-six tombeaux, qui sont d'un intérêt historique variable, quelques-uns n'ont même pas encore été identifiés jusqu'ici :

N° 1 Tombeau de l'intendant de la cour Houya
N° 2 Tombeau du chef du harem Mériéré
N° 3 Tombeau du porte-éventail à la droite du roi Ahmès
N° 4 Tombeau du grand-prêtre d'Aton Mériéré
N° 5 Tombeau de Pentou
N° 6 Tombeau du chef des greniers Pinhasi
N° 7 Tombeau du grand échanson Parennéfer
N° 8 Propriétaire inconnu
N° 9 Tombeau du chef de la police Mahou
N° 10 Tombeau du scribe Apy
N° 11 Tombeau de l'intendant d'Aménophis III
N° 12 Tombeau du vizir Nakht
N° 13 Tombeau du gouverneur d'Akhenaton Néferchépérou-herséchéper
N° 14 Tombeau du vizir May
N° 15 Tombeau du porteur d'oriflamme Souti
N° 16 Propriétaire inconnu
N° 17 Propriétaire inconnu
N° 18 Propriétaire inconnu

La vingt-sixième sépulture est l'hypogée royal d'Amarna. Il est creusé dans une vallée latérale du grand ouadi qui s'étire entre les tombeaux du Nord et du Sud, vers l'est. L'entrée, dépourvue de tout point de repère, est difficile à trouver. Vingt marches descendent vers un premier palier, d'où part un couloir en déclivité, puis un second escalier taillé dans la pierre menant à la chambre funéraire qui devait être la dernière demeure de Néfertiti. Pourtant on ne trouva jamais sa momie, pas plus que celle d'Akhenaton. Il n'y a d'ailleurs aucun document prouvant que Néfertiti et Akhenaton furent inhumés dans cette crypte.

Un seul fait est certain, l'inhumation en 1352 de la petite princesse Makétaton, décédée à l'âge de neuf ou dix ans, pour laquelle, à l'est de la chambre principale, des appartements funéraires privés avaient été aménagés. Sur les murs de la dernière demeure de Makétaton, nous voyons aussi représenté, à côté des scènes habituelles en l'honneur d'Aton, l'enterrement de la princesse. John D. S. Pendlebury présuma que les travaux de l'hypogée royal d'Amarna furent arrêtés après l'inhumation de Makétaton, par piété. Mais un sarcophage était déjà préparé pour Néfertiti. Après avoir été rassemblés, de nombreux fragments d'un sarcophage en granite montrent non pas une effigie divine à chaque angle, comme il était habituel jusqu'alors, mais une représentation de la reine.

L'hypogée royal et ceux de la plupart des fonctionnaires ne cessèrent de recevoir la visite de pilleurs de tombes, au cours de plus de trois millénaires, et la plupart de ces tombeaux artistiquement décorés se trouvent aujourd'hui dans un piteux état. Non seulement tous les objets faisant partie du mobilier funéraire furent volés, mais on a même essayé, à l'aide de marteaux et de ciseaux, de faire sauter des parois entières de rochers, pour pouvoir en vendre les bas-reliefs irremplaçables.

Si les murs pouvaient parler

Et pourtant, les bas-reliefs muraux des hypogées fournissent à la recherche historique une source importante de renseignements sur la datation et les faits. La tombe située la plus au nord (n° 1), celle de Houya, l'intendant de la reine Tiyi, montre une scène de la douzième année du règne d'Akhenaton. Tiyi et sa fille Bakétaton rendent visite à Néfertiti, représentée ici avec deux de ses filles. On boit du vin, ce qui n'est pas rare, si l'on en croit beaucoup d'autres représentations picturales. Dans une autre scène, on voit Néfertiti en train de manger un poulet entier. Manifestement, la volaille était son plat préféré. Très révélatrice sur le plan historique cette esquisse à l'encre, inachevée, de l'hypogée n° 2, qui montre Sémenkharê en compagnie de Méritaton, récompensant le bâtisseur de ce tombeau, Mériéré, chef du harem. Dans la tombe du grand prêtre Mériéré, on découvrit des vues du palais royal et des entrepôts, qui apportèrent une aide précieuse à la société anglaise Egypt Exploration Society pour la reconstitution de ces monuments.

La tombe la mieux conservée est celle du chef de la police Mahou (n° 9). Une des peintures funéraires montre le pharaon quittant le temple sur son char d'or, tandis que le vieux vizir, malgré son embonpoint, est obligé de courir à côté du char. Sur un autre mur, nous voyons le pharaon en train d'inspecter les troupes, et la présentation de trois délinquants étrangers. Nous ne savons pas jusqu'à quel âge vécut le sage scribe Ani, mais sa tombe à Amarna (n° 23) prouve que tous les Egyptiens de l'Antiquité ne mouraient pas jeunes, comme on le prétend toujours. Les portraits découverts dans son hypogée montrent la tête d'un très vieil homme ; Ani, il est vrai, occupait déjà la fonction de scribe sous Aménophis II, lorsque celui-ci était déjà mort depuis près d'un demi-siècle à l'époque où ces effigies furent exécutées.

Bien qu'elle demeurât inachevée, la tombe du « Divin Père » Ay est la plus somptueuse dans son agencement et la plus intéressante pour l'histoire. On y pénétrait en traversant une immense salle hypostyle, contenant trois rangées de quatre colonnes chacune, en faisceaux de papyrus. Le seul relief mural qui fût terminé montre Ay et son épouse Ti recevant de l'or des mains de la famille royale, laquelle est représentée nue. La présence de l'épouse du « Divin Père » ainsi que la nudité du couple royal peuvent être considérés comme deux indices d'un lien très personnel entre la famille royale et la famille d'Ay. Ay est inondé d'or et de bijoux par le couple royal; il accepte les félicitations de ses amis et, visiblement, il est très heureux.

Alarmés par tous ces cris de joie, les gardiens postés devant la porte d'Aÿ envoient deux gamins dans la maison.

— Pour qui tout ce remue-ménage, petit? demande un des gardiens.

Et l'un des gamins répond:

— Pour Aÿ, le « Divin Père », et pour Ti!

— Allez, va voir pourquoi ils poussent de tels cris de joie! ordonne un deuxième gardien à l'un des garçons. Je veux savoir qui c'est, allez, file, cours, et reviens vite!

Et l'enfant s'écrie:

— J'y vais, attends-moi ici!

Finalement, la curiosité d'un troisième gardien s'éveille:

— De quoi se réjouissent-ils donc à ce point?

— Lève-toi et tu verras, c'est un beau cadeau que le pharaon a offert à Aÿ, le « Divin Père », et à Ti. Le pharaon leur a donné des quantités fabuleuses d'or et toutes sortes de richesses!

Scène funéraire étonnamment légère, et même presque comique!

L'homme qui se tient à l'arrière-plan

Un homme paraissait jouir du don d'ubiquité. Le matin, quand Néfertiti se montrait avec son époux à la « Fenêtre de l'Apparition », durant les audiences publiques dans le grand hall à colonnes du palais, dans le temple, dans les entrepôts, dans les écuries,

190

partout, il était là : Ay, le « Divin Père ». Au cours des audiences dans le grand hall à colonnes, audiences ouvertes à tous ceux qui avaient une requête à présenter au pharaon, il portait la haute plume d'autruche. Uniquement destinée à éventer le souverain pour lui procurer un peu de fraîcheur à l'origine, cette plume d'autruche subit une évolution progressive au fil du temps, jusqu'à devenir un symbole de pouvoir. Le porte-éventail, de par sa présence constante aux démarches officielles du pharaon, devint un homme puissant.

Mais Ay, le « Promis de son Maître », exerçait, en plus de la fonction de « porte-éventail à la droite du roi », une douzaine d'autres fonctions encore, parmi lesquelles certaines aussi importantes que celle de « commandant de tous les chevaux du roi » ; par le truchement de cette fonction, il devint à la fois « lieutenant-général de la charrerie », et « grand administrateur des cheptels royaux ». Ay, de l'avis de Cyril Aldred, était un frère de Tiyi ; il portait le titre de « Divin Père », tout comme Youga, le père de Tiyi qui, sous Aménophis III, avait eu une position tout aussi influente.

Si Ay était effectivement un frère de Tiyi, il n'y avait rien d'étonnant à ce que sa position, qu'il réussit à améliorer sans cesse sous le règne de trois pharaons (Aménophis III, Akhenaton, Tout Ankh Aton [1]), ait atteint un tel niveau de puissance. En outre, cet homme d'expérience eut à faire, par deux fois, à des demi-enfants, Akhenaton et Tout Ankh Aton. En tant que premier fonctionnaire et secrétaire particulier d'Akhenaton, Ay était l'éminence grise à

1. Tout Ankh Aton = Tout Ankh Amon.

la cour du pharaon, et il n'est pas étonnant que des tensions aient surgi, au fil des temps, entre lui et Néfertiti, qui elle aussi ne faisait que gagner en pouvoir et en influence.

« Je m'emploie, dit Ay, à protéger le droit. J'ignore la méchanceté. Mon nom parvient jusqu'au palais parce que je suis utile au roi, parce que j'écoute son enseignement, parce que je fais sa loi, parce que je ne change pas ses paroles et parce que je ne trahis pas ses intérêts [1]. » Il n'est pas impossible qu'Ay ait prononcé ce discours pour se justifier à la suite de frictions notoires avec la reine.

Ce n'est certainement pas un hasard si Ay ne parvint pas à obtenir, du vivant de Néfertiti, ce qui sans aucun doute était le but secret de sa vie : devenir pharaon d'Egypte. Il n'en fut pas loin pourtant, après la mort d'Akhenaton, mais il dut commencer par s'incliner devant Tout Ankh Aton, le favori de Néfertiti. C'est seulement après la mort inattendue et précoce du jeune pharaon de dix-huit ans, quelques années seulement après celle de Néfertiti, que l'heure de la chance sonna pour Ay et qu'il conquit le trône du pharaon.

La cour

Ay occupait un rang très supérieur à celui des autres fonctionnaires royaux. Un seul courtisan, peut-être, rivalisait avec lui sur le plan de l'influence, Mériéré, qui portait le titre de « chef des esprits malins, chef de la trésorerie, chef du harem royal de la Grande

1. Discours d'Ay. Texte tiré de son tombeau, à Amarna.

Epouse royale Néfer-Néférou-Aton-Néfertiti, qu'elle vive dans l'éternité, Mériéré, le scribe royal, le Justifié». C'est du moins ce qui est inscrit dans sa tombe, à Amarna. Mais un autre de ses titres n'est pas donné ici : «Le plus grand des adorateurs d'Aton», grand prêtre du temple d'Aton. Mériéré, qui jouissait de toute la sympathie de Néfertiti, mourut le huitième jour du deuxième Péret de l'an 12 du règne d'Akhenaton, trop tôt pour avoir pu soutenir la reine dans les années difficiles qui allaient venir.

Il ne faut pas manquer de mentionner aussi les autres fonctionnaires de la cour, parmi lesquels pourtant aucun ne possédait d'influence politique : Pinhasi, «chef des granges d'Aton», «chef des bœufs d'Aton» et «premier serviteur d'Aton», qui habitait une résidence féodale à proximité du grand temple ; Parennéfer, «grand échanson de la cour et maître artisan du pays»; Pentou, médecin personnel du roi, chambellan et «scribe royal des chefs du roi»; Doudou, intendant de la cour ; Mahou, chef de la Mazoi, la police du désert, dont les casernes se trouvaient à la lisière de la ville d'Akhetaton ; le général Ramose, qui pratiquement était sans travail ; Nakht assurait la fonction de vizir, mais bien que chef du gouvernement, il n'a jamais pu mener de politique personnelle. S'il mérite parois encore une mention de nos jours, c'est uniquement parce qu'il possédait la plus belle résidence privée d'Akhetaton. May, le prédécesseur de Nakht, eut encore moins de chance que lui ; il fut envoyé dans le désert sans autre forme de procès. Seul le vieil Ani réussit à se faire un nom grâce aux innombrables documents qu'il nous a laissés de sa main.

Tous ces hommes, à vrai dire, ne nous intéressent

que pour l'art avec lequel ils ont bâti et aménagé leurs hypogées, creusés dans les parois rocheuses de la vallée de Tell el-Amarna. Car à la cour d'Akhenaton, la politique était vraiment une chose secondaire. La religion et l'art avaient la priorité.

Bek, un petit homme rond, fils de Men, grand maître sculpteur d'Aménophis III, alla chercher dans les carrières d'Assouan ces blocs de pierre dont il tira les statues monumentales du couple royal qui flanquaient l'entrée nord du palais. Cependant, la personnalité artistique la plus éminente de cette époque fut le grand maître sculpteur Thoutmès. Thoutmès occupait tout un complexe de bâtiments donnant sur la rue du Grand-Prêtre, avec des ateliers spéciaux pour les tailleurs de pierre, les plâtriers et les modélistes. Les pièces d'habitation, chambres à coucher et salles de travail de ce génial sculpteur furent exhumées par Ludwig Borchardt entre 1912 et 1913. Tout se trouvait encore en si bon état que Borchardt put prélever des échantillons sur un tas de plâtre que Thoutmès avait fait livrer pour des travaux futurs. Couleurs, palettes, ciseaux, drilles et autres outils ayant appartenu à l'artiste se trouvent exposés de nos jours au musée de Berlin-Charlottenbourg.

Akhenaton initia personnellement ses grands maîtres sculpteurs à la nouvelle orientation artistique qu'il avait lancée. « Maât », ainsi s'intitule la devise de cette expression d'art, « Vérité ». Formalisme et stylisation sont oubliés, la nouvelle règle s'appelle réalisme. Walther Wolf écrit à ce sujet : « Pour s'assurer que le roi s'est brusquement décidé à rompre avec le passé, il suffit de regarder les statues colossales adossées aux piliers, en provenance d'un sanctuaire qu'il érigea pour Aton à Karnak ; ces statues en sont la preuve la plus évidente. Tout au début de son règne, en effet, il adopta l'image royale traditionnelle ; mais ensuite, il se fit représenter tel qu'il était, avec sa laideur repoussante, son visage étroit, ses lèvres protubérantes, son ventre ballonné et son énorme fessier. On sent bien qu'il rejetait cette beauté vide et plate qui avait été le style de son père, pour s'efforcer de donner une expression forte aux tensions spirituelles exaltantes. » Des éléments de style tels que le crâne oblong, le prognathisme influencèrent même les effigies de la jolie Néfertiti, du moins dans les premières années du règne d'Akhenaton. On ne peut donc considérer le célèbre buste de Néfertiti, datant vraisemblablement de l'époque située entre les années 8 et 10 du règne d'Akhenaton, que comme une protestation artistique du grand maître sculpteur Thoutmès, ou simplement comme un hommage respectueux à la beauté de cette femme.

Néfertiti et l'art

Un détail à peine remarqué jusqu'ici permet de relever l'influence de Néfertiti sur l'art d'Amarna : pendant des siècles, les artistes égyptiens avaient modelé les statues masculines en plaçant une jambe devant l'autre, pour exprimer l'activité en quelque sorte ; en revanche, dans les statues féminines, les deux jambes étaient toujours serrées l'une contre l'autre et parallèles. C'est sur ce détail que les statues datant de l'époque d'Amarna présentent un changement : Akhenaton se tient debout, les jambes rigoureusement serrées l'une contre l'autre, tandis que Néfertiti a toujours une jambe en avant.

« Maât », « Vérité ». Pour la première fois dans l'histoire égyptienne de l'art, les personnages sont représentés avec toutes les caractéristiques de leur âge réel ; pour la première fois, les œuvres d'art expriment des sentiments comme la souffrance, le chagrin et la joie. L'ancienne rigidité rigoureuse disparaît, et l'échelonnement strictement symétrique des personnages juxtaposés se dissout dans une variété de mouvement inconnue jusqu'alors. On trouve même les premiers essais d'utilisation de la perspective dans les peintures murales à deux dimensions.

« Révolutionnaires » aussi sont les sujets de prédilection de la nouvelle orientation artistique. Aucun fils de Rê ne s'était encore dévoilé à son peuple dans des scènes aussi humaines et aussi privées. Un tableau sculpté dans la pierre dure représentant l'anniversaire d'un enfant royal a dû provoquer un choc au début. Mais le peuple s'y habitua, et il finit même par s'identifier à ces images figuratives. Quelle différence y avait-il entre la vie de famille de chacun et celle du pharaon divinisé ?

Au petit matin, pendant l'audience, on voyait le pharaon assis sur son trône, et, à son côté, la belle Néfertiti sur les genoux de laquelle les petites princesses jouaient gaiement, comme le montre un fragment de relief exhumé à Amarna par Flinders Petrie. La statue en calcaire du *Baiser royal* [1], en provenance de l'atelier de Thoutmès que Borchardt découvrit au cours de la saison des fouilles 1912-1913, dans la maison P 48,2 et qui montre Akhenaton avec l'une de ses filles sur les genoux, est restée malheureusement

1. Le Caire, JDE, 44 866.

inachevée. Tendresse, voilà l'idée dominante de l'art amarnien : Akhenaton caresse le menton de Néfertiti ; Néfertiti pose une collerette faite de fleurs tressées autour du cou d'Akhenaton.

Les scènes de repas de la famille royale tiennent une grande place aussi dans les représentations pictu- rales d'Amarna, sans oublier les scènes de beuveries. Les peintures et les reliefs qui décorent les tombes de Houya, de Penzou, le médecin personnel du souve- rain, et d'Ahmès, le chef du palais, en sont de bons exemples. Sans cesse, on retrouve la famille royale au cours de ses promenades à pied dans les parcs et sur les jardins en terrasses (tombeau de Parennéfer), ou en voiture, avec leur char d'or (tombeau de Mahou et d'Ahmès).

Pour la première fois, l'épouse d'un pharaon appa- raît sur le char royal ; pour la première fois, on montre une femme qui abat ses ennemis. Pourtant, il ne faut pas considérer ces motifs comme l'expression de la nouvelle orientation artistique, mais plutôt comme les signes de la position exceptionnelle occu- pée par Néfertiti.

La révolution du plâtre

Lignes douces et coulantes, telle est là caractéristi- que stylistique la plus frappante de l'art amarnien ; mais elle manifesta une tendance très nette à l'ou- trance et aux déformations jusque vers la huitième année du règne d'Akhenaton. On abandonne le tracé des paupières inférieures, ce qui explique le regard voilé que l'on voit souvent aux personnages de cette époque.

Autre innovation, l'utilisation de plusieurs matériaux pour la même œuvre d'art. La tête de la reine Tiyi [1], haute de 10 centimètres seulement et découverte dans les ruines d'un palais à Fayyoum, est en bois d'ébène recouvert de stuc ; en outre, on utilise aussi la toile dorée et le vernis. Le célèbre buste en calcaire polychrome de Néfertiti, conservé à Berlin, est couvert d'une couche de stuc en enduit à base de plâtre, sur un fond de calcaire brut ; il est donc bien aussi fabriqué en plusieurs matériaux.

En 1925, le sculpteur Richard Lenner fut chargé d'en faire une copie, et à cette occasion, la statue fut soumise à un examen complet. Voici ce que Richard Lenner écrit sur ce travail :

« Au cours de mes travaux, les yeux fixés sur le buste original, j'ai décelé deux colorations différentes, à certaines sections de cassure. Elles sont parfois séparées par des fissures très fines, mais néanmoins visibles, et ne se limitent pas aux endroits endommagés. Cela m'a incité à poursuivre plus à fond l'examen de ces cassures, avec l'accord de l'Administration du Département égyptien, et sous sa surveillance. Voici les résultats de cet examen :

« Les sections de cassure de l'arête supérieure de la perruque, sur sa face arrière, présentent une couche de stuc de 2 centimètres d'épaisseur en moyenne qui forme une chape passant sur l'oreille gauche pour se rétrécir vers le visage, le cou et les oreilles, et ne plus former, principalement sur ces parties, que la couche de base nécessaire à la peinture. La section de cassure en question, visible au-dessus de l'oreille gauche, permet de distinguer encore des coups de burin

1. Musée de Berlin-Charlottenbourg, n° 21.834.

198

destinés à granuler la surface de la pierre pour que le stuc tienne mieux. Les oreilles, aux formes et au dessin très fins, la surface sommitale de la perruque avec la queue de serpent posée dessus ainsi que le reste du signe d'Uraeus qui se trouve sur le diadème frontal sont en pierre. Aux sections des épaules, les endroits endommagés permettent de distinguer très nettement sur le devant droit et l'arrière gauche une couche rapportée de un centimètre d'épaisseur en moyenne, qui couvre la poitrine, les épaules et le dos, et s'amenuise vers le cou, ce qui favorise la finesse du travail. Mais une légère fissure, telle qu'on en voit parfois aux sections des endroits abîmés, là où stuc et pierre sont en contact, prouve que la pierre apparente des épaules, de la poitrine et du dos est creusée et remplie de stuc, ce qui d'ailleurs a été confirmé par une analyse très précise. Néanmoins, les cannelures latérales ne traversent pas toute la statue, d'une épaule à l'autre, car en creusant pour y mettre une cheville afin de fixer le buste sur le billot de bois sur lequel il est maintenu actuellement, on a rencontré de la pierre. Il n'a pas été possible de procéder à l'analyse de la face et du cou car, mis à part quelques légères fissures, la couche colorée ne présente aucun dommage qui pourrait justifier une intervention.

« Outre les différences de dureté que présentent le stuc et la pierre, j'ai été frappé aussi par une autre différence de dureté, à l'intérieur même du plâtre. Il a dû, à certains endroits, être mélangé à du calcaire moulu, pour les besoins de son utilisation.

« Le sculpteur du buste a visé avant tout la perfection des endroits délicats, tels que visage, oreilles, serpent Uraeus et cou, le cou qu'il ne fallait surtout pas affaiblir, car, sur le plan technique, il servait en quelque sorte de colonne de soutien. En effet, il a donné à la pierre une forme parfaite pour ces parties qui étaient justement techniquement les plus difficiles. Ce procédé caractérise un haut niveau de création plastique, dont on ne peut comprendre les résultats que vus sous ce jour. Peut-être aussi la chape de la perruque, modelée après coup et relativement lourde, devait-elle diminuer le poids de la tête et décharger le cou très mince (poids du plâtre : 1 000 kg/m^3 ; du calcaire : 2 500 kg/m^3)... »

Le modelage au plâtre fut redécouvert à Akhetaton et devint un élément essentiel de la nouvelle réforme artistique. On sait que la VIe dynastie avait déjà fabriqué des masques mortuaires, comme en témoignent les découvertes faites à la pyramide de Téti, à Saqqarah. En revanche, durant la période amarnienne, on prit aussi des moules en enduit, à base de plâtre, de personnes vivantes ; et on modelait après coup les yeux et les rides du visage. Sur une tête de vieillard inconnu [1] le sculpteur, vraisemblablement Thoutmès, a creusé des petites rides en forme de pattes d'oie à l'extérieur des paupières. Il était d'ailleurs indispensable de procéder à des retouches sur les portraits en stuc, car les moulages étaient pris sur des visages nus, et non enduits de crème, d'où les imprécisions et la destruction de détails importants au moment où l'on ôtait le moule. On se demande vraiment pour quelle raison les artistes amarniens ne huilèrent pas au préalable les visages de leurs modèles ; à cette méthode, ils semblaient préférer l'utilisation de lin très fin ou de papyrus humidifié en guise

1. Musée de Berlin-Charlottenbourg n° 21.228.

de couche de protection ; c'est du moins ce que laissent supposer les étranges petits plis que l'on remarque à la naissance des cheveux et sous le menton des masques. Pour le sculpteur, ces têtes en stuc servaient avant tout de moulages fidèles à la réalité d'après lesquels ils réaliseraient plus tard des portraits, dans un autre matériau.

Les quatre phases de l'art amarnien

Bien que l'époque de l'art amarnien englobe à peine vingt ans, on peut diviser son évolution en quatre étapes [1] :

1. Phase de transition très brève entre le style traditionnel et le style amarnien. L'effigie divine est déjà représentée dans l'abstrait. Pour les figurations du roi, l'idéalisation manifestée jusqu'alors est abandonnée au profit d'une interprétation en apparence fidèle à la nature ;

2. Apogée du style amarnien, qui dura approximativement jusqu'au milieu du règne d'Akhenaton. Il est marqué par une innovation, dans l'image royale qui domine toutes les représentations picturales. Nouvelle devise : se libérer de toute idéalisation et s'orienter vers la réalité. Mais cela ne tarda pas à mener à l'outrance et aux déformations. Tâtonnements et indécisions révèlent la recherche d'une forme d'expression non conformiste ;

3. Vers le milieu du règne du pharaon, un adoucissement du style extrémiste se fait jour. Au cours de cette période, les déformations et exagérations mar-

1. D'après W. Helck et E. Otto : *Lexicon der Aegyptologie.*

quées, en particulier dans les effigies du roi, diminuè-
rent graduellement. Une série d'œuvres relève de la
phase de transition entre les deux périodes stylisti-
ques ;

4. Les dernières années de la période amarnienne
sont marquées par un style ostensiblement « délicat » ;
néanmoins, on ne peut absolument pas attribuer ce
revirement à une manœuvre politique, d'éventuelles
concessions du roi aux traditionalistes, par exemple.
Il semble se rallier en partie au style de la période
préamarnienne, mais sans en adopter le non-confor-
misme ; il conserve plutôt les qualités essentielles de
l'art amarnien, si bien que les œuvres de maturité,
malgré certaines idéalisations, portent des signes très
nets de naturalisme.

Mais le nouveau style créé par Akhenaton et
Néfertiti devait dépasser la simple révolution artistique ; il devait aussi, sans aucun doute, « concrétiser
leur nouvelle philosophie et servir de moyen de
propagande religieuse [1] ».

Pendant des millénaires, les Egyptiens avaient
adoré une multiplicité de divinités, et voilà que, tout
d'un coup, il n'y aurait plus qu'un seul dieu !

---

1. D'après W. Wolf : *Das alte Aegypten.*

LES DIEUX

Chacun savait en Egypte que le soleil était un élément vivant qui montait dans le ciel de ses propres forces et de son propre gré, et avait une destinée comme un être terrestre. Pour les uns, le soleil était le disque resplendissant avec des ailes puissantes et un serpent qui vomissait du feu contre les ennemis de la lumière ; pour les autres, il était un véritable oiseau qui volait à travers le ciel.

Günther Rœder, égyptologue.

Pour la fête annuelle des Femmes, des jeunes filles nues de toute beauté montaient vers le temple, derrière un prêtre ; elles chantaient et dansaient en extase, et chacune d'elles tenait en main un énorme phallus. Le phallus, symbole de la fécondité, de la vie et de la résurrection, était un attribut du dieu de la Mort, Osiris ; mais presque tout le monde avait oublié ce détail.

Le jour des Chants funèbres d'Osiris, à Saïs, on

habillait d'un manteau de pourpre la reproduction grandeur nature d'une vache couchée, et on la sortait du sanctuaire. La vache était en bois recouvert de plaquettes d'or. L'intérieur, creux, abritait les ossements de la fille de Mykérinos, le bâtisseur de la troisième pyramide de Guizèh. Cette vache était exposée pendant quatre jours, et ensuite on lui faisait faire sept fois le tour du temple. Ce rite avait une origine mythologique : le sarcophage en forme de vache symbolise la déesse du Ciel Nout, la mère d'Osiris. Mais qui comprenait encore le sens de ces rites [1] ?

L'empire des Morts

« Il ne nous est pas si aisé, à nous, Occidentaux du XXe siècle, d'accéder au monde spirituel des Egyptiens anciens. Conceptions magiques et symboliques se côtoient et se fondent souvent de manière inextricable », écrit l'égyptologue allemand Walther Wolf. Les premiers dieux des Egyptiens inspiraient crainte et respect : le majestueux Ibis qui, avec son bec crochu, embrochait les serpents dangereux ; le crocodile effrayant qui ne ménageait ni les hommes ni les bêtes. A côté de ces divinités animales, il y avait aussi les divinités de la nature, personnifications du Soleil (« Rê ») de la Terre (« Gem ») et de l'air (« Chou »). Mais c'était surtout la mort qui stimulait l'imagination des populations nilotiques.

A Memphis, on vénérait Sokar, le dieu à tête de faucon, à Abydos, le chacal Anubis, dieu protecteur

---

1. Ces deux rites sont décrits par l'historien grec Hérodote.

des morts. Chaque district, chaque village avait ses dieux locaux, qui rivalisaient entre eux ou fusionnaient en une «divinité mixte». A Busiris, dans le Delta du Nil, on se racontait le mythe de l'ancien roi-dieu Anezti, tué et dépecé par son méchant frère Seth, mais vengé ensuite par son fils Horus. Horus réussit à récupérer le trône, mais il ne put rendre la vie à son père. Aussi Osiris, qui est la fusion d'Osiris, dieu chtonien de la Fécondité, et du roi-dieu Anezti, est-il obligé d'accéder au trône de l'empire des Morts sous la forme d'une momie, tandis que Horus exerce le pouvoir sur la terre, et devient ainsi le prédécesseur des pharaons.

Ce mythe plaisait tellement aux Egyptiens que, au cours des ans, Osiris fut adopté comme dieu des Morts dans toute l'Egypte. Osiris était même reconnu à Memphis, la ville des morts, à Saqqarah où jadis était né Sokar; on fit de la crypte du sanctuaire de Sokar le tombeau d'Osiris. Mais pour satisfaire également le dieu à tête de faucon, les habitants de Memphis représentèrent leur dieu de la Mort avec un corps momifié et une tête de faucon.

Isis, sœur et épouse d'Osiris, fut représentée avec le globe solaire entre des cornes de vache (ce qui, à l'origine, était l'emblème de la déesse Hathor), ou avec l'hiéroglyphe «trône» sur la tête. Elle passait pour être la grande déesse et mère, qui protège son fils Horus, ainsi que tous les enfants de la terre, des serpents, des rapaces et de tous autres dangers. Pendant l'époque romaine, son culte était répandu dans tous les pays de la Méditerranée.

On craignait Seth. Il passait pour être le symbole de la force, le guerrier qui apprend au pharaon à tendre son arc. Son aspect extérieur est encore plus étrange que celui de beaucoup d'autres dieux égyptiens. Il rappelle un animal qui a quelque chose de l'okapi, du cochon de lait, du phacochère, de la girafe et de la gerboise. Une tête d'âne avec des yeux rouges couronne cet être fabuleux. Le rouge était considéré par les Egyptiens anciens comme la couleur du mal, à l'opposé du vert qui était une couleur bénéfique.

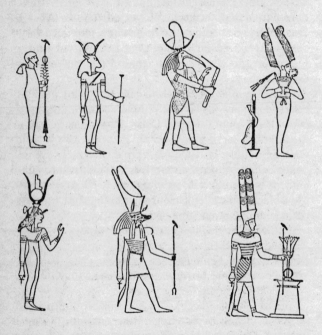

Dieux et déesses égyptiens dessinés dans les tombeaux à l'époque du Nouvel Empire. De haut en bas et de gauche à droite : *Ptah, Hathor, Osiris, Thot, Seth, Anoupev, Amon.*

Osiris aux Enfers

Osiris présidait le tribunal des Morts, devant lequel tout homme, après son trépas, devait comparaître. Il trônait dans un hall immense, entouré de quarante-deux démons agitant des couteaux et affublés de noms tels que « Œil de Flamme », « Mangeur d'Ombres », ou « Buveur de Sang ». Le « prévenu » avait à prouver son innocence. S'il ne réussissait pas à se justifier, les démons l'attaquaient, plus ou moins selon les cas, jusqu'à ce que le nouveau venu dans les Enfers, purifié et « rajeuni » par ce « purgatoire », ait retrouvé la pureté d'un « enfant nouveau-né ».

La mort et la résurrection d'Osiris étaient célébrées tous les ans en grande pompe. L'écrivain grec Plutarque (46-125 ap. J.-C.) raconte cette fête :

« Le dix-neuvième jour d'Athyr (31 octobre), ils descendent, la nuit venue, vers la mer [1]. Les habilleurs et les prêtres portent la corbeille sacrée dans laquelle se trouve le récipient d'or. Ils prennent de l'eau potable qu'ils versent à l'intérieur, et les assistants poussent un grand cri : "Osiris a été trouvé". Puis ils mélangent de la terre fertile avec cette eau, y mettent ce qu'ils ont de plus précieux comme épices et comme drogues, et forment avec cette pâte une image en forme de lune, qu'ils recouvrent de vêtements et de bijoux. »

En effet, Osiris n'était pas considéré uniquement comme le dieu de la Mort, mais continuait à être le dieu de la Fécondité qu'il était à l'origine. « L'aspect végétal est symbolisé par la graine : on enfonce la graine dans la terre (ce qui représente l'inhumation),

1. C'est le Nil que Plutarque désigne par « la mer ».

elle repose dans l'obscurité (c'est-à-dire aux Enfers), et elle germe pour former une nouvelle semence (symbole de la résurrection). Il est compréhensible qu'il existe un lien particulier entre le dieu et l'eau dispensatrice de vie. Le Nil est désigné comme l'Ecoulement des eaux d'Osiris. » Telle est l'interprétation de Manfred Lurker.

Le troisième élément de cette triade divine, après, ou plutôt avec Sokar et Osiris, est Ptah, l'« Artiste des Artistes », le « Créateur des Créateurs ». Représenté la tête chauve ou couvert d'une bonnet rond de momie, il était considéré comme le dieu créateur de Memphis et de tout l'Univers. Et commme ce Ptah était déjà uni à Sokar avant la fusion de Sokar et d'Osiris, on finit par vénérer, dans l'ancienne capitale du royaume, un « super-Dieu » nommé Ptah-Sokar-Osiris.

Le personnage le plus sympathique du panthéon égyptien est sans contredit Hathor, la déesse de la Beauté, de la Joie, de l'Ivresse et de l'Amour. Les fêtes organisées en son honneur dans le temple de Dendérah (à 600 kilomètres au sud du Caire) étaient célèbres : sept déesses, les sept Hathor, n'avaient d'autre occupation que d'égayer leur maîtresse en jouant de la musique et en dansant, accompagnées du claquement des sistres, du cliquetis de leurs colliers et du battement de leurs timbales. Dans la Haute-Egypte, on appelait Hathor la « Première des Vaches », titre qui ne paraît pas tellement flatteur à nos oreilles. En effet, la déesse était représentée parfois comme un être anthropomorphe, avec des cornes et des oreilles de vache, et parfois même comme une véritable vache.

Voici comment Hérodote caractérise la religiosité des Egyptiens, vers 450 ap. J.-C. :

208

« Ils sont certainement beaucoup plus dévots et plus universels dans leur dévotion que les autres hommes, dont ils se distinguent aussi par beaucoup de leurs coutumes. Ainsi, par exemple, ils furent les premiers à introduire la circoncision, par souci d'hygiène ; ils ont horreur des porcs, horreur qui rappelle certainement l'épisode mythique de Seth, figuré par un porc noir, blessant Horus ; et enfin, et surtout, ils vénèrent les vaches auxquelles ils ne touchaient jamais, ni pour les manger, ni pour les sacrifier, parce que, sinon, ils blesseraient Isis, la déesse aux cornes de vache. C'est pourquoi pas un seul Egyptien ni une seule Egyptienne n'embrasserait un Grec ou ne se servirait de son couteau, de sa broche à rôtir ou de son chaudron, ou ne mangerait la viande d'un bœuf, bien qu'elle fût pure, qui aurait été dépecé avec un couteau grec... Avec une gêne altière, ils regardent de haut les autres peuples, impurs et moins proches qu'eux des dieux. »

Amon et le « Harem du Sud »

Pendant la XIe dynastie, un dieu réussit enfin à supplanter tous les autres : Amon (« le Caché ») fut élevé au rang de « Dieu de l'Empire et Roi des Dieux ». Son origine est discutée. Il vient peut-être de la ville sainte de On (ou Héliopolis, qui signifie « Ville du Soleil »), où on avait toujours vénéré le dieu-soleil Rê, représenté comme Amon avec une tête de faucon. Mais à Héliopolis, on offrait aussi des sacrifices au dieu-soleil sous les noms d'Atoum, Chéper et Rê-Harakhty. Rê-Harakhty, Horus de l'Horizon, était le grand dieu à tête de faucon surmontée d'un globe solaire. A l'époque de la XIIe dynastie, Amménémès Ier construisit un temple du Soleil à On, dont les ruines impressionnèrent beaucoup l'historien mémorialiste grec Strabon (vers 60 av. J.-C.). Ce temple fut surtout célèbre pour son séminaire sacerdotal. Et c'est vraisemblablement ce séminaire qui a donné à Akhenaton son impulsion religieuse décisive.

A l'origine, Amon possède un corps humain et porte une couronne en forme de plume, un fléau, un sceptre ou un cimeterre. Plus tard, il apparaît aussi comme le « Beau Bélier » ou comme une oie du Nil.

Au début du Moyen-Empire, Amon est vénéré dans le temple de Karnak, dans le temple de Louxor, qui porte le nom de « Harem du Sud », et dans son temple funéraire à Médinet Habou. D'autres sanctuaires seront érigés en l'honneur d'Amon, à l'époque du Nouvel Empire, sur la rive occidentale thébaine, à Deir el-Bahari, et à l'époque ptolémaïque, à Deir el-Médinet.

A côté de ce centre de vénération situé dans la Moyenne-Egypte, d'innombrables lieux de cultes, dédiés à Amon, étaient répartis dans tout le pays. Les fêtes célébrées en son nom étaient aussi nombreuses que somptueuses. Le vingt-septième jour du premier mois avait lieu tous les ans la « Fête d'Amon ». Mais les Thébains célébraient aussi « le départ du dieu après la fête de la nouvelle lune », « la montée au ciel », « l'entrée dans le ciel », les fêtes de la moisson, la fête d'Opet, la fête de la Nouvelle Année, qui lui était aussi dédiée, la visite du dieu à Louxor et la fête de la Vallée, dans la Vallée des Morts de Thèbes.

Conformément à la triade Osiris, Isis et Horus, Amon reçut aussi une épouse et un enfant : Mout, la magicienne bienveillante à tête de faucon (à ne pas confondre avec Nout, la déesse du Ciel), dont le temple à Karnak se trouvait auprès de l'étang d'Achrou, en forme de croissant de lune, et Khonsou, qui possédait également un sanctuaire à Karnak, à gauche du temple d'Aménophis II. Khonsou se manifestait sous tant d'aspects que les prêtres finirent par être obligés d'en faire deux divinités séparées : Khonsou-de-Thèbes-Néferhotep, le dieu magnanime du temple, et Khonsou-conseiller-dans-Thèbes, le magicien, le dieu qui écarte les esprits malins de la folie et de la maladie.

Comme Amon passait aussi pour être le père de chaque pharaon régnant, « divin », il se forma naturellement des relations de plus en plus étroites entre le clergé et la maison royale. A l'époque du Nouvel Empire, Amon, c'est-à-dire ses prêtres, commença à prononcer des oracles, ce qui fut une démarche lourde de conséquences sur le plan politique. Cela prit de telles proportions que l'oracle d'Amon finit par déterminer le successeur au trône pharaonique, et par conséquent l'avenir du pays tout entier. De toute façon, l'influence des prêtres d'Amon sur la politique locale surpassait celle du vizir, fonction qu'exerçait la plupart du temps le grand prêtre d'Amon lui-même.

Les prêtres d'Amon vivaient cloîtrés derrière les murs élevés de leur temple, ne songeant qu'à perpétuer la gloire de leur dieu, à préserver la tradition de l'empire et à accroître leur science. Cette caste extrêmement cultivée soignait l'héritage des ancêtres, constituait les archives et rédigeait des lois morales qui avaient valeur de critère pour tous, et non pas seulement pour eux.

Ces prêtres archiconservateurs ne se contentaient pas d'exécrer les influences étrangères et les innovations de langage ; ils s'efforçaient même d'utiliser un vocabulaire antique à l'extrême, et parlaient encore « égyptien » à une époque où l'histoire les avait oubliés depuis longtemps, et où ils n'étaient plus compris de personne sur les rives du Nil.

Les prêtres ne se voulaient progressistes que quand il y allait de leurs intérêts. Ils falsifièrent des documents pour légaliser des titres de propriétés de territoire, vieux comme le monde, et pour encaisser des tributs en argent ou en esclaves. Leurs archives séculaires étaient trop volumineuses pour que des profanes puissent examiner l'authenticité de tels documents. Il fallut attendre les égyptologues de l'époque contemporaine pour que soient révélées nombre de ces impostures.

Le dieu aux dix-neuf millions de degrés

La nouvelle religion d'Akhenaton et de Néfertiti ne s'opposa pas seulement aux divinités anciennes, mais surtout aux machinations du clergé. Sur les premiers monuments, le quatrième Aménophis est représenté comme le « Grand Prêtre de Rê-Harakhty, qui exulte à l'Horizon », et jusqu'à l'an 5 de son règne, on voit encore le jeune pharaon en train de rendre hommage aux dieux classiques. On le nomme même « Celui qu'Amon a élu parmi d'Innombrables » ! On ne peut parler de « révolution », car l'hérésie se développa progressivement, mais les prières du jeune souverain ouvraient vraiment de nouvelles voies. « Hommage de Rê vivant, Harakhty, qui exulte à l'Horizon, en son nom Lumière qui est dans Aton, qu'il vive dans l'Eternité. [1] » Ici, il devient clair également que c'est l'énergie du soleil qui est vénérable, ces dix-neuf millions de degrés à l'intérieur du noyau central de notre globe solaire, et non l'image du disque solaire dans le ciel.

Il y avait déjà en Asie des cultes solaires analogues à celui d'Amarna. A Babylone, par exemple, on adorait le dieu-soleil Chamash, et le dieu-soleil du Mitanni, le dieu de Néfertiti, était connu bien au-delà des frontières de son pays. Il ne fait certainement aucun doute que Néfertiti, et avant elle peut-être déjà sa compatriote Tiyi, orienta les sentiments religieux d'Akhenaton dans une direction très précise.

On trouve les témoignages les plus anciens du dieu Aton jusque dans le Moyen Empire, où le terme « Aton », à l'origine, ne signifiait pas un dieu, mais réellement le « soleil » brillant dans le ciel. Dans une inscription datant de l'époque de la XIIe dynastie, on peut déjà lire : « Il monta au ciel et fut uni à Aton, le corps du dieu, qui l'avait créé. » Ahmès, le premier pharaon de la XVIIIe dynastie, laissa une stèle, que l'on découvrit devant le huitième pylône, à Karnak, sur laquelle on peut lire : « Il régnait sur tout ce qu'Aton embrassait. » Et à un autre endroit, il est dit que le pharaon a l'aspect d'« Aton étincelant ». Dans le tombeau d'Inéni, à Thèbes, voilà ce qu'on dit d'Aménophis Ier : « Il était allé au ciel et s'unit à Aton. » Et sur une stèle rocheuse de l'époque de Thoutmès Ier, au niveau de la troisième cataracte du Nil, il est écrit : « Lui (Thoutmès), il apparaît comme le Maître des Deux Pays, pour régner sur tout ce

---

1. Prière adressée au dieu, tirée du *Grand Hymne d'Aton*.

qu'embrasse Aton. » Dans deux tombes de l'époque de la reine Hatshepsout, celle d'Ahmès et celle de Sennofrou, nous trouvons la phrase suivante : « ... Il quitta ce monde pour voir Aton... » Dans la vingt-cinquième année de son règne, Thoutmès II fait inscrire sur une stèle du Sinaï le titre suivant : « Roi des Rois, Souverain des Souverains, Aton de tous les Pays... » « Tu vois Aton dans sa course quotidienne », est écrit sur une stèle trouvée par Flinders Petrie dans les environs de Lahoun qui devrait dater de l'époque d'Aménophis III. Les innombrables documents sur Aton datant des trente-sept ans de règne d'Aménophis III prouvent très nettement qu'Aton était déjà vénéré, avant la naissance d'Akhenaton.

Il est vrai que le professeur T.E. Peet, archéologue britannique, ne voit aucune tendance idéaliste, contrairement à la majorité des historiens, dans la foi en Aton de Néfertiti et d'Akhenaton. Voici ce qu'il dit :

« C'est un sujet sur lequel on a dit et écrit beaucoup de sottises, en particulier parce que, en l'étudiant, on a fait une trop large part au romantisme et à l'imagination. L'aspect extérieur du dieu ne permet certainement pas d'accorder une lueur de vraisemblance à la croyance, si souvent répétée, qu'Aton ne serait pas le disque solaire au sens physique du terme, mais "l'énergie qui se cache derrière". Au contraire, on peut dire qu'aucun dieu égyptien n'a jamais été représenté sous des aspects aussi franchement réalistes que celui-ci ; même aux dieux de la nature on avait donné un corps humain. En soi, le mot "Aton" contient déjà la même signification, car c'était purement et simplement le terme usuel pour désigner le disque solaire au sens strictement matériel, et s'il y eut véritablement un changement quelconque dans la

conception nouvelle du dieu-soleil, lancée par Akhenaton, comme le montre sa forme et son nom, ce
changement était une orientation vers un matéria-
lisme plus grand. »

Les thèses de Peet sont faciles à réfuter, si nous
considérons de plus près le *Grand Hymne d'Aton*. Cet
hymne, gravé sur les murs de l'hypogée d'Ay, à
Amarna, est peut-être un poème composé par Akhenaton ou Néfertiti, et passe en général pour être la
profession de foi de cette époque. Les images
empruntées habituellement à la mythologie ont fait
place au langage de la tendresse et de la gaieté. Et
quand on parle d'Aton « qui fait grandir l'oisillon
dans sa coquille et fleurir les arbres et les plantes »,
on ne pense pas du tout au disque solaire au sens
matériel du terme, mais effectivement à l'«énergie
qui se cache derrière ».

Le *Grand Hymne d'Aton* était chanté dans les
cérémonies officielles solennelles. La tombe d'Ipi
contient aussi un soi-disant *petit* hymne d'Aton ; nous
en trouvons encore, sous des formes légèrement différentes, dans d'autres tombeaux d'Amarna.

Le « Grand Hymne d'Aton [1] *»*

Splendide est ton éclat quand tu étincelles à l'hori-
[zon,
Aton vivant, le premier des vivants !
Quand tu te lèves à l'est du ciel,
Tu remplis toute terre de ta beauté !
Car tu es beau et grand
Et tu resplendis,

1. D'après James Henry Breasted.

Tu domines la terre, au-dessus d'elle :
Tes rayons embrassent les royaumes
Et tout ce que tu as fait.
Tu es Rê, et tu les as tous capturés,
Tu les enchaînes par ton amour.
Bien que tu sois éloigné, tes rayons atteignent la
[terre ;
Bien que tu sois haut dans le ciel, tes empreintes
[donnent le jour !

Nuit

Quand tu te couches à l'ouest du ciel,
Le monde s'obscurcit, comme s'il était mort.
Ils dorment dans leurs chambres,
Leurs têtes sont enveloppées,
Leurs nez sont bouchés, et nul ne voit son voisin.
On leur vole tous leurs biens, cachés sous leurs
[têtes
Sans qu'ils le sachent.
Les lions sortent de leurs tanières
Et tous les serpents piquent,
L'obscurité règne, le monde se tait ;
Car celui qui l'a créé est allé se reposer sur
[l'horizon.

Le jour et l'homme

Claire est la terre,
Quand tu te lèves à l'horizon
Quand ton disque brille le jour.
L'obscurité est bannie quand tu envoies tes rayons,
Les Deux Pays célèbrent chaque jour la fête,

Ils veillent, debout sur leurs jambes,
Car tu les as dressés.
Ils se lèvent et prennent leurs vêtements ;
Et lèvent les bras pour t'adorer.
Quand tu apparais,
Tous les hommes font leur travail.

. . . .

Toute la Création

Que tes œuvres sont multiples !
A nous, elles restent cachées,
O Dieu unique dont la puissance est unique !
Tu as créé la terre selon ton désir,
Quand tu étais seul,
Hommes et bêtes, petites et grandes,
Tout ce qui est sur la terre,
Tout ce qui va sur ses jambes,
Tout ce qui vole dans l'air avec ses ailes.
Les Pays de Syrie et de Nubie,
Et le Pays d'Egypte.
Tu places chaque homme à sa place,
Et tu leur donnes ce dont ils ont besoin.
Chacun a son bien
Et leurs jours sont comptés.
Leurs langues parlent plusieurs langages,
Leurs couleurs et leur aspect sont divers,
Car tu as différencié les hommes.

Irrigation de la terre

Tu créas le Nil dans les Enfers.
Tu l'en as fait sortir selon ton bon plaisir
Pour garder les hommes en vie

Tels que tu les fais,
Toi, le Maître de Tous !
Soleil du Jour, objet de crainte de ce pays éloigné,
Tu lui donnes aussi la vie.
Tu as placé le Nil dans le ciel
Pour qu'il tombe sur eux
Et creusé des vagues sur les montagnes comme la
[mer,
Et arrose leurs champs et leurs villes.
Que tes plans sont beaux,
Maître de l'Eternité !
Le Nil dans le ciel est pour les pays étrangers,
Et pour les animaux sauvages dans le désert
Qui courent partout sur leurs jambes ;
Mais le (véritable) Nil sort des entrailles de la terre
Pour l'Egypte.
Tes rayons nourrissent les jardins;
Quand tu te lèves, ils vivent et s'épanouissent pour
[toi.

. . . .

Aton et le Roi

Tu es dans mon cœur,
Aucun autre ne te connaît
Que ton Fils Akhenaton.
Tu l'as initié à tes plans
Et à ta force.
Le monde est dans ta main
Tel que tu l'as fait.
Quand tu t'es levé, ils ont eu la vie (les hommes).
Quand tu te couches, ils meurent.
Car tu es la Vie

218

Et c'est par toi qu'on respire.
Tous les yeux contemplent ta beauté
Jusqu'à ce que tu disparaisses.
Le travail cesse
Dès que tu disparais à l'ouest.
Quand tu te lèves, le travail reprend
Pour le Roi.
Depuis que tu as fais la terre, tu l'as dressée,
Tu l'as dressée pour ton fils
Qui est sorti de toi,
Le Roi qui vit de la Vérité,
Le Maître des Deux Pays, Néfer-chépérou-Rê,
[Oua-en-Rê.
Le Fils de Rê qui vit de la Vérité,
Le Maître de la Couronne,
Akhenaton,
Qu'il vive éternellement ;
Et (pour) la Grande Epouse royale
Qui est aimée de lui,
La Souveraine des Deux Pays
Qui vit et prospère pour toujours et dans l'éternité !

L'élément le plus choquant sans doute pour le peuple égyptien, dans la nouvelle religion, est la négligence du culte des Morts auquel les Egyptiens accordaient une importance extrême. Les hypogées d'Amarna sont beaucoup moins somptueux que ceux de la nécropole de Thèbes. Akhenaton parle de la construction de son hypogée royal sans cette euphorie, habituelle jusque-là ; il ne parle pas de «voler au ciel» mais tout simplement d'«être enterré». D'ailleurs, la religion d'Aton aussi envoie le défunt aux Enfers ; comme dans l'ancien temps, on procède à l'Ouverture de la Bouche pour la libération du Ka après la mort, et on lui adoucit son éternité dans l'au-delà par des vivres et du mobilier funéraire. Mais on ne parle plus du Jugement des morts qui jusqu'alors décidait de l'admission aux Enfers. Si la nouvelle foi ne fut pas adoptée sans restriction, ce fut surtout à cause de l'insuffisance accordée au culte des Morts, aux yeux des Egyptiens, et c'est également là qu'il faut voir le mobile premier de son rejet.

Il faut noter aussi l'amour et la bonté qu'Aton, sans considération de race, manifeste même aux Syriens et aux Nubiens. Sur ce point, les parallèles avec le cent quatrième psaume de l'Ancien Testament sont très nombreux. Nous pouvons dire aujourd'hui avec certitude que la poésie de la religion d'Aton a influencé le cent quatrième psaume et qu'il a donc existé des rapports entre la foi en Aton et la foi mosaïque.

Psaume 104, vers 20 à 24 :
Fais-tu arriver les ténèbres et la nuit vient-elle,
Alors se mettent en mouvement toutes les bêtes de
                                                                     [la forêt,
Les lions rugissent après leur proie,
Et demandant à Dieu leur nourriture ;
Dès que le soleil se lève, ils se retirent,
Et vont s'étendre dans leur tanière ;
L'homme sort alors pour sa tâche
Et pour son travail jusqu'au soir.
O Yahveh, que tes œuvres sont variées,
Toutes sont faites avec sagesse :
La terre est pleine des richesses que tu as créées...

Psaume 104, vers 27 à 30 :
Et tous se tournent vers toi, espérant

Que tu leur donneras la pâture à son heure ;
Dès que tu la leur envoies, ils la recueillent,
Dès que tu ouvres la main,
Ils se rassasient de tes biens ;
Mais détourne ta face, tout se trouble,
Reprends-leur ton souffle, ils expirent
Et rentrent dans leur poussière ;
Laisse ton souffle revenir, ils revivent,
Et par toi, la face de la terre se voit renouvelée.

Néfertiti et le monothéisme

La religion monothéiste de l'époque d'Amarna ne
vécut guère plus d'une décennie. Et ni avant son
éclosion, ni après sa chute, qui eut lieu sous le
successeur d'Akhenaton, Tout Ankh Aton, on n'a pu
retrouver dans l'histoire égyptienne des signes attes-
tant des tendances analogues. L'hypothèse selon
laquelle l'influence de la reine Néfertiti, originaire
d'Asie, aurait été décisive pour la naissance de cette
religion monothéiste n'est même plus à rejeter. Et
alors que les Egyptiens anciens étaient depuis longtemps retournés à l'adoration de leurs dieux tradition-
nels, la foi en un seul dieu continua à vivre dans une
tribu de nomades opiniâtre, chez les Hébreux.

Avant de s'établir dans la Terre promise, le pays de
Canaan, les Hébreux avaient vécu pendant plusieurs
générations en Egypte. Les lecteurs connaissent sans
doute par la Bible l'histoire de la «Captivité en
Egypte» du peuple élu de Dieu, et les vains efforts
déployés pendant plusieurs années par son chef,
Moïse, pour obtenir du pharaon la liberté de quitter
ce pays.

Mais au fait, qui était ce Moïse ?

D'après le prêtre et historien égyptien Manéthon, vivait à Avaris, la capitale des Hyksos située dans le Delta du Nil, une tribu qui refusait le polythéisme des Egyptiens ; elle était conduite par un prêtre originaire d'Héliopolis (On), un certain Moïse. En effet, l'Ancien Testament nous raconte que Moïse « fut initié à toutes les sciences des Egyptiens » à On. Mille ans plus tard, Manéthon raconte la même histoire ; il fait de Moïse un prêtre, ce qui est d'autant plus acceptable que seuls les prêtres « étaient initiés à toutes les sciences ». Il reste tout de même un mystère : comment un étranger a-t-il pu forcer l'enceinte sacrée des temples ?

Mais, à cette énigme, il existe également une réponse, aussi intéressante que discutée : dans le Livre de Moïse, l'Ancien Testament raconte comment le pharaon, pris de peur devant le danger que représentaient les Hébreux, particulièrement prolifiques, pour la population de son pays, donna l'ordre de jeter dans le Nil tous les enfants de sexe masculin qui viendraient au monde chez les Israélites. Voici ce que dit ensuite l'Ancien Testament :

Or, un homme de la maison de Lévi était allé épouser une fille de Lévi. Cette femme conçut et enfanta un fils ; elle vit qu'il était beau et le tint caché pendant trois mois. Mais ne pouvant le cacher plus longtemps, elle lui prit une caisse de jonc qu'elle enduisit de bitume et de poix ; elle y mit l'enfant et le déposa au milieu des roseaux sur le bord du fleuve. La sœur de l'enfant se tenait à quelque distance pour savoir ce qui allait lui arriver.
La fille du Pharaon descendit vers le fleuve pour

se baigner tandis que ses suivantes allaient sur la rive du fleuve ; elle aperçut la caisse au milieu des roseaux et envoya sa servante pour la prendre. Elle l'ouvrit et vit l'enfant : c'était un petit garçon qui pleurait ; elle en eut pitié et dit : C'est un enfant des Hébreux. La sœur de l'enfant dit alors à la fille de Pharaon : Dois-je aller te chercher d'entre les femmes des Hébreux une nourrice qui t'allaitera cet enfant ? La fille de Pharaon lui répondit : Va, et la jeune fille alla chercher la mère de l'enfant. La fille du Pharaon lui dit : Emporte cet enfant et allaite-le-moi, et moi, je te donnerai ton salaire ; la femme prit l'enfant et l'allaita. Quand l'enfant eut grandi, elle l'amena à la fille de Pharaon, et il fut pour elle comme un fils. Elle lui donna le nom de Moïse ; car, dit-elle, je l'ai retiré des eaux.

Moïse connaissait-il Néfertiti ?

Du reste, les Israélites avaient-ils eu au moins la possibilité d'entendre parler de la religion d'Aton, lancée par Akhenaton et Néfertiti ?

D'après l'Ancien Testament, il s'écoula quatre cent quatre-vingt années entre la sortie des Hébreux d'Egypte, le fameux Exode, et la construction du Temple de Salomon à Jérusalem. En se fondant sur des sources dignes de confiance, les historiens fixent la date de la construction du Temple de Salomon autour de 980 av. J.-C., ce qui devrait situer l'Exode autour de 1460 av. J.-C. Mais la réforme religieuse d'Amarna commença seulement un siècle plus tard ; les Israélites n'eurent donc pas la possibilité de connaître Néfertiti et la religion d'Aton. Pourtant, un autre passage de l'Ancien Testament raconte que, avant de quitter l'Egypte, les Juifs durent accomplir des corvées pour les villes de Pythom et de Ramsès. Or ces deux villes furent construites sous le règne du pharaon Ramsès II, soit entre 1290 et 1224 av. J.-C. D'après ce texte, les Israélites auraient donc participé eux aussi à la réforme égyptienne d'Aton.

Dans sa biographie d'Akhenaton, Robert Silverberg a accordé une large place au problème de l'influence exercée par la religion d'Aton sur la foi juive ; il rappelle qu'Aménophis II, l'arrière-grand-père d'Akhenaton, avait ramené en Egypte, à la suite d'une expédition en Syrie et au pays de Canaan, plusieurs milliers de prisonniers des tribus apirou, qu'il força à accomplir des corvées. Dans la correspondance d'Amarna, on mentionne plusieurs fois des nomades pilleurs, appelés Apirou ou Chabiri, qui auraient attaqué des villes en Syrie et dans le pays de Canaan. Mais les dénominations Apirou, Chabiri et Hébreux ont toutes trois la même racine terminologique ; ce qui nous permet de présumer que les Hébreux, ou Israélites, étaient un peuple de nomades, qui se divisait en plusieurs tribus. Il devenait alors possible aux Hébreux d'une part de rejoindre la terre de Canaan vers 1460 av. J.-C., et d'autre part d'être contraints également sous Ramsès II à exécuter des corvées d'esclaves, car il s'agissait de tribus d'Hébreux différentes.

Si Moïse a véritablement vécu — et à cette question, la grande majorité des historiens répond nettement par l'affirmative —, il ne serait pas inutile de nous pencher avec un peu plus d'attention sur cet homme qui fut à la fois le fondateur d'une religion, un législateur et un meneur de peuple, sans tenir compte des indications transmises par l'Ancien Testament. Car l'Ancien Testament, en tant que *Livre de Foi*, est le plus grand obstacle à une explication *historiquement exacte* de tout ce qui s'est passé autour de ce personnage exceptionnel.

On s'est posé beaucoup de questions sur ce .nom, « Moïse », donné, dit-on, au fondateur de la religion par cette princesse qui le repêcha jadis dans les eaux du Nil (« ... car je l'ai retiré des eaux... »). Une phrase comme celle-ci : « Celui qui a été retiré des eaux », ou comme cette autre : « Celui que j'ai retiré des eaux », ne contient pas le terme « Moïse ».

James Henry Breasted a fait remarquer que le terme « Mose », assez répandu dans l'égyptien ancien, signifie « enfant ». Il suffit de se rappeler les noms des pharaons Thoutmosis (Thoutmès) ou Ahmose (Ahmès). Mais nous nous trouvons en face de deux théories expliquant comment Moïse reçut son nom : ou bien il était égyptien de naissance et s'appelait Amen-Mose ou Ah-Mose, et les Israélites, qui ne comprenaient pas ce nom, n'en gardèrent qu'une forme abrégée ; ou bien Moïse était effectivement un orphelin de la tribu des Hébreux, abandonné par sa mère et trouvé par la princesse citée plus haut, qui l'adopta et le baptisa purement et simplement « Enfant ».

Il paraît difficile de donner la préférence à l'une ou l'autre de ces deux théories. Sigmund Freud voit en Moïse un Egyptien d'origine aristocratique, transformé par la légende en un Israélite pour mettre l'accent sur l'« ascension sociale » nécessaire au mythe du héros et pour souligner la signification de sa personnalité historique. Mais il existe aussi un autre

225

symptôme concret de l'origine égyptienne de Moïse : le rite étrange de la circoncision que ne connaissait aucun peuple asiatique, ni les Babyloniens, ni les Sumériens, ni les Sémites. L'examen des momies et aussi les représentations picturales de la circoncision nous ont appris que cette opération était pratiquée uniquement chez les Egyptiens, et cela pour des raisons d'hygiène. Mais pourquoi Moïse a-t-il adopté ce rite égyptien alors que le peuple hébreu haïssait tant ses oppresseurs ?

Voici ce que dit Freud :

« Moïse ne donna pas seulement aux Juifs une nouvelle religion ; il leur imposa également le commandement de la circoncision. Il ne pouvait donc pas être juif, mais égyptien. De même, sa religion était vraisemblablement une religion égyptienne, et plus précisément, étant donné la contradiction avec la religion populaire, la religion d'Aton, avec laquelle la future religion juive concorde sur quelques points notables. »

Il ne serait pas impossible que, partisan ardent de la religion universelle nourrie par la pensée asiatique de Néfertiti, et déçu du rétablissement réactionnaire du polythéisme, Moïse ait quitté l'Egypte pour servir un seul et unique dieu, le vrai Dieu.

Comparons l'enseignement de la religion d'Amarna avec l'Ancien Testament, et nous ne pouvons ignorer certains parallèles. Il existe aussi, il est vrai, quelques différences importantes.

Un point est indiscutable : les traditions les plus anciennes de la Bible, le texte intitulé « Texte Yah-viste », représenté par la lettre J (d'après Yahveh), datent de l'époque du roi David, alors que la religion d'Aton était déjà oubliée depuis trois siècles et demi.

Autre point tout aussi indiscutable, l'Ancien Testament, dans sa forme actuelle, est formé de cinq documents différents. Comment Moïse aurait-il pu alors se réfugier en terre de Canaan, la Terre promise, en emportant sous le bras les nouveaux principes religieux ? De plus, certaines des sources de la Bible semblent avoir fait des emprunts à la religion d'Aton. Le dieu de Néfertiti se différencie, il est vrai, du dieu de Moïse, sur un point fondamental : le dieu de Néfertiti est le dieu de l'Amour et de l'Harmonie ; en revanche, celui de Moïse est un dieu martial, qui manie le glaive et lance des éclairs. Il ne devient un dieu d'Amour et de Joie que beaucoup plus tard, sous Isaïe. Mais, dès le début, le dieu de Néfertiti et le dieu de Moïse ont quelques points communs : ils ne supportent auprès d'eux « aucun autre dieu » et ils sont tous deux des divinités abstraites ; leur identité ne s'exprime que par symboles.

Si l'on examine encore plus à fond ces deux religions, il devient évident que, loin d'être une prolongation de la religion d'Aton, le christianisme en est plutôt une renaissance. Le dieu unique d'Amarna et le dieu unique des Israélites n'ont ni l'un ni l'autre une forme humaine ; mais le dieu d'Adam et d'Eve possédait tout de même suffisamment d'attributs corporels pour pouvoir « avancer à travers la fraîcheur du jour », et pour obliger Adam et Eve à se cacher de lui. Le dieu de Néfertiti était un dieu universel, celui de Moïse était seulement le dieu du peuple élu. Philistins, Hittites et Amorrites n'avaient qu'à conserver leurs propres divinités.

D'éminents historiens, parmi lesquels Edward Meyer par exemple, considèrent la légende originale de Moïse sous un tout autre aspect. D'après eux, le

LE MODELE

*...Voilà que je m'assis dans mon palais et
que je songeai à celui qui m'avait créée. Mon
cœur m'induisit à faire pour lui deux obélisques en électrum... Alors mon esprit s'agita,
imaginant ce que diraient les hommes qui
verraient ce monument après de nombreuses
années et parleraient de ce que j'ai fait...*

Pharaon Hatshepsout
sur le socle d'un obélisque de Karnak.

Un peu plus de cent ans avant Néfertiti, une femme
monte sur le trône de pharaon, pour la première fois
dans l'histoire égyptienne : la princesse Hatshepsout
(1490-1468 av. J.-C.), fille de Thoutmès Ier et de la
reine Ahmès, dernier représentant de sa dynastie,
après la mort de ses frères Amenmès et Ouadymès.
Elle a quinze ans lorsqu'elle épouse son demi-frère
Thoutmès II, lui-même âgé de douze ans ; Thoutmès
II était le fils de Thoutmès Ier et d'une concubine

appelée Moutnofret. Lorsque Thoutmès II prend le pouvoir, Hatshepsout devient « Grande Epouse royale ». Mais le jeune pharaon n'est guère doué, ni sur le plan physique, ni sur le plan intellectuel, et l'identité du véritable pharaon ne fait aucun doute pour personne, c'est Hatshepsout.

Voilà un destin qui présente d'étranges similitudes avec celui de Néfertiti ; et dans la vie privée des deux souveraines, on trouve également des analogies frappantes : tout comme Néfertiti, Hatshepsout ne met au monde que des filles, Nofrouré et Méritré-Hatshepsout, tandis que Thoutmès II pouvait se vanter d'avoir conçu non seulement une autre fille, mais aussi et surtout un fils. Ce fils porta aussi le nom de Thoutmès, et Hatshepsout fit sentir au rejeton illégitime de son époux et de la servante Iset, pendant toute sa vie, combien elle le haïssait.

« Hatshepsout dirigea le pays à sa guise... »

Le 1er mai 1490 av. J.-C., Thoutmès le souffreteux institua son fils comme corégent. Nous trouvons les documents relatifs à ce fait historique dans la salle hypostyle du temple de Karnak, entre le quatrième et le cinquième pylône ; de même, nous avons une statue représentant Thoutmès II et Thoutmès III et donnant au père le titre de « Roi de Haute et Basse-Egypte », et au fils celui de « Souverain qui accomplit les rites, Fils de Rê ». Cette dernière formulation en particulier est typique pour un corégent.

Hatshepsout commence par reconnaître Thoutmès III comme Maître des Deux Pays : « ...Il régna sur le trône de celui qui l'avait conçu... » Mais en même temps, elle fait valoir ses prétentions au pouvoir : « ...Sa sœur, l'Epouse Divine, Hatshepsout, dirigea le pays à sa guise... »

La date de l'accession au trône de Thoutmès III et de Hatshepsout est l'une des rares, dans l'histoire de l'Egypte ancienne, que l'on a pu reconstituer avec certitude. Y compris l'époque où il fut seulement un pharaon fantôme aux côtés de Hatshepsout, Thoutmès III régna pendant au moins cinquante-trois ans ; nous avons retrouvé deux dates de pleine lune, à vingt-deux mois d'intervalle, datant de l'époque du règne de Thoutmès III : le vingtième jour du premier mois d'été de la vingt-troisième année du règne, et le trentième jour du deuxième mois d'hiver de la vingt-quatrième année du règne. Pour la prise de pouvoir de Hatshepsout et de Thoutmès III, nous avions jusque-là deux dates limites, 1524 au plus tôt et 1457 au plus tard. Ces deux millésimes sont étayés par des documents historiques.

Toutefois les résultats d'analyses de la momie du pharaon Thoutmès II attestent que ce roi ne dépassa pas l'âge de trente ans. Des indications biographiques permettent aussi de conclure que le père de Hatshepsout n'a pas régné plus de dix ans, si bien que son fils Thoutmès II devait encore être un enfant lorsqu'il monta sur le trône. Ce qui permet de situer les dates limites de la prise de pouvoir entre 1504 et 1481. Et au cours de ces vingt-deux années, seules deux dates de nouvelle lune peuvent entrer en ligne de compte, selon les calculs astronomiques : le 11 mai 1468 pour la première, et le 20 février 1466 pour la seconde, ce qui revient à dire que Thoutmès III et Hatshepsout montèrent sur le trône le quatrième jour du premier

231

mois d'été de l'an 1490 av. J.-C., soit, d'après notre calendrier, le 1er mai 1490.

La momie de la reine-pharaon Hatshepsout fut retrouvée en 1902 par Théodore M. Davis, parti à la recherche de momies pharaoniques dans la Vallée des Rois en compagnie d'une équipe d'archéologues. L'un de ces archéologues était Howard Carter ; mais à cette époque, Carter ne s'était pas encore fait un nom dans l'archéologie, et il acceptait avec reconnaissance la moindre mission qu'on voulait bien lui confier... Il fallait bien vivre. Carter possédait le *Know how,* Davis l'argent, et dès la première année de leur collaboration, ils découvrirent les tombeaux de Thoutmès IV et de Hatshepsout.

La momie de cette étrange reine-pharaon et les quelques représentations picturales qui sont parvenues jusqu'à nous nous permettent aujourd'hui de nous faire une idée approximative de ce que fut cette femme. Dans son visage aux traits assez fins, seul le nez légèrement busqué lui donne un air presque rude, un air assez masculin. Elle a une poitrine à peine développée, et une silhouette mince, presque gracile, comme une Crétoise. Hatshepsout était peut-être lesbienne. Car ses prétentions au pouvoir ne peuvent pas, à elles seules, expliquer pourquoi cette femme aimait évoluer en vêtements masculins, pourquoi elle se collait une barbe postiche et pourquoi « il » se faisait appeler exclusivement « Maître » des Deux Pays. Sur ce point, elle n'était certainement pas un modèle pour Néfertiti.

Les « singularités » de Hatshepsout commencent dans la deuxième année de son règne. Des représentations picturales de cette époque la montrent déjà « homme *et* femme » ; mais, elle continue à porter néanmoins le titre d'« Epouse divine », ou « Régente du Nord et du Sud ». Durant les cinq années suivantes, Hatshepsout mène, du moins extérieurement, une sorte d'existence androgyne ; elle apparaît comme homme, mais aussi comme femme ; elle se fait appeler « Reine », mais aussi « Roi ». A partir du mois d'octobre 1498, la « Fille de Rê » devient le « Fils de Rê », Sa Majesté devient le Maître du Trône des Deux Pays.

Une telle métamorphose sexuelle, du moins dans ses manifestations extérieures, était inconnue jusqu'alors. Hatshepsout est donc un précurseur, et ce, à deux points de vue. D'une part, cela prouvait que, dans l'Egypte ancienne, les prétentions au pouvoir ne devaient pas être réservées exclusivement aux hommes ; et d'autre part, à partir de là, les perversions sexuelles furent « admises à la cour » : pendant qu'Aménophis III évoluait dans des vêtements féminins, sa « Grande Epouse royale », Tiyi, exerçait le pouvoir. Pendant qu'Akhenaton se consacrait à Sémenkharê, Néfertiti se préparait à reconquérir le pouvoir.

Le monument

Hatshepsout, la première grande souveraine de l'histoire universelle, éleva des constructions tout aussi monumentales, somptueuses et démesurées que ses prédécesseurs masculins, et que son successeur Néfertiti, qui fit ériger le temple d'Aton à Karnak. Tandis que le véritable pharaon, Thoutmès III, prisonnier dans son propre palais, était condamné à l'inactivité, Hatshepsout, « Fils de Horus », envoya une expédition

233

dans le lointain pays merveilleux de Pount, situé approximativement sur la Côte des Somalis, d'où l'on rapporta des arbres rares pour les temples de Karnak et de Deir-el-Bahari ; le transport se fit à pied et dura plusieurs semaines.

Deir-el-Bahari devint le chef-d'œuvre de Hatshepsout. En dix ans, artisans, ingénieurs et architectes, venus de toutes les provinces du royaume, construisirent cet ensemble culturel unique au monde. Nous connaissons les noms des deux architectes, Sénenmont et Amenhotep. Ils firent surgir cet édifice à un endroit consacré depuis des temps immémoriaux à la déesse Hathor. Le massif rocheux environnant fut incorporé dans l'architecture. Trois terrasses s'élèvent les unes au-dessus des autres, dont les murs, les piliers de soutènement et les colonnes s'affinent au fur et à mesure que l'on monte vers le ciel. Et tout en haut, un couloir part de la troisième plate-forme pour conduire au saint des saints, lieu secret creusé très profondément dans les rochers et réservé à la divinité et à son « Fils » Hatshepsout.

C'est là, devant l'entrée de ces chambres mystérieuses, que Jean-François Champollion découvrit en 1828 le nom d'un pharaon inconnu jusqu'alors : Aménenthê. Comme nous le savons, les listes royales ont omis les noms de Néfertiti et d'Akhenaton ; le nom de Hatshepsout n'apparaît pas davantage ni dans la liste royale de Manéthon, ni dans aucun autre document historique de ce genre. Pourquoi les historiens avaient-ils également négligé Aménenthê ?

Champollion avait déjà été frappé de constater que la plupart des cartouches royaux de ce temple furent détruits ou changés. On avait remplacé les anciens noms par ceux de Thoutmès Ier et Thoutmès III.

Plus tard, en traduisant les textes, Champollion s'aperçut que tous les pronoms étaient du genre féminin, et pour la première fois il commença à se demander si ce pharaon « égaré » n'était pas une femme. Soupçon qui fut confirmé plus tard par Richard Lepsius : dans l'univers des temples et des tombeaux, à Thèbes et autour de Thèbes, on avait oublié un pharaon, ou plutôt une reine-pharaon ; autrement dit, son nom fut supprimé par les générations suivantes de toutes les inscriptions accessibles, comme ce fut le cas plus tard pour Néfertiti également ; et pourtant, étant donné ses réalisations, ce pharaon doit être compté parmi les plus éminents du Nouvel Empire.

Les deux énormes obélisques que Hatshepsout fit dresser dans l'enceinte du temple de Karnak sont les plus grands que la main humaine ait jamais produits. On peut voir représenté, sur les murs de son temple-sépulture de Deir el-Bahari, le transport des monolithes depuis des carrières de pierre d'Assouan, à plus de 200 kilomètres en amont du Nil. Et sur le pied de l'un d'eux, la reine a fait enregistrer le texte suivant :

« En ce qui concerne les deux grands obélisques que Ma Majesté a fait revêtir d'électrum, pour mon Père Amon, afin que mon nom soit durable et perpétuel dans ce temple, jusqu'à la consommation des siècles, ils sont faits d'une pierre unique de granite pur et dur... J'ai donné à Amon un témoignage d'attachement, comme il convient à un roi à l'égard de tout dieu. C'était mon désir de les faire couler entièrement en électrum, mais finalement je n'ai recouvert d'électrum que la surface extérieure du fût. »

Les deux obélisques, « qui se dressent jusqu'au ciel

et resplendissent sur les deux pays comme le globe solaire », eurent pour effet d'augmenter considérablement le prestige de cette femme hissée sur le trône pharaonique. Il semble que Néfertiti ait eu le même dessein lorsqu'elle fit construire son palais du Nord et graver les effigies monumentales la représentant plus grande que nature dans le temple d'Aton. Rien que par ses deux obélisques, la célébrité de Hatshepsout se répandit universellement à son époque. Lorsque Assourbanipal, le roi des Assyriens, pilla Thèbes à l'époque de Tanout-Amon, il donna l'ordre exprès de porter dans son palais « les deux colonnes d'électrum pur, pesant chacune 2 500 talents [1] qui se trouvent à l'entrée du temple ».

Mais ce projet fut abandonné. Nous en ignorons la raison. Peut-être les Assyriens s'aperçurent-ils, en commençant à les démonter, que finalement les deux obélisques hauts de 30 mètres n'étaient pas en électrum pur. D'après ses propres indications, Hatshepsout avait utilisé 12 boisseaux d'or : « ... Pour cela, je n'ai donné que de l'or fin. Je l'ai mesuré en boisseaux, comme le froment. Ma Majesté en a fait publier la somme à tous, dans les deux pays réunis, afin que l'homme simple aussi bien que l'homme cultivé en soit informé... »

La mort des filles

Tout comme Néfertiti, une des deux filles de Hatshepsout mourut avant même d'avoir atteint l'âge adulte. Dans la deuxième année de son règne Hatshepsout

---

1. Environ 750 tonnes.

nomma Nofrouré, «Celle qui est aimée de Hathor, l'image sacrée d'Amon», régente légitime, et selon toute vraisemblance, elle la maria à Thoutmès III. Comme on possède peu de renseignements sur la vie de Thoutmès III pendant la régence de Hatshepsout, on n'est pas absolument certain de l'authenticité de ce mariage, mais de très nombreux témoignages en parlent indirectement. Ainsi, par exemple, on trouve une fois, appliqué à Nofrouré, le titre d'«Epouse divine», donc épouse du pharaon, et d'autre part, après la mort de Hatshepsout, Thoutmès III déchaîne une véritable campagne d'iconoclastie et fait détruire tous les documents, tout en ménageant quand même le nom et le souvenir de Nofrouré. Nous savons aussi que Nofrouré mourut à un âge encore très tendre, mais nous ignorons les circonstances de ce décès prématuré ; et sa sépulture est restée inconnue. Après la mort de Nofrouré, Thoutmès III s'est vu obligé d'épouser la seconde fille de Hatshepsout pour ne pas perdre complètement le trône, car en tant que rejeton illégitime de Thoutmès II, il n'y avait pas droit.

La seconde fille de Hatshepsout s'appelait également Hatshepsout. Les historiens la désignent sous le nom de Hatshepsout II, ou Méritré-Hatshepsout. Le mariage de la seconde fille de Hatshepsout avec Thoutmès III, lequel, à cette époque, possédait déjà plusieurs épouses, eut lieu vers l'an 17 du règne de la reine-pharaon. C'est cette année-là également que l'étoile de la reine commença à pâlir.

Eloigné du trône par la force, Thoutmès avait eu manifestement le temps de se constituer son propre parti à l'intérieur du palais royal de Thèbes, si bien que courtisans et fonctionnaires se scindèrent en deux camps, exactement comme plus tard, sous Néfertiti et

Akhenaton. L'homme le mieux placé dans les faveurs de la reine-pharaon était Sénenmout. Sénenmout avait déjà occupé l'emploi d'intendant de la cour sous le père de Hatshepsout, et il sut parfaitement bien s'y prendre pour se hisser plus tard de plus en plus haut dans la hiérarchie du royaume, jusqu'à devenir « le plus grand d'entre les Grands du pays tout entier ». Sénenmout finit par occuper au total quatre-vingts postes, dont chacun d'eux lui valait un titre particulier. En plus de sa fonction de ministre des Constructions publiques, il fut aussi architecte, ministre des Finances, grand maître des Temples, précepteur et éducateur de Nofrouré, la fille de Hatshepsout, et vraisemblablement aussi de Thoutmès III. Sa position à la cour ne saurait mieux se comparer qu'à celle occupée par le « Divin Père » Ay, à l'époque de Néfertiti.

On ne peut s'empêcher de voir une certaine ironie de l'histoire dans le destin de Thoutmès III. En effet, cet homme qui, pendant plus de vingt ans, n'eut pas la force de prendre le pouvoir, devint un des pharaons les plus puissants et les plus dynamiques après la mort de Hatshepsout. Après avoir accepté la tutelle de la reine pendant quinze ans, Thoutmès commença enfin à saper systématiquement la puissance de Hatshepsout. Ainsi, par exemple, il entreprit, avec le consentement de la reine-pharaon, des campagnes contre la Nubie et la Palestine, qui lui rapportèrent de nouveaux tributs, mais aussi et surtout des partisans dans l'armée.

Le dernier signe de vie donné par Hatshepsout date, à notre connaissance, de la dix-septième année de son règne. Peu de temps avant, Sénenmout s'était retiré de la scène politique ; nous ne savons pas s'il

238

consentit à cette démarche de son plein gré, pour raison d'âge, ou s'il y fut contraint et forcé, victime des intrigues de la cour. En tout cas, pour Hatshepsout, la disparition de Sénenmout signifia le commencement de la fin. A partir de la vingt-deuxième année de leur règne « commun », nous ne trouvons plus que des inscriptions mentionnant Thoutmès III, roi. Les circonstances de la mort de Hatshepsout resteront certainement à jamais un mystère ; nous n'avons en tout cas trouvé aucune preuve de la responsabilité de Thoutmès III dans son décès. Une chose est certaine, et nous avons des documents picturaux à l'appui, le cadavre de Hatshepsout fut momifié et inhumé par Thoutmès III suivant les prescriptions.

Le pouvoir de la haine

Quel homme était donc ce Thoutmès III ?

Sur une stèle du temple de Month, à Erment, est gravée une pierre adressée par le pharaon au « Maître de Thèbes, Month », pour que « la vie éternelle lui soit accordée », prière répétée quatre fois de suite. Sur la même stèle, on trouve le texte suivant, à la date de l'année 22, le deuxième mois de la saison d'hiver (Péret), le dixième jour de ce mois, soit le 25 novembre :

... Lorsqu'il visait la cible, tout le bois éclatait comme du papyrus. Sa Majesté en donna un exemple dans le Temple d'Amon, à savoir, une cible de cuivre frappé de trois doigts d'épaisseur qu'il perça de sa flèche après l'avoir atteinte, tout en faisant ressortir sa flèche par-derrière sur trois largeurs de main pour que les descendants puissent admirer la force de ses bras en bravoure et en puissance.

Je raconte ses exploits sans mentir et sans exagérer, car tout cela se passa devant l'armée réunie, sans ombre de vantardise. Quand il passait quelque temps dans un pays étranger pour chasser, le compte de son butin était supérieur à celui du butin de l'armée tout entière. Il tua sept lions en les perçant de ses flèches en un seul instant. Il rapporta en une heure une harde de douze animaux sauvages, cela se passait avant même le petit déjeuner, et leurs queues étaient destinées à son dos[1]. Il abattit cent vingt éléphants dans la steppe de Niya, en revenant de Nahrina. Il avait traversé l'Euphrate et avait écrasé les villes à sa droite et à sa gauche, en les détruisant pour toujours avec le feu, et il fit élever une stèle racontant ses exploits sur la rive sud du fleuve. Il abattit avec ses flèches un rhinocéros dans le sud du désert de Nubie, lorsqu'il était allé à Myou, en Nubie, pour rechercher dans chaque pays tous les rebelles.

D'après l'égyptologue allemand Wolfgang Helck, le texte de cette stèle a été rédigé peu de temps après la mort de Hatshepsout, donc au début de la souveraineté absolue de Thoutmès III. A l'égard de cette femme qui, pendant plus de vingt ans, l'avait abaissé au rang de corégent dépourvu de tout pouvoir, Thoutmès III éprouva une haine si farouche qu'elle le

---

1. Pour les cérémonies rituelles, le pharaon portait des queues de taureau dans le dos, fixées à sa ceinture, en signe de force.

stimula à réaliser des performances extrêmes, pour se prouver à lui-même ainsi qu'à ses contemporains et à la postérité sa propre force. Si Akhenaton n'avait pas tant haï et humilié Néfertiti durant les dernières années de sa vie, jamais cette femme n'aurait été capable de faire tout ce qu'elle a fait...

Très peu de temps après la mort de Hatshepsout déjà, Thoutmès III commença la destruction systématique de son souvenir : « Ses statues furent démolies, ses partisans réduits à l'anonymat, les inscriptions et les représentations picturales qui avaient exprimé la légitimité divine de la reine-pharaon soigneusement effacées, son nom supprimé de tous les cartouches, pour être remplacé par celui de Thoutmès Ier, Thoutmès II ou Thoutmès III. »

Akhenaton essaya, lui aussi, du vivant même de Néfertiti, de détruire son souvenir pour l'éternité, en déclenchant une vague d'iconoclastie analogue, contre celle qu'il avait tant aimée jadis, comme Thoutmès III contre Hatshepsout.

Aujourd'hui, nous savons que Thoutmès III fut l'homme qu'il fallait à l'Egypte, à ce moment donné. En effet, au cours des années, les puissants rois du Mitanni s'étaient arrangés pour attirer de leur côté les pays vassaux de l'Egypte. Il fallut à Thoutmès dix-neuf ans et dix-sept campagnes militaires exactement pour remettre de l'ordre dans les relations. Les « Deux Pays », sur le Nil inférieur et le Nil supérieur, devinrent une grande puissance mondiale dont le souverain inspirait la peur et l'effroi aux petits et aux grands princes asiatiques. Même les princes du Mitanni, ennemis héréditaires de la Maison de Thèbes, envoyèrent leurs tributs de leur plein gré. Et ce fut aussi Thoutmès III qui jeta les bases de la

LA BROUILLE

Il n'y a aucune autre famille, dans toute l'histoire du monde, dont les portraits sont aussi déchirants dans leur malheur.

John D. S. Pendlebury, égyptologue.

En 1907, l'Américain Théodore M. Davis découvrit dans la Vallée des Rois, près de Thèbes, une tombe délabrée qui, depuis cette année-là, porte le n° 55 du catalogue de la Nécropole de Thèbes. Davis croyait que cette tombe était la dernière demeure de la reine mère Tiyi.

Six archéologues, le Français Georges Daressy, les Anglais Reginald Engelbach, Sir Alan Gardiner et H. W. Fairman, l'Allemand Günther Roeder ainsi que l'Ecossais Cyril Aldred, identifièrent, à la suite d'analyses minutieuses, la momie comme pouvant être Tiyi, Akhenaton, Néfertiti, Sémenkharê ou un personnage inconnu. Mais les faits suivants, et dûment attestés, nous permettent actuellement une identification plus précise :

1. Cette momie est celle d'un homme qui était âgé de vingt ans environ au moment de sa mort (d'après les examens anatomiques) ;

2. Dans le sarcophage, on retrouva une plaquette d'or qui porte le qualificatif suivant : « Celui qui fut aimé de Oua-en-Rê » (ce qui peut s'appliquer aussi bien à Néfertiti qu'à Sémenkharê) ;

3. Des fragments du sarcophage portent la reproduction du serpent Uraeus (le symbole du pouvoir royal) ;

4. La momie tenait entre ses mains le sceptre royal (autre preuve de la fonction du défunt) ;

5. Dans la tombe, on trouva des sceaux portant le cartouche de Tout Ankh Amon (donc l'inhumation a dû avoir lieu pendant le règne de celui-ci).

Ces cinq points ne peuvent s'appliquer qu'à une seule des cinq personnes citées plus haut : au mystérieux Sémenkharê. Au moment de sa mort, Sémenkharê n'avait pas encore vingt ans ; Akhenaton lui donna le titre de Néfertiti, « Celui qui est aimé de Oua-en-Rê » et le nomma officiellement corégent ; il était donc en droit de porter le sceptre royal. Et enfin, son inhumation pourrait très bien avoir eu lieu seulement après que Tout Ankh Amon eut pris la succession d'Akhenaton et la sienne.

Parmi les trésors découverts par Howard Carter en 1923 dans la tombe de Tout Ankh Amon, se trouvent plusieurs objets portant le nom de ce Sémenkharê, un petit sarcophage à viscères, des objets d'inhumation et des rubans d'or avec lesquels la momie avait été ficelée. Le « Divin Père » Ay, qui s'occupa de l'inhumation de Tout Ankh Amon, avait-il pillé la tombe de Sémenkharê ?

Sémenkharê est certainement la figure la plus

énigmatique de toute l'histoire égyptienne. Et ce fut lui qui signa la condamnation de Néfertiti. Aucune femme n'avait jamais osé faire la concurrence à Néfertiti. Il fallut qu'un homme vînt et lui volât son époux.

Le 21 novembre 1352 av. J.-C., Amarna fut le théâtre d'une grande fête : dans un cérémonial solennel, le pharaon et la reine recevaient les tributs des pays vassaux. Nous ne pouvons admettre cette date avec certitude que si celle de 1364 av. J.-C. a bien marqué l'accession au trône d'Akhenaton. Comme l'attestent des inscriptions tracées dans la tombe de l'intendant de la cour Houya, et dans celle du chef du harem Mériéré, cette fête eut lieu « à l'époque des semailles » de la douzième année du règne d'Akhenaton, et elle revêt pour nous une grande importance à plus d'un titre : on voit que la vassalité fonctionnait parfaitement bien encore sous le règne d'Akhenaton, bien que ce pharaon ne s'occupât guère de politique étrangère ; en outre, ces deux inscriptions prouvent qu'Akhenaton et Néfertiti vivaient encore ensemble dans la douzième année de leur règne, du moins extérieurement. Mais ce fut la dernière représentation picturale de la famille royale. On ne parle pas encore, cette année-là, de ce personnage douteux que fut Sémenkharê.

Alors, cet homme, d'où vint-il ?

Cyril Aldred considère Sémenkharê et Tout Ankh Amon comme des frères. Il fonde sa théorie avant tout sur la ressemblance étonnante de leurs crânes ; en outre, sur un lion de granite qui se trouve au British Museum de Londres, Tout Ankh Amon dési-

gne Aménophis III, le père d'Akhenaton, comme
« son Père ». Cette preuve est d'ailleurs plutôt problématique, car le concept de « père » peut également se
traduire par « ancêtre ». Il est possible qu'en revendi-
quant Aménophis III comme son ancêtre, Tout Ankh
Amon ait cherché uniquement à voiler la modestie de
ses propres origines. Un autre fait a beaucoup plus
de chance de parler en faveur de la paternité éventuelle d'Aménophis III : la sépulture de Tout Ankh
Amon contient plusieurs objets portant le nom royal
d'Aménophis III, « Neb-maât-Rê ». Si vraiment Tout
Ankh Amon et Sémenkharê étaient frères, ce Sémenkharê, que Néfertiti détesta avec tant de violence,
était aussi bien son beau-fils que son beau-frère.

Cependant, pour l'égyptologue française Eléonore
Bille-de Mot, il est plus vraisemblable que Sémenkharê fut « le fruit de l'union incestueuse d'Amé-
phis III avec sa propre fille, Sat-Amon ». Dans ce cas,
Néfertiti aurait été en quelque sorte la tante de
Sémenkharê. Mais cette théorie est également discutée par Christiane Desroches-Noblecourt. Néanmoins,
ce ne sont là que présomptions.

Sémenkharê, l'être énigmatique

Un fait est certain, l'étoile de Néfertiti commença à
se ternir lorsque Akhenaton appela Sémenkharê à la
corégence. Cette double régence est attestée par
d'innombrables documents, ainsi par exemple une
stèle de calcaire haute de 30 centimètres en provenance d'Amarna. Elle fut offerte par Cha-em-Maât,
le commandant de la nef royale, et montre deux
pharaons sous les rayons du disque solaire Aton. Bien

Stèle 17 813. Cette tablette de 30 cm de hauteur échauffa les esprits des égyptologues. Le personnage de gauche représente-t-il Néfertiti ou son rival, Sémenkharê ?

que les cartouches portant les noms des deux pharaons soient restés inachevés, le personnage de gauche est reconnaissable : c'est Sémenkharê avec la couronne de la Basse-Egypte, qui a posé son bras autour des épaules de l'autre pharaon. Il est facile aussi d'identifier ce second pharaon, grâce à sa couronne jumelée et à son profil caractéristique ; c'est Akhenaton, qui caresse tendrement son corégent sous le menton.

A partir de la petite stèle inachevée d'Amarna [1], qui, comme nous continuons à le penser, montre Akhenaton en compagnie de Sémenkharê et en tête à tête intime pendant un repas, l'égyptologue britannique John R. Harris, professeur à Copenhague, soutient une théorie percutante : pour lui, le personnage de Sémenkharê, que nous avons considéré jusqu'à présent comme le corégent d'Akhenaton, ne serait autre que... Néfertiti.

Quoi qu'il en soit, Sémenkharê changea son nom après l'an 14 du règne d'Akhenaton : il s'appelait jusque-là (Ankh-chépérou-Rê) [2], soit (Sémenkharê Djoser-chépérou), et devint (Ankh-chépérou, « Celui qui est aimé de Néfer-chépérou-Rê »), soit (Néfer-néférou-Aton, « Celui qui est aimé de Oua-en-Rê »). Mais nous trouvons aussi d'autres versions : (Ankh-chépérou, « Celui qui est aimé de Oua-en-Rê »), ou (Néfer-néférou-Aton, « Celui qui est aimé d'Akhenaton »), ou (Ankh-chépérou, « Celui qui est aimé de Néfer-néférou-Rê »), ou encore (Néfer-néférou-Aton, « Celui qui est aimé de Oua-en-Rê »).

1. Musée de Berlin-Charlottenbourg, n° 17 813.
2. Les parenthèses sont mises à la place des cartouches.

Si jamais l'hypothèse sensationnelle de Harris se révélait exacte, non seulement de nombreux facteurs historiques seraient bouleversés, mais aussi la signification historique de Néfertiti s'en trouverait revalorisée ; car vue sous cet aspect, l'hypothèse de Harris hisse la belle Néfertiti sur le trône, à côté de son époux, en tant que « pharaon régnant ».

Voici en quels termes Ludwig Borchardt décrit, en 1923, la stèle ci-dessus nommée : « Monument votif d'un officier, le roi caressant la reine. » Quelques années plus tard, l'égyptologue britannique Percy Edward Newberry, devenu célèbre en particulier par des travaux de copie délicats effectués dans les hypogées royaux, protesta contre la légende donnée à cette stèle ; car les deux personnages portent une couronne royale, la couronne bleue et la couronne double, privilège accordé au seul pharaon. Donc, poursuivit Newberry, cette scène ne peut représenter qu'Akhenaton et Sémenkharê. Et nous en sommes restés à cette théorie.

Cependant, John Harris ne se déclara pas satisfait de ce résultat. Une étude plus approfondie encore de la petite tablette permit au savant anglais de faire quelques découvertes qu'il ne réussit pas à expliquer.

Nous voyons sur la stèle sept cartouches au total, deux de chaque côté du disque d'Aton, et trois les uns à côté des autres ; tous sont restés inachevés, les noms n'y ont pas été inscrits, ce qui situe la tablette à l'époque tardive d'Amarna. De l'avis de John Harris, il ne peut y avoir qu'une seule explication à ces sept cartouches : les deux groupes de cartouches, à gauche et à droite du disque d'Aton, ne peuvent pas se rapporter aux deux personnages représentés, car sinon, les trois autres cartouches seraient superflus.

Aussi Harris en déduit-il que les deux groupes de deux cartouches, à gauche et à droite du disque solaire, s'appliquent à Aton. Deux autres stèles [1] prouvent qu'il était usuel de rendre hommage à Aton en lui dédiant quatre cartouches portant tous ses qualificatifs. Il reste donc trois cartouches pour les noms des deux personnages figurés sur la stèle.

Le pharaon disposait toujours de deux cartouches, et la reine d'un seul. Harris en conclut que le personnage assis à côté d'Akhenaton, lui-même reconnaissable à la couronne double, ne peut être le pharaon Sémenkharê. D'ailleurs, on reconnaît très nettement à la personne qu'Akhenaton caresse tendrement sous le menton les courbes d'une poitrine féminine. Voilà les raisons pour lesquelles, d'après l'égyptologue britannique, il s'agit bien de Néfertiti et non de Sémenkharê.

La reine trahie par sa nuque

A ce propos, Heinrich Schäfer a découvert une particularité figurative qui semble être en rapport avec la nouvelle orientation artistique de l'époque amarnienne : les personnalités souveraines masculines sont représentées avec une nuque convexe (c'est-à-dire courbée vers l'extérieur), tandis que les femmes ont la nuque concave (c'est-à-dire creusée vers l'intérieur). Or, sur la stèle berlinoise citée plus haut, l'analyse des nuques identifierait donc le personnage de gauche comme étant une femme. Une seconde stèle inache-

---

1. Le Caire JE 44.865 et Berlin 14.145.

vée[1], *La Reine versant du vin au roi,* dont les personnages furent identifiés plus tard par Newberry comme étant Akhenaton et Sémenkharê, révèle aussi, d'après cette observation, la représentation d'une scène entre Akhenaton et Néfertiti, car la nuque de la personne de droite est nettement creusée vers l'intérieur.

Pour Harris, « l'homme » Sémenkharê n'a jamais existé, et ce fut Néfer-néférou-Aton-Néfertiti qui, dans la douzième année du règne d'Akhenaton, changea son nom en celui de Ankh-chépérou-Néfer-néférou-Aton ; il appuie sa théorie sur un argument supplémentaire, comme nous l'avons dit plus haut, celui des couronnes royales différentes que porte Néfertiti et qui sont des attributs typiquement royaux, que n'a pas le droit de porter une simple « Epouse royale ». Ce qui reviendrait à dire précisément que Néfertiti était sur le trône royal au titre de corégente et donc le pharaon choisi pour prendre la succession d'Akhenaton.

Mais, malheureusement, cette hypothèse, très intéressante certes, laisse un trop grand nombre de questions sans réponses. Par exemple : qui est ce charmant jeune homme, car c'est certainement un homme, représenté sur plusieurs bas-reliefs en calcaire avec Méritaton, la fille aînée de Néfertiti ? Et quelle est l'identité de cette momie trouvée dans le tombeau n° 55 de la nécropole de Thèbes ? Cette momie ne peut être que Sémankharê, et nous savons que cette affirmation peut être considérée comme presque certaine ; de cette façon, c'est la momie *d'un homme* âgé d'environ vingt ans. Si Néfertiti était

1. Voir l'illustration de la p. 247 ; Berlin 17 813.

morte à l'époque de Sémenkharê, elle aurait eu trente-quatre ans. Il semble beaucoup plus évident qu'Akhenaton a traité effectivement Sémenkharê comme son *épouse* et l'a donc fait représenter nanti des attributs féminins. L'attitude du bras de la momie de Sémenkharê en est un indice indiscutable ; elle correspond à celle d'une momie royale féminine : le bras gauche sur la poitrine, le bras droit tendu le long du corps.

Les années de bonheur de Néfertiti ne semblent pas avoir dépassé la douzième année du règne d'Akhenaton ; la reine n'avait donc pas encore trente ans. La tombe de l'intendant de la cour Houya nous livre un des derniers documents dont nous pouvons fixer la chronologie historique : le tableau mentionné plus haut représentant Néfertiti et Akhenaton avec leurs six filles, et datant de l'an 12 du règne du souverain d'Amarna. Peu de temps après, leur fille cadette, Makétaton, meurt avant même d'avoir atteint ses dix ans, et on commence à rayer le nom de Néfertiti de beaucoup de reliefs et de monuments dans Marou-Aton ; ou bien on le recouvre d'une couche de couleur sur les peintures murales, et on le remplace par celui de Méritaton. Les inscriptions montrent très souvent d'une manière indiscutable que cette princesse est bien la fille du roi. Il n'existe aucun document parlant d'un éventuel mariage entre Akhenaton et sa fille, comme quelques égyptologues le présument. Mais il est possible qu'Akhenaton ait donné sa fille aînée, Méritaton, comme épouse à son corégent Sémenkharê, avec lequel il entretenait probablement une liaison amoureuse. John D. S. Pendlebury découvrit en 1932, dans le nord d'Amarna, une représentation picturale qui montre Akhenaton, Sémenkharê et Méritaton ensemble, et qui souligne donc cette hypothèse.

Le fait que les cartouches nominatifs de Néfertiti ont été détruits ainsi que les déductions exposées ci-dessus ont incité quelques savants à conclure que la belle Néfertiti était morte à l'âge de trente ans. Mais ce n'est pas exact. Nous ne pouvons plus trouver naturellement de documents concernant Néfertiti datant de cette époque puisque son souvenir était systématiquement effacé par Akhenaton ; mais elle nous a tout de même laissé indirectement des signes de vie datant de la régence commune d'Akhenaton et de Sémenkharê : à proximité de la porte de la ville, sur laquelle fut découvert le tableau représentant Akhenaton, Sémenkharê et Méritaton, Néfertiti fit construire son palais du Nord, et dans ce palais, qui peut être daté d'après la réalisation du tableau cité, on a trouvé des sceaux tracés sur des jarres à vin, avec le cartouche portant le nom de Néfertiti.

Dans son ouvrage *Untersuchungen zur Chronologie und Geschichte des Neuen Reiches* (« Etudes sur la chronologie et l'histoire du Nouvel Empire»), Erik Hornung, professeur d'égyptologie à Bâle, s'est penché sur le problème de l'accession au trône de Sémenkharê et de sa datation historique, et donc de celle également du bannissement de Néfertiti. Pour ses examens, Hornung fit preuve d'une opiniâtreté extrême ; il classa par ordre chronologique toutes les inscriptions trouvées sur les urnes d'Amarna. Or, l'analyse de celles qui ont été trouvées dans le palais de Malgattah d'Aménophis III par W. C. Hayes a permis de situer la plupart de ces inscriptions dans les années 30, 34 et 37 du règne d'Aménophis III. Durant ces trois années eurent lieu les premier, deuxième et troisième jubilés de règne, les fêtes de

Sed, d'Aménophis III, qui étaient toujours célébrés avec un incroyable déploiement de luxe. Et le vin coula à flots. On peut donc en déduire que, selon toute vraisemblance, des événements très marquants ont eu lieu au cours de ces années immortalisées par de nombreux millésimes.

Parmi les quatre cent quatre-vingt-douze inscriptions d'urnes en provenance d'Amarna qui ont été publiées, Hornung enregistra cinquante-quatre exemplaires portant la date de la neuvième année du règne d'Akhenaton. Il en conclut, et d'autres investigations ont confirmé cette supposition, que dans la neuvième année de règne d'Akhenaton, la nouvelle capitale du royaume, Akhetaton, était déjà terminée et qu'Aton était officiellement intronisé comme dieu national. Le règne d'Akhenaton a dû connaître deux autres apogées encore, au cours de la treizième et de la quatorzième année. En revanche, le nombre des inscriptions d'urnes datant des années suivantes est notablement réduit.

Essayons donc maintenant, pour commencer, de préciser la date à laquelle Akhenaton appela Sémenkharê à partager le trône avec lui, et chassa Néfertiti, et si Méritaton et Sémenkharê étaient déjà mariés lorsque naquit la liaison amoureuse des deux pharaons.

D'après l'analyse des inscriptions tracées sur les urnes faite par Hornung, de grandes cérémonies furent célébrées avec solennité dans les années 13 et 14 du règne d'Akhenaton, comme c'était la coutume pour une accession au trône ou un mariage princier. Hornung compte quarante-quatre inscriptions pour l'an 14, et trente seulement pour l'an 13. Il est intéressant de noter que, sur ses listes royales, le prêtre égyptien Manéthon accorde à Akhenaton une période de règne de douze ans. Voici ce qu'en pense Erik Hornung :

« Si cette indication est exacte, elle comprend uniquement la période où le roi régna seul, ce qui situe l'accession au trône du corégent dans la treizième année du règne d'Akhenaton. Le fait, apparemment discordant, que le nombre des inscriptions pour la quatorzième année soit supérieur d'environ cinquante pour cent à celui des inscriptions de la treizième

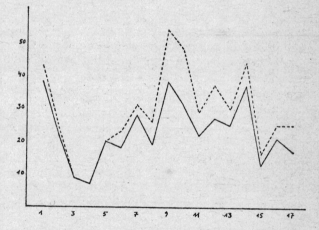

Les points culminants de l'époque amarnienne, tels qu'ils sont reflétés par les inscriptions datées, gravées sur les urnes. (Ligne discontinue = nombre total des inscriptions trouvées, y compris celles du Faubourg du Nord et du palais Marou-Aton. Ligne continue = nombre des inscriptions trouvées dans le centre de la ville.) L'apogée absolu semble avoir été atteint durant l'an 9 du règne d'Akhenaton, époque où la construction des temples et des palais d'Akhetaton était achevée, ce qui donna lieu à de nombreuses festivités.

année pourrait s'expliquer aisément si Sémenkharê a été nommé corégent durant la treizième année, et n'a épousé Méritaton que l'année suivante. Il me paraît invraisemblable que Joseph [1] se soit trompé d'un an, alors qu'il accorde à trois rois de cette époque une durée de règne de plus de douze ans, ce qui ne correspond qu'au règne d'Akhenaton. Aussi peut-on présumer en toute probabilité que la corégence de Sémenkharê commence dans la troisième année du règne d'Akhenaton ; l'unique possibilité serait la quatorzième année, que je préférerais garder pour son mariage avec Méritaton. »

Néfertiti aimait-elle une femme ?

Dans l'enregistrement des listes royales réalisé par Joseph, par Sexte Jules l'Africain et par Eusèbe, un fait me paraît particulièrement révélateur : les historiens accordent tous trois à Akhenaton un temps de règne de douze ans et un mois. Joseph l'appelle « Akenchérès », Sexte Jules « Achérrès » et Eusèbe « Achenchérsès ». Mais chez tous les trois, il est... *la fille* du roi Aménophis III. Jusqu'à présent, les égyptologues repoussèrent la théorie de ce « changement de sexe » curieux avec un haussement d'épaules embarrassé, car ce qui ne doit pas être ne peut pas être. Pourtant, rien que le fait qu'une telle confusion

---

1. Les listes royales de Manéthon ne sont pas conservées dans leur version originale. Nous ne les connaissons que parce qu'elles ont été mentionnées dans les œuvres d'historiens postérieurs. Joseph Flavius (37-100 ap. J.-C.) fut un historien juif.

soit unique dans tout le catalogue des rois égyptiens devrait faire réfléchir.

Si nous commençons par supposer qu'Akhenaton n'était pas une femme — et je crois qu'il en existe suffisamment de preuves dans la correspondance diplomatique de Bogazkale et d'Amarna —, il faudrait rendre en premier lieu responsables de cette métamorphose tardive du pharaon les nombreuses représentations picturales sur lesquelles il ressemble plus à une femme qu'à un homme. Akhenaton s'est peut-être décidé aussi à cette démarche exceptionnelle de faire monter un de ses proches parents sur le trône pharaonique à côté de lui, parce qu'il savait parfaitement que, par suite de sa maladie, il ne pourrait plus avoir de successeur mâle.

De toute façon, les trois dernières filles de Néfertiti ne sont pas considérées comme des enfants d'Akhenaton, par la majorité des historiens ; mais on peut aussi douter qu'il revendique la paternité de Méritaton, la fille aînée. Le mariage de Sémenkharê, le corégent, avec Méritaton, la fille aînée de Néfertiti, pourrait s'expliquer aisément si Aménophis III était le père de Méritaton. Méritaton serait alors l'héritière légitime du trône, et son mariage avec Sémenkharê une démarche politique tendant à préserver la dynastie. A l'encontre de l'opinion de Hornung, il me semble cependant plus vraisemblable que le mariage de Sémenkharê avec la fille de Néfertiti ait eu lieu avant l'accession au trône du corégent, donc dans la treizième année du règne d'Akhenaton, mais cela n'explique toujours pas, malgré tout, si le mariage fut décidé pour des motifs de tactique politique, ou pour permettre à Akhenaton de garder Sémenkharê près de lui afin de satisfaire ses tendances homosexuelles. En tout cas, sur les représentations figuratives de cette époque, nous voyons Sémenkharê en tête à tête intime aussi bien avec Méritaton qu'avec Akhenaton.

Sémenkharê était peut-être sexuellement ambivalent. On ne peut douter qu'il ait entretenu des relations homosexuelles avec Akhenaton, étant donné les représentations picturales conservées au Staatliche Museen de Berlin et qui montrent les deux hommes dans une attitude très tendre. Robert Silverberg, le biographe américain d'Akhenaton, continue à douter, malgré tous les résultats de la recherche historique, de la liaison homosexuelle des deux pharaons ; il présume qu'Akhenaton pourrait être le père de Sémenkharê, tout en déniant à Néfertiti, il est vrai, le rôle de mère. Sémenkharê serait le fils d'une concubine quelconque, ou d'une concubine inconnue issue du harem d'Aménophis III, dont avait hérité Akhenaton. On objectera que parmi les nombreuses représentations picturales d'Akhenaton, on ne trouve aucun indice permettant de conclure que le roi avait un fils. A cette objection, Silverberg répond qu'Akhenaton non plus ne paraît jamais sur les tableaux et les inscriptions de son père Aménophis III. Chez les pharaons de la XVIIIe dynastie, les filles étaient manifestement plus en faveur que les fils.

Si Akhenaton et Sémenkharê étaient vraiment père et fils, les images mentionnées ci-dessus s'expliquent d'une tout autre manière. Et la haine de Néfertiti, elle-même mère de six filles, pour ce rejeton illégitime de son époux serait également compréhensible.

Si l'on considère l'âge des deux hommes, cette théorie se situe, assurément, à la frontière extrême du possible. Supposons qu'Akhenaton ait conçu Sémenkharê à l'âge de quatorze ans. Sémenkharê aurait alors treize ans au moment de son mariage avec Méritaton, et quatorze ans également au moment de son accession au trône. Il aurait donc régné quatre ans avec son père, et serait mort à l'âge de dix-huit ans exactement. Car il est généralement admis que Sémenkharê et Akhenaton sont morts la même année, le premier quelque temps avant le second.

Néanmoins, on peut exclure de prime abord un lien d'affection de père à fils entre Akhenaton et Sémenkharê, pour une raison bien précise : au moment du couronnement de Sémenkharê, Akhenaton lui donna, outre son nom officiel de couronnement, Ankh-ché-pérou-Rê, les noms de reine de son épouse Néfertiti : Néfer-néférou-Aton, « Splendide est la splendeur d'Aton » ; et un qualificatif plein de tendresse : « Celui qui est aimé de Oua-en-Rê ». Il est curieux que le corégent Sémenkharê ne soit pas nommé une seule fois dans la correspondance d'Amarna. Peut-être n'a-t-il pas été considéré par les potentats asiatiques comme un « pharaon à part entière » ?

Certes la métamorphose physiologique et psychique de son époux n'a pas pu laisser Néfertiti insensible, mais la jeune femme consciente de sa propre valeur n'y vit pas pour autant une raison de se retirer dans la solitude et de s'étioler derrière les murs d'un harem. Qui pourrait lui tenir rigueur, à elle qui était célèbre pour sa beauté, vénérée et admirée, d'avoir cédé à plusieurs adorateurs ? Néfertiti était une reine, certes, mais avant tout elle était aussi une femme.

Nous sommes certains en tout cas que ses six filles ne sont pas du même père. Cyril Aldred pense que « malgré toute l'affection qu'il porte ostensiblement aux filles de Néfertiti, Akhenaton n'a jamais affirmé

259

expressément qu'il en était le père ». Les trois aînées, Méritaton, Makétaton et Ankhésenpaton, naquirent respectivement en 1362, 1361 et 1360, donc à douze mois d'intervalle chacune. Toutes les trois portent le nom d'Aton. La quatrième fille, Néfer-néférou-Aton Tashéry, ne vient au monde que *deux ans* plus tard, elle aussi porte encore le nom d'Aton. Puis trois ans s'écoulent avant la naissance de Néfer-néférou-Rê, et dans son nom, Aton dut laisser la place à Rê ; puis, encore une fois deux ans d'intervalle avant la naissance de Sétépen-Rê, dont le nom rend encore hommage à Rê. Au moment de la naissance de sa sixième fille, Néfertiti a environ vingt-huit ans. Sétépen-Rê est née dans la onzième année du règne d'Akhenaton, un an avant la mort de Makétaton, la deuxième fille, et deux ans avant qu'Akhenaton ne fît de Sémenkharê « Celui qui est aimé de Oua-en-Rê ».

Examinons le sarcophage de Makétaton, morte vers 1352 av. J.-C., dont on a retrouvé des fragments dans l'hypogée royal d'Amarna. On voit tout de suite que la famille royale est représentée avec trois filles seulement aux cérémonies funèbres : Makétaton, la petite défunte, deuxième fille de Néfertiti, Ankhésen-paton, la troisième, et Méritaton, l'aînée. Cette scène figure aussi sur d'autres fresques, mais légèrement transformée : on y voit, en plus de Makétaton, trois autres fillettes ainsi qu'un bébé auquel la fille aînée, Méritaton, donne le sein. Le savant français U. Bouriant fut un des premiers à soutenir que ce bébé n'était pas la cinquième fille de Néfertiti, mais celui de Makétaton, et que la fillette était morte des suites de l'accouchement. Elle ne pouvait pas avoir plus de dix ans, mais, autrefois, une maternité aussi précoce n'avait rien d'extraordinaire. Néfertiti aurait donc été grand-mère à vingt-neuf ans.

Naturellement l'historien se pose une question : où sont restées les trois autres filles de Néfertiti, Néfernéférou-Aton, Néfer-néférou-Rê et Sétépen-Rê, qui devaient avoir respectivement environ six ans, trois ans et un an à la mort de Makétaton ? L'absence de ces trois fillettes sur les tableaux de famille de l'*hypogée royal* pourrait signifier qu'Akhenaton n'a pas reconnu la paternité de ces trois filles. Car dans d'*autres tombes,* comme celle de Houya ou celle de Mériéré à Amarna, les six filles sont présentes avec leurs parents, et ces représentations scéniques peuvent aussi être datées de la douzième année du règne d'Akhenaton.

La double vie de la belle Néfertiti

La découverte d'une tablette en provenance d'Amarna, rendue publique en 1971, indique pour la première fois que, pendant les escapades de son époux, Néfertiti ne s'était pas sentie liée par son devoir de fidélité conjugale. Non loin de l'endroit où le magnifique buste de la reine d'Amarna fut découvert, le sol desséché du désert libéra trois tablettes d'argile donnant le reportage d'une salle de tribunal, avec illustrations à l'appui. Un homme du nom de Oumouhanko, maître des cérémonies de sa profession, et célèbre par sa science, avait invité Néfertiti à une réception. Une image montre Néfertiti allongée sur une couche. Le maître des cérémonies s'approche de la reine, embrasé d'amour, et la saisit par les deux bras. « Puis Oumouhanko s'avança vers Néfertiti et voulut l'approcher de trop près... », dit le texte akkadien. Mais la reine ne se contentait pas du premier venu, et manifestement le maître des cérémonies n'était pas de son goût. La condamnation fut cruelle : on l'attacha à un chariot chargé de pierres et on le poussa dans le désert à coups de fouet. Il résista pendant dix jours, puis s'écroula, mort.

Extérieurement, Néfertiti demeurait la belle inaccessible. Sa double vie se jouait derrière les murs élevés de son palais, au nord d'Amarna. C'est là qu'elle tenait sa cour, protégée par sa propre escorte policière, à quelques kilomètres seulement de son époux Akhenaton et du favori, Sémenkharê.

Elle recevait assez souvent la visite d'un homme dans son palais, le grand maître sculpteur Thoutmès. On peut affirmer que jamais une reine du Nouvel Empire n'inspira autant d'œuvres figuratives que Néfertiti, toutes plus belles et plus artistiques les unes que les autres, bien qu'une toute petite partie seulement des représentations de Néfertiti ait échappé à la haine de son époux et à la fureur de destruction des pharaons Horemheb et Ramsès II. La belle Néfertiti se sentait certainement flattée lorsque le sculpteur de la cour, Thoutmès, venait la voir tous les mois que faisait Aton, avec son matériel à dessin ou son marteau, son ciseau et son plâtre, pour prendre une nouvelle esquisse ou pour exécuter une nouvelle statue ou un nouveau modelage de buste. Nous n'avons retrouvé aucun document prouvant l'exactitude de ce que nous allons dire, mais l'hypothèse n'est tout de même pas sans fondement : Thoutmès était fasciné par la beauté de sa reine, non seulement en tant qu'artiste, mais aussi en tant qu'homme. N'avait-il pas le privilège de voir plus souvent que quiconque la reine répudiée... Il la représenta toute nue, il prit des moulages de sa tête et de son cou. On est même tenté de dire que, s'il ne tomba pas amoureux de cette belle femme malheureuse, c'est qu'il n'était pas un homme.

Et pourtant, Thoutmès semble avoir aussi été repoussé, ou du moins abandonné. L'absence de l'œil gauche du buste de Néfertiti qui, mis à part ce détail, est d'un fini tellement parfait, peut être interprété comme l'expression de la revanche désespérée de l'artiste devant la femme aimée et inconstante.

La rupture entre Akhenaton et Néfertiti eut-elle lieu à la suite d'un événement unique et spectaculaire ? Ou bien le roi et la reine s'éloignèrent-ils l'un de l'autre progressivement ? De très nombreuses découvertes nous permettent de déduire que la seconde théorie est la bonne. Au cours de son évolution, la famille royale fut divisée en deux camps, ainsi que la cour et les fonctionnaires : d'une part, les partisans de la reine, éblouissante de beauté, et, d'autre part, ceux du pharaon malade. Ainsi, dans le palais du Nord où plus tard Néfertiti logea toute seule, nous avons retrouvé quelques témoignages d'Akhenaton, mentionnant Sémenkharê et Méritaton, mais jamais le nom de Néfertiti n'est prononcé. D'un autre côté, on trouva dans le palais du Nord des sceaux de jarres à vin qui portaient *uniquement* le nom de Néfertiti, ce qui est un fait extrêmement surprenant, car les dates portées sur les sceaux des jarres à vin indiquaient toujours l'année de règne du *pharaon*. Nous pouvons donc en déduire que Néfertiti ne reconnaissait plus son époux Akhenaton comme le souverain de l'empire. Dans le palais du Nord encore, nous avons trouvé d'assez nombreuses inscriptions tracées sur des

poteries, sur des urnes et sur les murs, portant les
noms de Tout Ankh Amon et d'Ankhésenpaton. En
revanche, il n'existe pas un seul document où le nom
de Néfertiti se trouve joint à celui de Sémenkharê.

Donc, à partir de l'an 1351 av. J.-C., au plus tard,
nous nous trouvons en présence d'une famille divisée
en deux clans : d'un côté Néfertiti, et de l'autre
Akhenaton, avec Sémenkharê et Méritaton, la fille
aînée de Néfertiti. La fille cadette Makétaton fut
également entraînée dans ce jeu d'intrigues, mais elle
mourut avant la séparation définitive. Ankhésenpaton, la troisième fille, était encore trop jeune pour
pouvoir prendre parti ; plus tard, seulement, elle se
rallia au parti de son père. Sur la position des trois
dernières filles, alors âgées de sept ans à deux ans,
dans ces querelles de famille, nous ne savons pratiquement rien.

Le tabou Néfertiti

Maintenant que le conflit est porté à la connaissance
de tous, plus rien ne doit rappeler Néfertiti. On n'a
plus le droit de prononcer son nom en public. Là où il
paraît sur des peintures murales et des reliefs, on le
recouvre d'une couche de peinture ou de plâtre, on le
démolit à coups de marteau. Dans les cartouches de
Néfertiti, on inscrit le nom de sa fille Méritaton.

Certes, Méritaton n'était pas une « Grande Epouse
royale », mais une « Reine »... Ceci fut annoncé officiellement et également rendu public dans des notes
diplomatiques. A partir de la quatorzième année du
règne d'Akhenaton, on ne parle plus, dans les documents de la Correspondance d'Amarna, de la

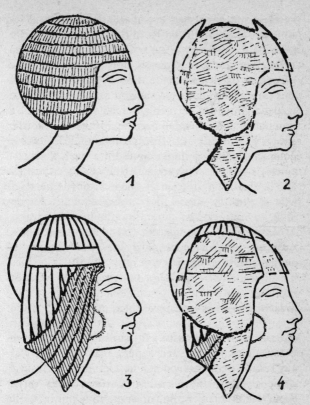

Voici le processus de démontage de l'effigie de la reine : la tête de
Kiya, alias Néfertiti (1), fut martelée au burin sur toutes les
représentations picturales, pour offrir une surface rugueuse à la
couche de stuc qu'elle allait recevoir (2). Puis sur l'ordre d'Akhenaton, les artistes appliquèrent sur cette surface rugueuse la coiffure
typique de la princesse Méritaton, en plâtre, matériau qui connut
une grande vogue durant la période amarnienne (3). Ainsi, sur de
nombreux reliefs, Néfertiti fut-elle évincée par sa propre fille
Méritaton.
Aujourd'hui nous voyons les deux têtes de Néfertiti et de Méritaton
superposées (4).

« Grande Epouse royale », mais simplement de la « Reine », c'est-à-dire de la fille de Néfertiti, Méritaton.

Des inscriptions fragmentaires découvertes dans l'hypogée royal d'Amarna, dans l'enceinte du palais de Marou-Aton, et dans les débris du palais d'Hermopolis, ont permis de déceler, à côté de Néfertiti, la présence d'une autre épouse d'Akhenaton « Grande et aimée du Roi », ce qui serait parfaitement légitime et n'aurait pas dû diminuer l'influence de Néfertiti ; il suffit de penser à Tiyi, et au harem d'Aménophis III. Des fouilleurs trouvèrent également dans le palais de Marou-Aton des inscriptions tracées sur les poteries et des tessons portant le nom énigmatique de Kiya.

Mais il est étrange de constater que ce nom apparaît exclusivement dans la sphère intime du couple royal, jamais sur des représentations picturales figurant dans des lieux publics ou des hypogées étrangers. Ce détail fut pratiquement négligé jusqu'à présent par les égyptologues, bien que le fait soit tout à fait inhabituel. A cela s'ajoute que le nom de Kiya, comme celui de Néfertiti, fut supprimé sur de nombreux monuments, encore que, bien souvent il est vrai, d'une manière incomplète. Les tableaux les plus surprenants sont les scènes de sacrifices qui montrent Kiya à côté du pharaon, donc en fonction officielle où seule la reine, mais jamais une coépouse, avait le droit de paraître. Néfertiti aurait-elle eu une rivale sérieuse ?

Le Dr Rainer Ranke, égyptologue de Dortmund, s'est longuement penché sur le problème de cette Kiya, et il a fait une découverte étonnante. Le nombre des fragments de reliefs trouvés à Amarna et Héliopolis sur lesquels la tête ou le nom de Kiya a été changé et remplacé par celui de Méritaton est singulièrement plus important qu'on ne l'avait supposé jusqu'alors.

Hanke enregistra trois catégories de changements de textes :

1. Sur de longs textes, on a éliminé de courts passages qui se réfèrent au propriétaire d'une construction ;

2. Des textes tout entiers ont été détruits et remplacés par d'autres ;

3. Dans les textes destinés à expliquer les représentations figuratives des filles du roi, le nom de Méritaton fut supprimé et remplacé par celui de Méritaton Tashéry ou Ankhésenpaton Tashéry.

En remplaçant une image de Kiya par une image de Méritaton, les sculpteurs avaient laissé les vêtements, le corps et les traits du visage tels qu'ils étaient ; seules furent changées la forme de la tête et la perruque caractéristique. Tout comme Néfertiti, Kiya portait une tiare trapézoïdale, très élevée, ou une perruque ronde faite de petites bouclettes. Voici ce qu'en pense Ranke : « Si l'image originale représentait la perruque ronde à bouclettes, celles-ci ainsi que le cou devaient être recouverts de stuc, à côté des parties lisses du front et du bas de la nuque, pour qu'on puisse ensuite modeler les boucles différentes de la coiffure des princesses et leur tiare. »

Mais pour supporter la nouvelle couche de stuc, le fond du relief devait être granulé, ce qui rendait plus difficile l'interprétation scientifique de ce procédé. Aux fouilles d'Hermopolis, à une exception près, les eaux d'infiltration ont ramolli et détruit la couche de stuc ajoutée postérieurement, si bien qu'aujourd'hui, on ne peut plus séparer l'image originale de la seconde image, on ne peut que les deviner, et non pas les distinguer nettement l'une de l'autre.

La rivale inexistante

Dans beaucoup de cartouches retouchés ou détruits, il était très difficile d'inscrire tout entier le nom de Néfertiti (Néfer-néférou-Aton-Néfertiti, « Splendide est la splendeur d'Aton, la Belle est venue ») dans l'espace libre. Aussi Rainer Ranke présumait-il que, à ces endroits-là, les textes détruits ne portaient pas le nom de Néfertiti mais celui de Kiya. Effectivement, sur quelques-uns des blocs de pierre trouvés à Hermopolis, datant de l'époque amarnienne, il découvrit les restes des lettres « K » et « iy ». Un autre bloc donne aussi le nom tout entier — « Pour toujours et dans l'éternité, Kiya ». Cette forme d'expression est un stéréotype, on la retrouve même plusieurs fois dans son intégrité. Et ce nom s'inscrit sans difficulté partout où les qualificatifs de Néfertiti exigeaient trop de place.

Hanke s'appuie sur ces indices et sur le fait que les représentations de Kiya, la soi-disant concubine, sont toujours de la taille réservée à une « Grande Epouse royale », soit quelques centimètres seulement de moins que le pharaon, pour donner la conclusion que « Kiya et Néfertiti sont une seule et même personne, car le nom de Kiya est tout simplement un petit nom tendre d'origine asiatique ». Ceci peut en même temps servir de preuve supplémentaire de l'origine asiatique, et non égyptienne, de Néfertiti. La formule euphorique, « Pour toujours et dans l'éternité, Kiya » rappelle beaucoup « La Belle est venue, qu'elle vive dans l'éternité », c'est-à-dire Néfertiti. Certes, dans la Correspondance d'Amarna, le roi du Mitanni, Tousratta, n'appelle jamais sa fille ainsi, mais ceci ne peut être considéré comme une objection valable ; il y a en effet des petits noms affectueux qui sont parfaitement utilisables entre amoureux, mais pas entre père et fille.

Il faut noter aussi que toutes les inscriptions et les représentations picturales de Kiya datent des toutes premières années du règne d'Akhenaton, donc d'une époque où le pharaon et Néfertiti s'entendaient encore parfaitement bien. Il est possible aussi que « Kiya » soit la solution d'un des problèmes posés par la mystérieuse tombe nᵒ 55 de Thèbes et des fragments de sarcophages trouvés à l'intérieur, dont les noms, sur les inscriptions, ont visiblement été changés. Des égyptologues comme H. W. Fairman et Cyril Aldred sont d'avis que le sarcophage avait été fabriqué pour la fille aînée de Néfertiti, Méritaton. Mais dans ce cas, il eût été inutile de changer le nom ; et d'ailleurs le nom officiel de la princesse, « Fille du Roi, issue de son propre corps, il l'aime », n'aurait pas pu y être inscrit faute de place. Certes, on appelait aussi Méritaton « Fille du Roi » en abrégé, mais il est peu vraisemblable que son titre officiel n'ait pas été mentionné en entier, surtout sur son sarcophage. Rainer Hanke a reconstitué le texte du sarcophage de la tombe nᵒ 55 de Thèbes avec les titres et les noms de Kiya, et il en a conclu que « parmi les propositions de reconstitutions publiées jusqu'à présent, c'est la seule manière possible de compléter le texte ».

Voici ce que cela signifie : Dès les premières années de leur vie conjugale, Akhenaton fit fabriquer un sarcophage pour son épouse, qu'il appelait tendrement dans l'intimité Kiya. C'était normal. La construction d'un hypogée royal demandait plusieurs années ; aussi, très souvent, le pharaon commandait une tombe, pour lui-même et pour son épouse, dès son accession au trône. C'est ce qui a dû se passer cette fois-là aussi. Akhenaton fit graver le petit nom tendre de sa jeune épouse dans le sarcophage réservé à Néfertiti. Lorsque, au bout de plusieurs années de vie conjugale, le couple finit par se disloquer, il est possible que le pharaon ait totalement oublié le sarcophage de la reine, et ce fut seulement le décès brutal et totalement inattendu de son corégent Sémenkharê qui le lui rappela. Et comme les troubles de la décadence de l'époque amarnienne rendaient difficile la fabrication rapide d'un sarcophage conforme au rang du défunt, on prit celui qui était déjà prêt, bien que, à l'origine, il eût été destiné à Néfertiti.

Un courrier est envoyé au Hatti

Pendant très longtemps, les historiens se sont disputés autour de la date du décès d'Akhenaton et de Sémenkharê, et plus précisément pour savoir lequel des deux était mort le premier. La mort frappa Sémenkharê en pleine jeunesse et en pleine santé, sans qu'on s'y attendît. Il serait donc possible qu'il eût été emporté par la peste qui sévissait en Asie Mineure à cette époque-là, et avait été introduite en Égypte par des caravanes de nomades.

Nous trouvons plusieurs mentions de la peste dans la Correspondance d'Amarna. Le roi de Chypre se plaint de ce que « Nergal a tué les hommes », que son propre fils aussi est mort, et qu'il n'y a presque plus d'hommes valides pour assurer le travail dans les mines de cuivre. Une princesse babylonienne destinée, paraît-il, à Akhenaton mourut de la peste, avant même d'avoir pu prendre la route pour rejoindre Amarna. Byblos et Mégiddon furent également contaminées par l'épidémie.

En ce qui concerne la date du décès d'Akhenaton et de Sémenkharê, le Professeur Erik Hornung arrive à donner une explication lumineuse, avec l'aide des inscriptions tracées sur les urnes : il est actuellement certain qu'Akhenaton mourut dans la dix-septième année de son règne, et que Sémenkharê monta sur le trône au cours de la treizième ou de la quatorzième année du règne d'Akhenaton ; on pourrait donc s'attendre à trouver un grand nombre d'inscriptions d'urnes pendant le début de la souveraineté absolue de Sémenkharê. Or ce n'est pas le cas. Mais à Amarna, on trouva toute une série de ces inscriptions tracées sur les urnes portant le millésime « an 1 » ou « an 2 ». Hornung en conclut que, après l'an 17 d'Akhenaton, vient l'an 1 de Tout Ankh Amon, donc que Sémenkharê est mort avant Akhenaton. Cette théorie est étayée par une urne à provision, dont l'inscription originale portait « Miel an 17 » et qui fut utilisée peu de temps après, comme jarre à vin vraisemblablement, avec le nouveau millésime « an 1 ». On peut encore déchiffrer ces deux inscriptions à l'heure actuelle. Même si les noms des deux rois manquent, sur cette urne, nous pouvons dire en toute certitude que les années de règne citées plus haut sont imputables à Akhenaton et à Tout Ankh Amon, car, comme nous le savons, Sémenkharê fut élevé à la fonction de corégent dans la quatorzième ou la quinzième année du règne d'Akhenaton. Cette succession de millésimes, 17-1 exclut pour ainsi dire la souveraineté unique de Sémenkharê, puisqu'elle signifie que, à la fin de la dix-septième année du règne d'Akhenaton, Sémenkharê n'était plus en vie.

Néfertiti n'a pas dû éprouver tellement de chagrin à la mort précoce de Sémenkharê. Car cet homme ne s'était pas contenté de lui prendre son époux ; il était devenu aussi un danger sérieux pour la religion d'Aton à laquelle elle tenait de tout son cœur. Sémenkharê était plus attiré par l'ancienne foi polythéiste des Egyptiens, il ne fait aucun doute qu'il réussit à attirer de son côté le faible Akhenaton. Il est possible aussi que le pharaon ait reconnu à quel point il était difficile de convertir à un seul et unique dieu le peuple égyptien qui avait offert des sacrifices pendant des millénaires à ses dieux locaux. En outre, le clergé corrompu d'Amon n'avait pas encore perdu toute influence sur les masses.

Sémenkharê ne voulait pas rester à Amarna. Il avait l'intention de se réinstaller à Thèbes, la capitale de l'empire, dès qu'il régnerait seul sur le trône du pharaon. Comme nous l'avons appris par une inscription tracée dans la tombe n° 139, celle de Paouah, prêtre d'Amon, Sémenkharê commença à construire son propre temple funéraire à Thèbes, dans la troisième année de sa régence ; cependant, ce temple ne fut jamais terminé et jamais utilisé.

Les sceaux de Néfertiti portés sur les jarres à vin dont nous avons déjà parlé plus haut laissent entendre que la jolie reine, dans le trouble de l'époque amarnienne tardive, aurait régné elle-même, comme reine-pharaon, car, nous l'avons déjà dit, la datation des sceaux des jarres à vin se faisait exclusivement suivant les années de règne du pharaon régnant.

Le palais du Nord que Néfertiti se fit construire montre non seulement que la reine et son époux vivaient séparés de corps et de biens, mais aussi que, en changeant de domicile, Néfertiti projetait manifestement un coup d'Etat. Car pour régler le seul problème de la séparation conjugale, elle aurait très bien pu se réfugier dans une résidence secondaire, à Thèbes ou à Memphis. Mais elle tenait à rester à Akhetaton, la nouvelle capitale de l'empire. Voici ce qu'écrit l'égyptologue américain Edward Fay Campbell, un élève du Professeur William Foxwell Albright, sur les projets de Néfertiti :

« Elle a peut-être réussi à envoyer un courrier au Hatti à l'insu de tous. Mais comment pouvait-elle recevoir l'ambassadeur hittite sans éveiller les soupçons ? Il ne faut pas oublier qu'un messager passait tout l'hiver en Egypte pour ne retourner chez son maître qu'au printemps. Comment Néfertiti pouvait-elle convaincre l'ambassadeur que, à ce moment-là, l'homme qui l'épouserait avait toutes les chances d'accéder au trône pharaonique ? »

Néfertiti avait bien l'intention de poursuivre la politique amarnienne des premières années, et ses projets auraient été sans doute plus faciles à réaliser avec un allié tout-puissant à ses côtés. Mais, objectivement parlant, ses chances étaient très minces. Qui pouvait garantir que l'ambassadeur lui était favorable ? Et si oui, est-ce qu'il atteindrait le Hatti avec son message ? Mais surtout : comment le roi des Hittites accueillerait-il le message de Néfertiti ?

Et voilà qu'Akhenaton mourut à son tour. D'un seul coup, tous les problèmes semblèrent résolus, et Néfertiti reprit espoir.

LA FIN

Tu m'as fait trouver grâce devant le roi,
chaque jour et sans cesse, et tu m'as donné
une belle sépulture à la fin de ma vie dans les
parois rocheuses d'Akhetaton, après avoir
mené ma vie à bien en servant le Dieu Bon.
Où qu'il soit allé, je l'ai suivi à pied. Il m'a
éduqué alors que j'étais encore un enfant,
jusqu'à ce que j'aie atteint l'âge vénérable en
Paix et en Joie, en servant si bien le Souverain
qu'il fut toujours heureux.

> Inscription murale
> dans la tombe du porte-éventail
> à la droite du roi Ahmès.

Nous avons appris par des inscriptions funéraires que Sémenkharê avait commencé la construction d'un temple dédié à Amon, à Thèbes. Et même si les petits noms affectueux qu'Akhenaton réservait à Sémenkharê donnent seulement une idée approximative de l'influence exercée par celui-ci sur le pharaon, il est

275

facile d'imaginer que les jours d'Aton à Amarna étaient comptés.

Néfertiti avait passé les dernières quatre années précédant la mort de Sémenkharê dans la solitude et la retraite. Ceux qui, dans l'empire, savaient que la belle reine, l'idole de toute une génération, vivait encore, étaient même très peu nombreux. Certes, on n'avait jamais répandu la nouvelle officielle de sa mort, mais son nom avait été supprimé partout, et rien ne pouvait laisser deviner qu'elle était encore en vie. Seuls les fonctionnaires les plus importants et la Cour connaissaient son exil. Depuis près de cinq ans, on n'avait plus construit un seul monument qui portât son image ou même seulement son nom. Au contraire, la destruction systématique de son souvenir n'était même pas encore terminée. On ne cessait de marteler ses cartouches et de les remplacer par ceux de sa fille Méritaton. A la mort d'Akhenaton, Néfertiti était âgée de trente-quatre ans.

Elle mit à se redresser, face à la nouvelle situation, la même rapidité et la même soudaineté qu'elle avait mises à disparaître de la scène politique. Elle redevint elle-même, la femme intelligente, admirée tout autant par ses amis que par ses ennemis, la femme qui agit avec plus de pertinence et plus de promptitude que ne le pensaient les hommes de son entourage. Néfertiti dicta à son scribe un message destiné à Chouppilouliouma, le roi des Hittites, et la correspondance qui s'établit ensuite entre eux est bien l'une des plus célèbres de l'histoire mondiale.

Pendant longtemps, on considéra Ankhésenpaton comme l'expéditrice de cette correspondance. La troisième fille de Néfertiti, pour des raisons incompréhensibles, avait été épousée par son père, ou plus

exactement sans doute par son beau-père, Akhenaton, peu de temps avant la mort de celui-ci. En effet,
le document traduit en akkadien portait uniquement
la signature de « Dachamounzou », « La Reine ».
Cependant, d'éminents égyptologues, tel le savant
américain Donald B. Redford, qui est un expert dans
la chronologie de la XVIIIe dynastie, considèrent
malgré tout Néfertiti comme l'expéditrice de cette
correspondance. Car lorsque, neuf ans plus tard,
Ankhésenpaton devint veuve elle aussi pour sa
seconde fois, après la mort de Tout Ankh Amon, elle
ne possédait ni l'énergie ni la maturité suffisantes
pour avoir pu écrire une lettre comme celle-là.

Une reine cherche un roi

Cet échange de correspondance n'a été porté à notre
connaissance que par les annales du roi des Hittites
Chouppilouliouma enregistrées par son fils Mur-
silis II et trouvées dans les tablettes-archives de
Bogazkale. Voici le texte de la première lettre de
Néfertiti :

> Mon époux est mort, je n'ai pas de fils. Les gens
> disent que tes fils sont adultes. Si tu m'envoies un
> de tes fils, il deviendra mon époux, car je ne veux
> prendre aucun de mes sujets pour en faire mon
> époux.
>
> Dachamounzou.

A propos de cette lettre, une question se pose :
pourquoi Néfertiti voulait-elle épouser précisément

un prince du Hatti ? Des querelles de frontières, surtout dans la région de la Syrie, province située au nord de l'Egypte, avaient tendu les relations entre les deux pays. Et voilà que Néfertiti, la femme si altière de jadis, suppliait qu'on lui accorde un des fils de l'ennemi, et un homme, en plus, qu'elle ne connaissait même pas ?

En agissant ainsi, Néfertiti avait ses raisons. Jamais encore, à l'époque de la XVIIIe dynastie, le grand empire égyptien n'avait tant vacillé sur ses fondations ; la réforme et la contre-réforme avaient scindé en deux camps le Pays du Nil. L'incompétence politique d'Akhenaton et de Sémenkharê avait provoqué de la morosité jusque dans les couches les plus basses de la population. Si les souverains des autres grandes puissances n'avaient pas été tout aussi contestés, dans leur propre pays, si les conditions intérieures parfois chaotiques n'avaient pas réclamé toutes leurs forces, une seule campagne, une seule bataille auraient suffi, et l'Egypte aurait cessé d'exister en 1300 av. J.-C. ; l'histoire du monde aurait évolué différemment.

Mais il n'y eut ni bataille ni campagne contre l'Egypte. Néfertiti ignorait le nombre de ses partisans dans le peuple ; elle savait seulement que la majeure partie de l'armée se tenait du côté de son défunt époux.

Pour Néfertiti, il ne s'agissait pas de son bonheur personnel ; ce qui était en jeu, c'était une politique précise, une religion précise ; et c'est la raison pour laquelle elle se décida à accomplir une démarche extrêmement insolite pour une femme à cette époque-là : elle demanda un homme en mariage. Si Chouppilouliouma acceptait, elle savait bien que non seulement l'Egypte aurait surmonté la crise la plus grave de son existence, mais elle constituerait même une nouvelle superpuissance, un empire universel, une hégémonie mondiale. Et surtout, elle espérait sûrement qu'un pharaon d'origine babylonienne serait le meilleur garant du maintien de la religion d'Aton. Et à ses yeux, une chose en tout cas était certaine : avec le fils d'un roi hittite sur le trône du pharaon, il n'y aurait plus de guerre entre l'Egypte et le Hatti. La démarche de Néfertiti représentait une fuite vers l'avant.

Mais pourquoi Néfertiti n'appelait-elle pas à son secours son père Tousratta, le roi du Mitanni, ou l'un de ses frères ?

La situation à l'intérieur du Mitanni était encore pire que dans les autres empires. Les fils de Tousratta s'étaient brouillés entre eux, et l'un d'eux finit même par tuer le père. Du reste, elle ne connaissait probablement même pas ses propres frères, qui étaient venus au monde après son départ du Mitanni. Et comme la tradition écrite ne nous a jamais parlé d'une seule visite de Néfertiti dans son ancienne patrie, force nous est d'en déduire qu'elle avait pratiquement rompu tous liens avec le Mitanni.

Ces quelques lignes écrites par Néfertiti à Chouppilouliouma révèlent la peur de perdre sa dernière chance ; mais on ne peut ignorer non plus la conscience qu'elle a de sa propre dignité et la fierté dont elle fait preuve en affirmant clairement qu'elle ne veut épouser aucun de ses sujets.

Le message de Néfertiti déclenche le trouble chez Chouppilouliouma, le roi du Hatti. Ses deux commandants en chef, Loupakkish et Teshoub-Zalmash, viennent juste de donner à l'Egypte une rude leçon ; et sur la frontière, à Amqa (située approximativement dans la région de la ville turque actuelle d'Antakya), ils ont tout rasé, et emmené en captivité tout ce qui avait des jambes pour marcher, les habitants, les bœufs et les ânes, et même la volaille. Et voilà que lui parvenait cette lettre ! Chouppilouliouma avait déclenché cette opération éclair pour tester la puissance offensive de l'armée égyptienne après la mort du pharaon ; il s'attendait donc à tout, sauf à un message de cette nature.

Evidemment, comme tous les autres souverains du monde oriental, le roi des Hittites croyait que Néfertiti était morte depuis longtemps. Depuis des années déjà, on n'avait plus entendu parler d'elle, et voilà qu'il recevait une lettre d'elle ! Chouppilouliouma commença par soupçonner une ruse. Ce fils qu'il enverrait au Pays du Nil pour y devenir l'époux de Néfertiti, les Egyptiens voulaient certainement le faire prisonnier et le tuer. Piètre vengeance, qui ne réclamait même pas le déploiement des forces militaires. Bande de poltrons...

Chouppilouliouma prit la lettre pour un défi, et il réunit les Grands de son conseil.

— Depuis des temps immémoriaux, dit-il perplexe [1], jamais je ne me suis trouvé devant une telle situation.

1. D'après les annales de Mursilis II.

Avec les sages de son royaume, Chouppiliuoliuma en tira la seule conclusion, à savoir qu'on ne pouvait répondre à la ruse que par la ruse, mais qu'il ne fallait à aucun prix laisser percer la moindre hésitation. Car, après tout, ce message, incroyable en soi, était peut-être quand même un appel sérieux de Néfertiti.

Aussi Chouppiliuoliuma envoya-t-il son chambellan Chattou-Zittish en Egypte.

— Va, et rapporte-moi un renseignement digne de confiance. Ils peuvent essayer de m'abuser. Et même s'ils devaient avoir un prince, rapporte-moi des indications dignes de confiance à ce sujet.

Chattou-Zittish prit la tête d'une « mission suicide » pour le compte de son Seigneur et Maître. Il pouvait s'attendre à être mis à mort par les Egyptiens s'ils venaient à éventer la ruse. Mais Chattou-Zittish parvint sans encombre jusqu'à Amarna ; il reconnut la situation désespérée de Néfertiti et se présenta comme l'ambassadeur du roi des Hittites.

La méfiance de Chouppiliuoliuma plongea Néfertiti dans un désespoir profond. Le temps pressait, il fallait trouver le nouveau pharaon dans les quatre-vingt-dix jours, car le pharaon défunt était enterré quatre-vingt-dix jours après sa mort, et son successeur était chargé de procéder au rite de l'Ouverture de la Bouche.

Quatre-vingt-dix jours, cela représente à peine treize semaines. Or le voyage d'un courrier du Hatti à Amarna durait trois semaines. Six semaines s'étaient donc déjà écoulées, presque la moitié du délai, la situation n'avait absolument pas évolué ; et les généraux guettaient à l'arrière-plan. C'était surtout dans les rangs des militaires que Néfertiti avait de puissants ennemis. Sans oublier ce « Divin Père », Ay, dont il ne fallait pas sous-estimer l'influence. Comment allait-elle expliquer tout cela au roi des Hittites dans son lointain Hatti ?

Il restait encore sept semaines exactement à Néfertiti. Si elle renvoyait immédiatement un messager, et si le messager n'était pas attaqué en chemin, ou ne tombait pas victime des intempéries, et si ensuite le roi des Hittites envoyait immédiatement un de ses fils, si, si, si...

La dépêche

Ce fut bien la force du désespoir qui incita Néfertiti à ne pas capituler. *Il fallait* que son plan réussisse. En hâte, elle dicta une dépêche à l'adresse de Chouppi-louliouma :

> Pourquoi dis-tu que nous essayons de t'abuser ? Si j'avais un fils, est-ce que je me serais adressée à un pays étranger, d'une façon humiliante pour moi et pour mon pays ? Vous ne me croyez pas et même, vous me dites une chose pareille ! Celui qui était mon époux est mort, et je n'ai pas de fils. Dois-je prendre peut-être un de mes serviteurs pour en faire mon époux ? Je n'ai écrit à aucun autre pays. J'ai écrit seulement à vous. On dit que tu as beaucoup de fils. Donne-moi un de tes fils, et il sera mon époux et il régnera sur le Pays d'Egypte.
>
> Dachamounzou.

Dans ce message également, nous devinons entre les lignes la supplication frénétique de cette femme altière qui cependant a bien su se retenir de l'exprimer d'une manière directe. Et de nouveau cette pensée, inconcevable pour Néfertiti : Dois-je prendre peut-être un de mes serviteurs pour en faire mon époux et le pharaon ?

La dépêche est emportée par l'ambassadeur Hanis. Il chevauche, manifestement en compagnie de Chattou-Zittish, en direction du Hatti. D'après les indications données par Mursilis II, les deux cavaliers parvinrent sans encombre jusqu'au Hatti, mais... le roi Chouppilouliouma n'était pas là. Entre-temps, le roi des Hittites était parti pour Karkémish. Karkémish, située sur la rive droite de l'Euphrate, à proximité de la ville actuelle de Dchérabi, était une cité très ancienne, qui existait déjà au IIIe millénaire av. J.-C. ; elle dut sa célébrité plus tard à la bataille par laquelle Nabuchodonosor vainquit les Egyptiens en 606 av. J.-C.

Chouppiliouliouma avait conquis Karkémish en huit jours et proclamé son fils Sarrikush roi de Karkémish. Puis il rentra à toute allure vers le Hatti, moins dans l'attente de la réponse de Néfertiti que par peur de l'hiver anatolien, car on était déjà à la fin de l'automne.

Il restait à Néfertiti quatre semaines à peine. Point n'est besoin de faire de grands efforts pour imaginer avec quelle fièvre elle comptait les jours. Heureusement pour elle, elle ignorait ce qui se passait dans la capitale des Hittites pendant ce temps. Car Sa Majesté Chouppiliouliouma et Son Excellence Hanis avaient engagé une joute oratoire diplomatique, au cours de laquelle le roi ne cacha pas son opinion à l'ambassadeur. Conscient de sa mission, Hanis encaissa les coups verbaux assenés par les Hittites. Il ne devait pas retourner à Amarna sans un prince, tout simplement.

De nouvelles reconstitutions de fragments faisant partie des annales de Chouppiliouliouma décrivent ces discussions de manière très suggestive. Tandis que le légat égyptien Hanis était sur des charbons ardents, le roi des Hittites se complaisait dans les invectives et les reproches.

Chouppiliouliouma :

— En ce qui me concerne, je vous ai toujours manifesté de l'amitié, mais vous, tout d'un coup, vous me voulez du mal. Vous êtes venu et vous avez attaqué le prince de Kadesh, que j'ai soustrait au roi du pays des Hourrites. Lorsqu'on m'a rapporté ce fait, j'ai pris peur et j'ai envoyé mes propres troupes et mes propres chars avec leurs conducteurs. Ils sont venus et ils ont attaqué votre royaume, le pays d'Amqa. Et lorsqu'ils eurent attaqué Amqa, qui est votre pays, vous étiez sans doute dans la crainte ; et c'est pourquoi vous me demandez un de mes fils. Il deviendra peut-être votre ennemi, mais jamais vous ne ferez de lui votre roi.

Hanis :

— O mon Seigneur, c'est une honte pour notre pays. Si nous avions un héritier pour le trône, est-ce que nous serions allés dans un pays étranger et aurions sollicité un souverain pour nous-mêmes ? Naphouria, qui était notre roi, est mort, et il n'a pas de fils. L'épouse de notre roi est seule. Nous cherchons un fils de notre Seigneur Chouppilouliouma pour le trône royal de l'Egypte et pour l'épouse, notre Maîtresse, nous avons besoin de lui comme époux pour elle. Nous n'avons transmis notre supplique à aucun autre pays, nous sommes venus seulement ici. Et maintenant, O Roi, donne-nous un de tes fils !

Il a dû en coûter de gros efforts à Hanis pour adopter un ton aussi servile avec le roi des Hittites, lui l'ambassadeur de la grande puissance égyptienne, et jusqu'à le supplier ! Mais en songeant à la situation désespérée de sa reine, il serra les dents et fit tout ce qui était nécessaire sur le plan politique.

Des journées épuisantes

Néfertiti vécut sûrement à cette époque-là les jours les plus sombres de toute son existence. Durant ces quelques semaines, tout allait se décider. Arriverait-elle à reprendre le pouvoir qui lui avait été enlevé d'une manière aussi infâme ? Mais il n'y avait pas que cela en jeu : si elle ne trouvait pas d'époux, la XVIIIe dynastie s'éteindrait, la plus brillante de l'histoire de l'empire égyptien, et avec elle, la religion d'Aton, ce qui, pour Néfertiti, était au moins aussi terrible. Peut-être était-ce aussi la raison pour laquelle Néfertiti ne voulait pas épouser un Egyptien d'un rang inférieur. En choisissant un partisan de sa religion, elle aurait provoqué une révolte ouverte du clergé d'Amon, qui sortait renforcé de l'épreuve et était suivi par la majeure partie de l'armée. Si elle avait pris un pharaon fidèle à Amon, elle aurait risqué de le voir mettre son pouvoir absolu au service d'Amon, et contre Aton. Un prince étranger sur le trône du pharaon était donc le seul biais capable de la sortir de cette situation sans issue. Soutenu par elle, il représenterait une certaine autorité indépendante.

Mais le roi Chouppilouliouma et l'ambassadeur égyptien n'en finissaient pas de négocier sur le Büyykale, la montagne fortifiée du Hatti. Dans l'intervalle, Chouppilouliouma s'était tout de même laissé convaincre que Néfertiti ne cachait pas de mauvaises intentions. Le roi des Hittites ne posait plus qu'une seule condition : renouveler l'ancien contrat signé entre les Egyptiens et les habitants de Kouroustamma. Les gens de Kouroustamma étaient des Hittites, attaqués jadis par les Egyptiens et par eux emmenés jusqu'au Nil. A la suite de cet incident, les Hittites avaient signé un contrat avec les Egyptiens dans lequel il était établi qu'à l'avenir les deux peuples se laisseraient en paix.

Chouppilouliouma se fit apporter les tablettes sur lesquelles était gravé le contrat et exigea qu'un nouveau paragraphe, contresigné par l'ambassadeur égyptien, confirmât le texte initial. Voici la teneur du paragraphe complémentaire : « Depuis toujours, le Hatti et l'Egypte ont entretenu des rapports d'amitié, maintenant il est décidé en notre nom ce qui suit : le Hatti et l'Egypte se jurent une amitié éternelle ! »

Une fois cette condition remplie, il ne restait plus d'obstacle à la réalisation du plan de Néfertiti : Chouppilouliouma choisit Zannanza parmi tous ses fils, il lui ordonna d'aller en Egypte et d'épouser Néfertiti. Un Hittite allait monter sur le trône du pharaon.

Néfertiti ignorait tout de ces tractations, et le délai

qui lui était imparti s'était encore amenuisé ; il ne lui restait plus que quelques jours. Ankhésenpaton, sa troisième fille alors âgée de treize ans, était sa seule consolation et son seul soutien durant cette période difficile. Mère et fille discutèrent des jours entiers, des nuits entières : elles soupesèrent minutieusement toutes les possibilités, et finirent par conclure bon gré mal gré que Néfertiti devait prendre un Egyptien pour époux, car on ne recevait aucune nouvelle du Hatti. Peut-être le roi des Hittites avait-il fait tuer l'ambassadeur égyptien.

Voilà qui eût été le mobile d'une grande guerre entre Egyptiens et Hittites ; Chouppiiouliouma n'attendait que cela. Et Néfertiti savait parfaitement que seuls les Hittites pourraient sortir vainqueurs de ce combat. Ce serait la fin de l'Egypte. Une telle catastrophe était impensable ; elle, en tout cas, devait tout faire pour l'empêcher, même en payant de sa propre personne.

Un garçonnet de onze ans : le seul espoir de Néfertiti

Il y avait encore là un certain Tout Ankh Aton, gentil garçonnet de onze ans environ, élevé dans le palais du Nord bien qu'il ne fût pas le fils de Néfertiti. Malgré tout, il était plus ou moins apparenté à elle — son origine est encore obscure de nos jours — et ce fut lui que choisit Néfertiti, dans son profond désespoir, pour l'élever sur le trône de pharaon et sauver ainsi la dynastie.

Néfertiti attendait toujours le prince hittite. Hanis n'était toujours pas rentré du Hatti. Et tant qu'il n'était pas revenu, il restait encore une lueur d'espoir.

Mais Hanis ne revint pas. Nous ignorons tout de son destin. Une seule chose est sûre, c'est qu'il a quitté le Hatti avec un message d'espoir pour Néferti-ti : le prince Zannanza ne va pas tarder à arriver.

Mais le prince Zannanza n'arriva jamais à Amarna non plus. Lorsqu'il atteignit la Syrie, et donc le territoire national égyptien, avec son escorte, «des hommes et des chevaux de l'Egypte» l'attendaient en secret. Zannanza fut tué dans un guet-apens. L'identité des assassins est restée jusqu'ici une énigme. Il peut s'agir naturellement d'un assassinat fortuit, commis par une tribu quelconque de Bédouins, mais il est plus probable que cet attentat contre le pharaon désigné fut calculé froidement par les prêtres d'Amon et les généraux, ou par le «Divin Père» Ay, qui briguait lui-même le trône.

Comme Mursilis II l'écrit dans ses *Prières pour la peste,* Chouppilouliouma pleura amèrement en apprenant la mort de son fils Zannanza, et la fureur s'empara de lui. Pour lui, il ne faisait aucun doute que cette Néfertiti, qui était célèbre non seulement par sa beauté, mais aussi par son intelligence, lui avait joué un mauvais tour. Lui, Chouppilouliouma, roi des Hittites, s'était laissé duper par la ruse d'une femme ! Cela ne resterait pas impuni.

La nouvelle de la mort du prince hittite Zannanza se répandit en Egypte comme une traînée de poudre. D'un air tendu, les militaires et les fonctionnaires levèrent les yeux vers le nord, dans l'attente de représailles. Au début, il ne se passa rien, et les cris réclamant un pharaon énergique retentirent de plus en plus fort. Or Néfertiti avait choisi un enfant pour en faire un roi.

Il y a des égyptologues, comme l'Américain Edward

Fay Campbell, qui se demandent si Néfertiti, malgré ses trente-cinq ans, n'envisageait pas elle-même d'épouser cet enfant de onze ans, Tout Ankh Aton. Un fait est certain, c'est à Akhetaton que Tout Ankh Aton prit le pouvoir. Des sceaux tracés sur les jarres de vin portent les millésimes 1, 2 et 3. Néanmoins, ce ne fut pas Néfertiti qui devint son épouse, mais la fille de Néfertiti, Ankhésenpaton.

Tout comme sa mère, Ankhésenpaton avait été pendant presque deux ans la concubine d'un pharaon gravement malade, avant d'accéder au trône avec le titre de « Grande Epouse royale ». Si, à treize ans, Ankhésenpaton avait deux ans de plus que Tout Ankh Aton, elle ne possédait pas la main ferme capable de guider le jeune roi. Manifestement, Néfertiti avait espéré pouvoir jouer le rôle de conseillère, et, au début, son calcul se trouva réalisé. Mais la reine ne tarda pas à comprendre, bon gré mal gré, que c'était un autre qui tirait les ficelles : le vieux « Divin Père », Ay. Et derrière Ay, lieutenant-général de la charrerie, se tenait un autre militaire de haut grade, un jeune homme qui allait posséder plus tard la considération et le pouvoir : le commandant suprême des armées de l'Est, Horemheb.

Le pharaon-enfant

En s'alliant, les deux militaires les plus importants d'Egypte poursuivaient un but bien déterminé : l'abolition de la religion d'Aton et la restauration du culte traditionnel d'Amon. Le pharaon de onze ans, pourvu des insignes du pouvoir absolu, fut tiraillé entre les conseils de sa belle-mère Néfertiti, qui luttait désespérément pour le maintien de la religion d'Aton, et les campagnes de propagande du vieil Ay qui exhortait à faire amende honorable à Amon. L'Epouse royale Ankhésenpaton, que le roi aimait tendrement, prit dans ce conflit une sorte de position médiane. Tout Ankh Aton et Ankhésenpaton vécurent, au début de leur règne, dans le palais du Sud d'Akhetaton, tandis que Néfertiti continuait à habiter dans son palais situé à l'extrémité nord de la ville.

Le dix-neuvième jour du quatrième Achet de l'année 1346, Tout Ankh Aton rédigea un texte destiné à être gravé sur une haute stèle de quartz, qui est exposée à l'heure actuelle au Musée égyptien du Caire [1]. Cette inscription porte clairement l'empreinte intellectuelle de Horemheb ; elle détruisit en quelques phrases tout ce à quoi Néfertiti avait voué son existence : la foi en un dieu unique, Aton, qui valait davantage à ses yeux que tous les pouvoirs terrestres.

Il semble que le jeune Tout Ankh Aton n'ait pas résidé longtemps à Akhetaton ; du moins, il ne considérait pas la cité fabuleuse, réalisation des rêves de Néfertiti, comme sa résidence principale, car dès la première année de son règne, un texte gravé sur une

---

1. Il (Tout Ankh Aton) consolida ce qui était dégradé parmi les monuments jusqu'aux frontières de l'éternité. Il chassa le péché dans le pays tout entier, en rendant à la Vérité sa place. Il fit du mensonge une abomination, en rendant au pays son aspect originel. Mais Sa Majesté monta sur le trône comme Roi, lorsque les temples des dieux et des déesses, depuis Eléphantine jusqu'aux marches du Delta, étaient sur le point d'être oubliés et que leurs sanctuaires commençaient à disparaître. Quand on suppliait un dieu pour obtenir quelque chose de lui, il restait muet ; et de même quand on s'adressait à une déesse elle ne répondait pas...

stèle rapporte que Sa Majesté habitait parfois aussi dans le palais de Thoutmès Ier, à Memphis, près des pyramides de Guizèh. C'est là que Tout Ankh Aton remit en honneur l'ancien culte d'Amon. Il fit couler, dans l'or le plus fin des pays étrangers, des statues colossales représentant les divinités, et « augmenta tous les impôts destinés aux temples ; les impôts en argent, or, lapis-lazuli, turquoises et toutes sortes de pierres précieuses, en lin royal, en lin blanc, en lin multicolore, en vaisselle, en résine, en graisse, en encens, en myrrhe furent doublés, triplés, quadruplés, sans qu'il y eût une limite à toutes les bonnes choses ».

Tout Ankh Aton fit construire de nouveaux vaisseaux pour le Nil, en bois de cèdre importé du Liban, pour offrir de nouveau à Amon un équipage digne de lui, comme c'était la coutume sous Aménophis III. Pour Ptah aussi, le dieu créateur de Memphis, il fit sculpter de nouvelles statues. Les domaines des temples, jadis sources de revenus importants pour les prêtres, reçurent de nouveaux esclaves ; les écoles de prêtres annexées aux temples et délaissées, où l'on recrutait les futurs prêtres, rouvrirent leurs portes aux enfants des aristocrates et des riches.

Néfertiti a dû suivre cette évolution avec nostalgie et tristesse. Les palais et les temples d'Akhetaton se vidèrent, le petit groupe de ses fidèles alla en s'amenuisant. La peur et la nausée se répandirent parmi la population d'Akhetaton, comme si les murs de cette ville étaient atteints de la lèpre. Les habitants s'éloignèrent des lieux de leur honte, comme s'ils avaient honte de l'aveuglement qui les avait poussés vers Aton, le dieu unique. Tout Ankh Aton fut le premier à donner le signal du départ : avec sa jeune épouse

Ankhésenpaton, il quitta précipitamment et pour toujours Akhetaton, abandonnant à la déchéance les parcs et les édifices somptueux de cette ville qui avait été la plus belle du monde. Cela se passa entre la troisième et la quatrième année de son règne ; le pharaon avait alors quatorze ans environ. Sous la pression de ses conseillers, lui et son épouse changèrent leurs noms, comme l'avaient fait jadis de leur plein gré Néfertiti et Akhenaton. Il fallait qu'Aton soit oublié le plus vite possible et qu'Amon retrouve de nouveaux honneurs. C'est ainsi que Tout Ankh Aton devint Tout Ankh Amon, et Ankhésenpaton Ankhésenamon.

Le jeune couple royal retourna à Thèbes, et comme on n'a retrouvé aucune trace d'un palais édifié par le jeune pharaon lui-même, on présume que Tout Ankh Amon s'est installé dans l'ancien palais d'Aménophis III. Akhetaton, mot magique pour toute une génération, devait être oublié le plus rapidement possible.

Une seule personne s'obstina : Néfertiti. La reine avait alors trente-sept ans, elle était toujours aussi belle, malgré les premières atteintes de l'âge. Huit ans auparavant seulement, elle était encore la femme la plus puissante de la terre, et maintenant ce n'était plus qu'une femme bannie et méprisée, une femme dont il valait mieux ne pas parler. Et si par hasard, son nom était encore prononcé, on ne le séparerait plus jamais du qualificatif : « Hérétique ». Où étaient passés tous les hommes qui jadis étaient à ses pieds ? Qu'était devenue sa Cour, jadis si nombreuse ? Et ses richesses ? Et finalement, qu'était-elle devenue elle-même ?

L'histoire ne peut donner à aucune de ces questions

une réponse définitive. Donald B. Redford et d'autres égyptologues éminents sont d'avis que Néfertiti mourut peu de temps après que Tout Ankh Amon eut quitté Akhetaton, donc autour de l'année 1344. Cette théorie n'est pas le fruit de l'imagination, car on a retrouvé dans le palais de Néfertiti des inscriptions tracées sur des urnes qui renvoient jusqu'à l'an 3 du règne de Tout Ankh Amon. Néfertiti mourut solitaire, dans une ville fantôme. Peut-être une terrible épidémie de peste a-t-elle chassé tous les habitants hors de la ville, mais peut-être aussi ont-ils été poussés tout simplement par la peur des représentants de la contre-réforme et des soldats cruels qui soutenaient Tout Ankh Amon. En tout cas, Néfertiti, elle, n'a plus jamais quitté la ville de ses rêves. Akhetaton, c'était *sa* ville, *son* horizon d'Aton, le disque solaire. C'était là qu'elle avait passé les quelques années heureuses de sa vie tumultueuse. C'était là qu'elle avait ri, aimé et souffert... C'était là qu'elle voulait mourir. L'Egypte de Tout Ankh Amon n'était plus *son* Egypte à elle. Le peuple, qui rendait de nouveau hommage à Amon, à Ptah et à Osiris, n'était plus *son* peuple. Tout cela n'était plus que la renaissance d'un monde ancien. Un monde d'illusion, de fausseté et de corruption, qui n'était plus le monde de Néfertiti.

Le dernier sourire de la belle Néfertiti

Le Musée égyptien du Caire conserve un masque en plâtre qui fut trouvé à Amarna et dont l'identité n'est pas encore établie avec certitude à l'heure actuelle. On le considère comme le masque mortuaire de

Néfertiti. La moitié droite du visage est endommagée, mais, malgré tout, on reconnaît nettement ses pommettes caractéristiques, doucement accentuées, son front légèrement bombé et ses sourcils au dessin allongé et très fin. Les orbites des yeux sont plus creusées que sur la majorité des autres effigies que nous connaissons ; les paupières sont baissées et les yeux n'ont pas été modelés par la suite. La bouche, beaucoup moins contractée que sur les bustes connus, est fermée, mais elle semble prête à prononcer une ultime parole, que visiblement elle ne prononça pas, et... cette bouche sourit. Un léger sourire, énigmatique, qu'on ne sent qu'après avoir fixé très longtemps ce visage détendu.

Comment expliquer l'existence de ce masque mortuaire ? Toute la Cour, ainsi que les artistes et leurs ateliers seraient-ils restés jusqu'à la fin à la disposition de la reine ? Ou bien doit-on reconnaître une fois de plus la marque de cet homme que le beau visage intemporel de sa souveraine vivante avait déjà tellement fasciné, le grand maître sculpteur Thoutmès ? C'est à peine contestable : ce moulage en plâtre porte sa signature. Ni avant ni après Thoutmès un sculpteur n'a atteint à une telle perfection artistique ; ni avant ni après Thoutmès, on n'a réclamé un tel réalisme, une telle fidélité dans la représentation ; ni avant ni après Thoutmès, on ne put voir une reine sourire sur son lit de mort. Un sourire plein de tendresse et de réserve, totalement étranger à la haine et aux querelles qui allaient dominer l'Egypte durant les années à venir.

Le jeune Tout Ankh Amon et sa jolie Ankhésenamon n'étaient rien de plus que des marionnettes suspendues au bout de fils animés par « l'ambassadeur du Roi dans tous les pays.», «le Confident des confidents du Roi», «le vrai scribe très aimé du Roi», «le Vice-Régent», Horemheb, qui se préparait à implanter une dictature militaire en Egypte.

Tout Ankh Amon n'est pas mort de mort naturelle. En 1969, au cours de la dernière séance de radiographie de la momie du jeune homme mort à vingt ans environ, Ronald Harrison découvrit un trou dans la partie arrière du crâne, «qui pourrait provenir d'un coup assené par une massue ou le pommeau d'une épée».

Pourtant ce ne fut pas Horemheb qui monta sur le trône des Deux Pays, comme on s'y attendait, mais le vieil Ay. Est-ce une ruse de l'insidieux Horemheb ? Voulait-il par là voiler le mobile de son meurtre ? Ay, vieux et chancelant, se chargea de la «fonction» de pharaon ; du moins conçut-il la régence comme une fonction. Il se contenta d'administrer la dignité royale. Les quatre années de son règne n'ont pas laissé à notre connaissance une seule réalisation historique digne d'être relatée. Deux cartouches jumeaux gravés sur un anneau et portant les noms d'Ay et d'Ankhésenamon laissent supposer que le vieil Ay aurait épousé la jeune femme veuve pour la seconde fois, ou bien l'aurait élevée à la corégence. C'est le dernier signe de vie que nous possédions de la troisième fille de Néfertiti, dont le destin ressembla tant à celui de sa mère.

Si Ay éprouvait de l'indifférence à l'égard des vestiges pâlis du culte d'Aton, ou du moins ne manifestait aucune agressivité à leur encontre, sous le règne de Horemheb, qui monta sur le trône après la mort d'Ay sous la pression du clergé d'Amon, il se déclencha une véritable rage de destruction contre les monuments d'un passé encore récent. Horemheb agissait, il est vrai, plus par besoin de se mettre en valeur que par zèle religieux. Le soldat, devenu pharaon par sa propre grâce, fit déplacer les œuvres d'art de ses prédécesseurs, détruire les inscriptions pour les remplacer par son propre nom, sans faire la moindre différence entre l'hérétique Akhenaton et le contre-réformateur Tout Ankh Amon. Il fit détruire le grand temple de Néfertiti à Karnak, ainsi qu'un autre temple érigé par Tout Ankh Amon, et fit bâtir à leur place le deuxième grand pylône. Il réalisa également un projet très ancien, la gigantesque allée des Sphinx, entre Louxor et Karnak. Et chaque fois qu'il avait besoin de matériaux de construction, il envoyait des colonnes de travailleurs en bateaux qui descendaient le Nil jusqu'à Akhetaton, la ville abandonnée, déchue, oubliée de la plupart des gens.

Le soldat intègre ne se permit aucune escapade privée. Horemheb avait épousé une sœur de Néfertiti, Moutnédyémet, dont nous savons peu de choses, à part sa parenté. Aucun document ne parle des relations entre les deux sœurs, et pourtant Moutnédyémet était certainement plus jeune que Néfertiti. Des représentations picturales dans le palais d'Akhenaton la montrent assez souvent avec les filles de Néfertiti ou avec deux jumelles naines.

Horemheb régna pendant près de trente ans, et il fut tout le contraire d'un souverain clément. Son code pénal, « pour supprimer les cas d'injustices dans ce pays », traitait surtout des injustices qui peuvent être commises contre le pharaon. Il châtiait durement la fraude fiscale ; ainsi, par exemple, pour avoir caché une peau de bœuf fiscalisable pour le tribut, un homme se vit condamné par le Code du pharaon à «cent coups de bâton et cinq blessures ouvertes». Le soldat-pharaon pilla les tombeaux sans le moindre scrupule, et ne recula même pas devant la dernière demeure de son prédécesseur direct, Ay. A l'heure actuelle, on se demande encore pourquoi il laissa intacte la sépulture de Tout Ankh Amon, pourtant remplie de trésors.

Manifestement Horemheb ignorait l'endroit où reposait Néfertiti. D'après l'état actuel de nos connaissances, Néfertiti n'a été enterrée dans aucune des tombes découvertes jusqu'à présent à Amarna. Mais tout porte à croire qu'une femme aussi croyante et aussi intelligente que l'était la reine Néfertiti a pris ses dispositions pour assurer son existence supraterrestre. Et c'est ainsi naturellement que des spéculations et des rumeurs en rapport avec la sépulture de Néfertiti ne cessent de se propager. Dans la région d'Amarna, par exemple, les fellahin racontent qu'une nuit, dans les années 1880, un convoi de silhouettes déguisées emporta un sarcophage sur les épaules, à la lueur des flambeaux...

Un fait est là : peu de temps après, au Caire, on trouva dans le commerce des bijoux datant de la XVIIIe dynastie et des bagues portant le cartouche nominatif de Néfertiti. Ces objets sont conservés actuellement dans différents musées d'Europe. Quant au sarcophage de Néfertiti, et sa momie, on n'en a pas trouvé la moindre trace.

ANNEXES

CHRONOLOGIE DE L'HISTOIRE DE L'ÉGYPTE [1]

Époque	Histoire politique	Histoire de la religion et de l'art
Époque préhistorique	5000-4000 début du néolithique 4000-3000 âge du cuivre	Conceptions totémistiques Divinités locales d'aspect animal ou végétal
V^e-IVe millénaire	Affrontement entre le nomadisme de la Haute et de la Basse-Égypte	Vénération de la déesse Mère Ornementation géométrique du néolithique
4000-3000 av. J.-C.	Hégémonie des villes suivantes : Buto, Hiéraconpolis et Abydos Rois préthinites : Scorpion, Nârmer	Anthropomorphisation de l'aspect extérieur des divinités Personnification des puissances de la nature Roi = incarnation du dieu de l'Univers Horus

1. D'après Eberhard Otto, *Agyptien, der Weg des Pharaonreiches.* « L'Égypte, la voie de l'Empire des pharaons », Stuttgart, 4e édition 1966 (fondée sur E. Drioton — J. Vandier, *L'Egypte,* Paris, 4e édition 1962).

Époque	Histoire politique	Histoire de la religion et de l'art
	Ire-IIe dynastie : époque thinite (2850-2650 av. J.-C. environ)	Premiers symboles d'écriture sur les monuments de Hiéraconpolis
3000-2650 av. J.-C. environ	Rois de la Ire dynastie : Ménès, Serpent.	Palettes à fard (celle du roi Nârmer est célèbre) Apogée de l'ivoire ciselé
Ancien Empire	IIIe-VIIIe dynastie : capitale Memphis	Systèmes théologiques de Héliopolis (le dieu-soleil Rê, le dieu local Atoum) et de Memphis (le dieu local Ptah)
	IIIe dynastie : roi Djoser	Roi = fils de Rê Construction des pyramides à partir de la IIIe dynastie
	IVe dynastie (de 2600 à 2480 environ) : Snéfrou, Chéops, Chéphren, Mykérinos	La pyramide à degrés de Djoser est la première grande construction en pierre du monde — Sphinx de Guizèh (IVe dynastie)
	Ve dynastie (de 2480 à 2350 environ) : Sahouré, Ounas	Temple du Soleil ouvert (Ve dynastie). Reliefs dans la tombe de Ti
2650-2189 av. J.-C. env.	VIe dynastie : Pépi Ier, Pépi II	

Époque	Histoire politique	Histoire de la religion et de l'art
Première période intermédiaire	IXᵉ-Xᵉ dynastie : période de Hérakléopolis	Enseignement du Ba. Amorce de l'évolution qui mènera à l'identification de tous les défunts à Osiris
	Décadence de l'Empire dans les « nomes » de Héracléopolis et de Thèbes	
		Abydos = centre du culte d'Osiris
		Conception du jugement des morts
		Premiers textes mortuaires
2189-2040 av. J.-C. environ		Déclin ou stagnation de la sculpture
Moyen Empire	De la XIᵉ au début de la XIVᵉ dynastie XIᵉ dynastie : rois Mentouhotep, la capitale devient Thèbes	Naissance du culte d'Amon à Thèbes. Textes mortuaires tardifs Premier obélisque conservé jusqu'à nos jours à Héliopolis. Tombeaux des princes de districts à Béni Hassan
	XIIᵉ dynastie (de 1991 à 1786 environ) : résidence près de Fayoum	Première apparition des tabourets cubiques et de la colonne de Hathor
	Règne des Amménémès et des Sésostris	Temple mortuaire d'Amménémès III
2040-1658 av. J.-C. environ	XIIIᵉ dynastie : règne des Sebekhotep	(connu en tant que « Labyrinthe »)

Époque	Histoire politique	Histoire de la religion et de l'art
Seconde période intermédiaire	XVᵉ-XVIᵉ dynastie : domination des Hyksos. Résidence à Aouaris	Invasion des dieux syriens Baal placé à égalité avec Seth (le dieu de l'Empire sous les Hyksos)
1658-1552 av. J.-C. environ	XVIIᵉ dynastie indigène à Thèbes	Derniers tombeaux royaux sous forme de pyramides (XVIIᵉ dynastie)
Nouvel Empire	XVIIIᵉ-XXᵉ dynastie XVIIIᵉ dynastie (1552-1306) : règnes d'Aménophis Iᵉʳ, Thoutmès Iᵉʳ, Reine Hatshepsout, Thoutmès III (asservit de grandes parties de la Syrie), Aménophis III, Aménophis IV = Akhenaton, Néfertiti (résidence à Amarna), Tout Ankh Amon	Amon devient le dieu de l'Empire. Sous Néfertiti et Akhenaton, religion d'Aton, proche du monothéisme Le livre des Morts fait partie du mobilier funéraire Agrandissement du temple d'Amon à Thèbes Temple funéraire de Hatshepsout à Deir el-Bahari. Colosses de Memnon = statues d'Aménophis III assis. Tombeaux de Nakht et de Ramose Art naturaliste de l'époque amarnienne

Époque	Histoire politique	Histoire de la religion et de l'art
1552-1070 av. J.-C. environ	XIXe dynastie (1306-1186) : Séthi Ier, Ramsès II (compromis avec les Hittites) Nouvelle résidence dans la ville de Ramsès.	Temple funéraire de Séthi Ier à Abydos Temple d'Abou-Simbel
	XXe dynastie (1186-1070) : depuis Ramsès III (dernier déploiement de puissance) jusqu'à Ramsès XI	Construction du « grand temple » de Médinet Abou (commencé par Ramsès III)
Époque de transition avant la Basse-Époque	XXIe-XXVe dynastie XXIe dynastie : réside à Tanis En Haute-Égypte, l'« empire divin » d'Amon	Les animaux sacrés, qui ont été considérés jusqu'alors comme agents de la révélation, deviennent eux-mêmes objets de vénération, et en particulier le taureau, le crocodile et le chat (importance croissante de la déesse Bastet)
	XXIIe dynastie (950-730) fondée à Boubastis par des chefs mercenaires libyens	Représentation fréquentes de personnages qui portent un naos (sanctuaire)
	XXIIIe dynastie : réside à Saïs	

Époque	Histoire politique	Histoire de la religion et de l'art
1070-663 av. J.-C.	XXIVᵉ dynastie (également libyenne) XXVᵉ dynastie : souverains éthiopiens (nubiens) 671 les Assyriens conquièrent l'Égypte	Statues extrêmement réalistes sous la XXVᵉ dynastie
Basse-Époque	XXVIᵉ-XXXᵉ dynastie XXVIᵉ dynastie (663-525) : Les Rois Psammétik Iᵉʳ et Néchao résident à Saïs	L'évolution de plus en plus théologique de la religion conduit à un courant opposé populaire, soutenu par des conceptions et des pratiques magiques
	XXVIIᵉ dynastie = domination des Perses	Serapeum (= construction destinée à la nécropole d'Apis) de Psammétik Iᵉʳ à Saqqarah
663-332	XXVIIIᵉ-XXXᵉ dynastie : les derniers princes indigènes dans le Delta Roi Nectanibis Iᵉʳ	
Époque hellénistique	En 332 : conquête de l'Égypte par Alexandre le Grand Dynastie des Ptolémées avec Alexandrie pour capitale	Ptolémée frappe l'image de Sérapis, divinité mixte gréco-égyptienne. Extension du culte d'Isis au-delà des frontières égyptiennes Temple de Khnoum à Esné

Époque	Histoire politique	Histoire de la religion et de l'art
332-30 av. J.-C.		Temple de Horus à Edfou Temple de Hathor à Dendérah Temple double dédié à Suchos et Haroéris, à Kom Ombo

LE NOUVEL EMPIRE [1]

Rois	Certain	Vraisemblable	
Ahmès	1559/45-1534/24	Print. 1552-	Été 1527
Aménophis Ier	1534/24-1514/04	Été 1527-	22-3-1506
Thoutmès Ier	1514/04-1501/1491	23-3-1506-	Déc. 1494
Thoutmès II	1501/1491-1490	Déc. 1494-	30-4-1490
Hatshepsout	1-5-1490-1469/68	1-5-1490-	30-1-1468
Thoutmès III		1468-	14-4-1436
Aménophis II	16-11-1438-1412/11	15-4-1436-	Sept. 1412
Thoutmès IV	1412/11-1405/02	Sept. 1412-	6-6-1402

Aménophis III	1405/02-1367/63	7-6-1402-	Août 1364
Aménophis IV = }		Août 1364-	Fév. 1347
Akhenaton }	1367/63-1351/45		
Sémenkharê }		Début 1351-	Fin 1348
Tout Ankh Amon	1351/45-1342/36	Fév. 1347-	Début 1338

Rois	Certain	Vraisemblable	
Ay	1342/36-1337/31	Début 1338-	1334
Horemheb	1337/31-1307/01	1334-	Fin 1306
Ramsès Ier	1307/01-1306/00	Fin 1306-	Début 1304
Séthi Ier	1306/00-1290	Début 1304-	2-6-1290
Ramsès II	Juin/Nov. 1290 - Été 1224	3-6-1290-	12-7-1224
Méremptah	Été 1224 -1211/04	13-7-1224-	Janv. 1204
Amménémès	1211/04-1206/1199	Janv. 1204-	Déc. 1200
Séthi II	1206/1199-1200/1193	Déc. 1200-	Oct. 1194
Siptah }	1200/1193-1192/85	Oct. 1194-	Début 1188
Tausret }		Oct. 1194-	1186
Sethnakht	1192/85-1190/83	1186-	6-3-1184
Ramsès III	1190/83-1159/52	7-3-1184-	16-4-1153
Ramsès IV	1159/52-1152/45	17-4-1153-	Janv. 1146
Ramsès V	1152/45-1147/40	Janv. 1146-	Oct. 1142
Ramsès VI	1147/40-1140/33	Oct. 1142-	Print. 1135
Ramsès VII	1140/33-133/26	Print. 1135-	1129
Ramsès VIII	1133/26-1130/23	1129-	Juin 1127
Ramsès IX	1130/23-1112/05	Juin 1127-	Été 1109
Ramsès X	1112/05-1103/1096	Été 1109-	Mai 1099

Ramsès XI	1103/1096-1073/66	Mai 1099-	1070
Smendès	1073/66-1047/40	1070-1044	
Néferkaré			
Psousennès Ier ⎫	1047/40-988/81	1044-990	
Aménémopé ⎭		993-984	
(Osokhor)	988/81-982/75	984-978	
Siamoun	982/75-963/56	978-960	
Psousennès II	963/56-948/41	960-945	
Hérihor		1080-1060	
Piankh		ca 1060-1040	
Pinoudjem Ier		ca 1040-1025	
Masaharta		ca 1025-1017	
Menchéper (Rê)		1017-991	
Smendès		991-987	
Pinoudjem II		987-970	
Psousennès III		970-950	

1. D'après Erik Hornung.
2. Dans l'encadré se trouvent les noms des pharaons sous lesquels vécut Néfertiti.

GÉNÉALOGIE DE NÉFERTITI

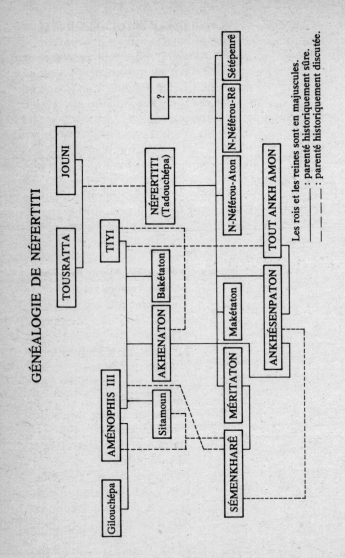

Les rois et les reines sont en majuscules.
⎯⎯⎯ : parenté historiquement sûre.
⎯ ⎯ ⎯ : parenté historiquement discutée.

TABLEAU CHRONOLOGIQUE DE NÉFERTITI

Néfertiti (prononcer : *Nafréta*), « La Belle est Venue ».
Prénom de naissance d'origine mitannienne : Tadouchépa. Nom de reine : Néfer-Néférou-Aton, « Splendide est la Splendeur d'Aton ». Père : le roi
Tousratta. Mère : la reine Jouni.

Age	Année de règne	Année	
1-14		1381/1367	Enfance et adolescence à la cour de Tousratta, au Mitanni
15	36	1366	Néfertiti (Tadouchépa) épouse Aménophis III
16	37	1365	Concubine à la cour d'Aménophis III, à Malgattah (Thèbes)
17	38	1364	Devenue veuve après la mort d'Aménophis III
18	1	1363	Épouse Aménophis IV, réside à Malgattah
19	2	1362	Naissance de sa première fille, Méritaton
20	3	1361	Naissance de sa deuxième fille, Makétaton
21	4	1360	Naissance de sa troisième fille, Ankhésenpaton - Décision est prise de fonder la ville d'Akhetaton

22	5	1359	
23	6	1358	13e jour du 4e Péret : visite du chantier, cortège. Naissance de sa quatrième fille, Néfer-Néférou-Aton
24	7	1357	Néfertiti et Akhenaton vivent déjà à Akhetaton ; plus tard : intronisation officielle
25	8	1356	Date présumée du buste de Néfertiti
26	9	1355	Les temples et les palais d'Akhetaton sont terminés. Naissance de sa cinquième fille, Néfer-Néférou-Rê
27	10	1354	
28	11	1353	Naissance de sa sixième fille, Sétépenrê
29	12	1352	Réception des tributs dans le temple d'Aton. Dernière effigie de Néfertiti avec Akhenaton et leurs six filles. Mort de Makétaton
30	13	1351	L'étoile de Néfertiti se ternit. Mariage de Méritaton avec Sémenkharê. Sémenkharê devient le « bien-aimé d'Akhenaton »
31	1/14	1350	Néfertiti se voit retirer son titre de « Grande Épouse Royale ». Méritaton devient la première dame de l'Empire et Sémenkharê corégent

32	2/15	1349	Brouille définitive avec Akhenaton. Sémenkharê reçoit le nom de Néfertiti, Néfer-Néférou-Aton. Néfertiti se retire dans le Palais du Nord.
33	3/16	1348	Ankhésenpaton, fille de Néfertiti (douze ans), épouse son père Akhenaton
34	4/17	1347	Mort de Sémenkharê, peu de temps avant la mort d'Akhenaton. Lettre de Néfertiti à Chouppilouliouma
35	1	1346	Tout Ankh Amon épouse la fille de Néfertiti, Ankhésenpaton, devenue veuve. Le couple royal réside à Akhetaton
36	2	1345	Néfertiti vit dans la retraite et dans l'oubli, dans le Palais du Nord d'Akhetaton. Abandon de la ville par ses habitants
37	3	1344	Tout Ankh Amon quitte Akhetaton. Mort de Néfertiti (d'après Redford)

TABLEAU CHRONOLOGIQUE
D'AMÉNOPHIS III

Aménophis III (prononcer : *Amanhatpa*). Nom officiel de souverain : Neb-Maât-Rê, « Le Maître de Maât est Rê » ; en écriture cunéiforme : Nimmuria ou Nibmuaria. Son père : Thoutmès IV. Sa mère : Moutemviya.

Age	Année de règne	Année	
8	1	1401	Prise du pouvoir le 7 juin 1402
9	2	1400	Moutemviya, la reine mère, dirige les affaires de l'État
10	3	1399	Mariage avec Tiyi
12	5	1397	Campagne de Nubie
17	10	1392	Gilouchépa, fille du prince du Mitanni, Soutarna, devient concubine d'Aménophis
24	17	1385	Accession au trône de Tousratta, le père de Tadouchépa (Néfertiti)
28	21	1381	Naissance de Tadouchépa (Néfertiti)
33	26	1376	Naissance du fils d'Aménophis III, Aménophis IV
36	29	1373	Aménophis III épouse sa fille Sitamoun

37	30	1372	Fête de Sed, jubilé de trente années de règne. Naissance présumée de Sémenkharê
40	33	1369	Naissance de Bakétaton, fille d'Aménophis III
41	34	1368	Deuxième fête de Sed
43	36	1366	Aménophis III est gravement malade, le roi Tousratta envoie la statue d'Ichtar Mariage avec Tadouchépa (Néfertiti)
44	37	1365	Troisième célébration de la fête de Sed
45	38	1364	Mort d'Aménophis III à Thèbes

TABLEAU CHRONOLOGIQUE D'AMÉNOPHIS IV

Aménophis IV (prononcer : *Amanhatpa*). Nom officiel de souverain : Néfer-Chépérou-Rê, « Parfaits sont les aspects de Rê ». Aménophis IV change de nom au cours de la cinquième année de son règne et devient Akhenaton (prononcer : *Achanyati*), « Celui en qui Aton met ses complaisances », en écriture cunéiforme : Naphouria. Son père : Aménophis III. Sa mère : Tiyi.

Age	Année de règne	Année	
1-11	—	1376	École des prêtres de Hermopolis
		1365	Séjours d'étude à l'étranger
12	—	1364	Prise du pouvoir à Malgattah, en août 1364
13	1	1363	Mariage avec Néfertiti. Sa mère Tiyi dirige les affaires de l'État
14	2	1362	Naissance de sa première fille, Méritaton
15	3	1361	Naissance de sa deuxième fille, Makétaton
16	4	1360	Naissance de sa troisième fille, Ankhésenpaton. Putsch des prêtres d'Amon (?). Décision est prise de fonder la ville d'Akhetaton
17	5	1359	Changement de nom, de-

			vient Akhenaton (dernière mention d'Aménophis le 19e jour du 3e Péret). Apparition des premières anomalies physiques
18	6	1358	Onze nouvelles stèles frontières à Akhetaton, trois sur la rive occidentale. Naissance du quatrième enfant de Néfertiti. Déménagement et installation à Akhetaton
21	9	1355	La ville d'Akhetaton est terminée. Naissance du cinquième enfant de Néfertiti
23	11	1353	Naissance du sixième enfant de Néfertiti
24	12	1352	Réception des tributs en compagnie de Néfertiti le 8e jour du 2e Péret. Visite de Tiyi à Akhetaton. Mort de Makétaton
25	13	1351	Mariage de Méritaton avec Sémenkharê. Liaison avec Sémenkharê
26	14	1350	Méritaton passe au rang d'Épouse royale. Néfertiti est obligée de se retirer
28	16	1348	Akhenaton épouse sa troisième fille Ankhésenpaton
29	17	1347	Mort de Sémenkharê, peu de temps après (vraisemblablement en février) mort d'Akhenaton

LE CALENDRIER EGYPTIEN

Dans l'Egypte ancienne, il n'y avait que trois saisons : Achet, la période d'inondation, Péret, la période des semailles, et Chémou, la période des récoltes. Achet correspondait à l'automne de notre ère et durait approximativement du 15 juin au 15 octobre. Péret était l'hiver égyptien, et Chémou la période estivale, qui se situait approximativement entre le 15 février et le 15 juin. Chacune des trois saisons comporte quatre mois, qui sont désignés de la manière suivante :

Achet	*Péret*	· *Chémou*
Période d'inondation 15 juin-15 octobre (automne)	Période des semailles 15 octobre-15 février (hiver)	Période des récoltes 15 février-15 juin (été)
1 Thot 15 juin-15 juillet	Tybi 15 oct.-15 nov.	Pachon 15 fév.-15 mars
2 Paophi 15 juillet-15 août	Méchir 15 nov.-15 déc.	Payni 15 mars-15 avril
3 Athyr 15 août-15 sept.	Phaménat 15 déc.-15 janv.	Epiphi 15 avril-15 mai
4 Chiak 15 sept.-15 oct.	Pharmouti 15 janv.-15 fév.	Mésoré 15 mai-15 juin

SOUVERAINS HITTITES
A L'ÉPOQUE DE NÉFERTITI

Rois	Certain	Vraisemblable
Chouppilouliouma	1380/69 -1341/30	(1370-1336)
Arnouvanda II		(1336-1335)
Moursilis II	1341/28 -1319/1290	(1335-ca 1300)
Mouvatallis	1319/1290-1286/79	(ca 1300-1285)
Ourhi-Tésoub	1286/79 -1279/72	(1285-1278)
Hattousilis III	1279/72 -1256/43	(1278-ca 1250)
Toudhaliya IV	1256/43 -1224/10	(ca 1250-1220)

SOUVERAINS BABYLONIENS
A L'ÉPOQUE DE NÉFERTITI

Rois	Certain	Vraisemblable
Kadachmancharbe Ier ⎫ Kourigalzou Ier ⎬	1402/1375-1397/70	(ca 1395-1385)
Kadachman-Enlil Ier	1397/70 -1375/64	(ca 1385-1370)
Bournabouriach II	1375/64 -1350/37	(1370-1343)
Karakindach ⎫ Nazibougach ⎬	1350/37 -1344/35	(1343-1341) (1341-1340)
Kourigalzou II	1344/35 -1322/13	(1340-1318)

SOUVERAINS MITANNIENS
A L'ÉPOQUE DE NÉFERTITI

Rois	Certain
Soutarna	1411/1463-1395/1382
Tousratta	1395/1382-1342/1333

TABLE DES MATIÈRES

Presses Pocket

Presses Pocket

8 rue Garancière
75006 Paris
tél. 329 12 80

IMPRIMÉ EN FRANCE PAR BRODARD ET TAUPIN
7, bd Romain-Rolland -Montrouge.
Usine de La Flèche, le 25-05-1978.
1662-5 - N° d'Editeur 1342, 2e trimestre 1978.